MICHAEL HORBACH

Der Kampf um die letzten Tier-Paradiese in Afrika

MICHAEL HORBACH

Der Kampf um die letzten Tier-Paradiese in Afrika

Mit 90 Abbildungen, davon 64 in Farbe

VERLAG KURT DESCH

VERLAG KURT DESCH MÜNCHEN WIEN BASEL

Lithographie Klischeefabrik Osiris, München
Gedruckt bei Druckerei Georg Appl, Wemding
Gebunden bei Großbuchbinderei Grimm & Bleicher, München
Schutzumschlagentwurf vom Atelier Bert Hug, München,
mit Fotos von »Okapia Tierbilder«, Frankfurt
Schutzumschlag gedruckt bei Poerschke & Weiner, München
Printed in Germany 1972
ISBN 3-420-04664-2

Inhalt

Dies ist die Geschichte einer anscheinend unabwendbaren Tragödie. Es ist die Geschichte der wilden Tiere Afrikas und die Geschichte der Männer, die versuchen, diese Tiere vor dem Aussterben zu bewahren. Es ist die Geschichte von der sinkenden Arche und von der Selbstlosigkeit schwarzer und weißer Idealisten, die unbeirrt glauben, diese Arche noch retten zu können. Es ist aber auch die Geschichte von Taten der Verzweiflung, die wir vielleicht mit dem Verstand begreifen, denen wir aber mit unserem Herzen nicht folgen können.

Es ist zugleich die Geschichte vom verlorenen Paradies. Wir haben die Bibel gelesen, und wir haben geglaubt, daß das Paradies längst untergegangen sei. Heute erkennen wir, in einer Welt, deren Zivilisationsmüll uns zu ersticken droht, daß es das Paradies noch gab – vor unseren Augen: in den weiten Steppen und Urwäldern Afrikas, in seinen Seen und Flüssen, in den Gebirgen und in den Ebenen. Ein Paradies, angefüllt mit all den biblischen Tieren, die Noah in seiner Arche rettete. Doch dieses Paradies versinkt vor unseren Augen. Wir haben zu spät erkannt, was wir besaßen und zu spät begriffen, was wir verlieren.

Michael Horbach

1

Rendezvous mit der Urzeit

Kalt ist die Nacht in Umfolozi zu Beginn des südafrikanischen Winters, das Licht der Sterne tropft aus dem dunklen Bogen des Himmels wie das Schmelzwasser von Eiszapfen.
Kein Laut ist in dieser Stunde vor Sonnenaufgang zu vernehmen. Das schrille Konzert der Grillen, im Sommer nie endend, ist in dieser Jahreszeit verstummt, die Nachtvögel sind in ihre Nester heimgekehrt, die Jagd der Raubtiere ist zu Ende, die Welt scheint erstarrt.
Ich presse meine klammen Finger um den Emaillebecher mit dem heißen Tee, schlürfe ihn in kleinen Schlucken. Ein Motor brummt auf, dröhnt über den Hügel von Mpila, auf dem das Camp liegt, zwei Scheinwerfer erfassen unser Cottage.
Der Wagen hält, ein Ranger steigt aus, kommt schnell näher. Er hat die Hände in die Taschen seines dicken olivfarbenen Mantels gesteckt, den Kragen gegen die Kälte hochgeschlagen; sein braunes Haar weht im Wind.
»Ich bin Ken Rochat«, sagt er, »können wir losfahren?«
Wir gehen mit ihm zu dem offenen Landrover hinüber.
»Es wird ein wenig rauh zugehen«, sagt er.
Ken Rochat ist seit neun Jahren Leiter der Fangabteilung für die weißen Nashörner im Wildreservat Umfolozi in der südafrikanischen Provinz Natal. Er hat, so heißt es, selbst die Eigenschaften der »white Rhinos« angenommen: die phlegmatische Dickköpfigkeit, das Eigenbrötlerische, aber auch das Unberechenbare.
Wir steigen zu Rochat in den Landrover. Er haut den Gang rein, als hätte er schon das erste Nashorn auf dem Korn.
Der Wind schneidet in die Gesichter, das Licht der Sterne scheint zu flackern, während der Wagen über die Piste jagt.
Wir halten vor einem weißgetünchten Ranger-Haus mit dem üblichen festen Schilfdach.
»Umsteigen«, sagt Rochat. Er schaut hinaus in das weite wellige Land von Umfolozi, auf das jetzt der erste vage Schein des Sonnenaufgangs fällt. Grün, gelb und braun, schwarz, grau und schieferblau dehnt es sich; vor hundertfünfzig Jahren waren dies die Jagdgründe Shakas, des größten aller Zulu-Könige.

Ursula und ich klettern auf die offene Ladefläche des Landrovers. Dort liegen die Sturzhelme und die Sprechfunkgeräte, die Gewehre für die Betäubungsbolzen, aber auch eine Großwildbüchse – für alle Fälle –, Seile, der Blechkasten mit der »Muti«, wie die Zulus die geheimnisvolle, ihnen immer noch unverständliche Medizin nennen, mit der der weiße Mann die wilden Nashörner »zahm« macht.
Aus dem Haus kommt ein zweiter Ranger, springt in den Landrover.
»I'm Michael Donaldson«, sagt er.
Noch ehe wir antworten können, hat Rochat Gas gegeben.
Von Mpila aus geht es schlitternd die Piste zum ausgetrockneten Bett des Mantiyane hinunter, dann durch die Furt des Mphafa, der noch ein wenig Wasser führt. Steil recken sich neben dem fünfzehn Meter hohen Wasserfall, jetzt nur ein dünnes Rinnsal, Euphorbien auf, die grünfleischigen Kandelaber-Bäume.
Mit schläfrigem Flügelschlag streichen Hadido-Ibisse aus den Kronen eines trotz des Winters noch belaubten Marula-Baums. Sie fliegen zehn, zwanzig Meter schweigend, dann zerbricht ihr »Ha-dido« in krächzendem Protest die Morgenstille.
Rochat nimmt die Steigung auf der anderen Seite, als seien alle Tokiloshes, die Poltergeister des Zululandes, hinter uns her.
Vor der Zinzunzini-Range biegen wir nach Norden ab. Links von uns ragen die Hügel von Sokhwezele auf.
Halt, möchte ich rufen, denn da sind sie: drei riesige Nashörner, rechts vom Weg, direkt vor der aufgehenden Sonne.
Rochat schenkt den Rhinos nicht einmal einen Blick.
Starr verharren die Dickhäuter, nach den Elefanten die zweitgrößten Landtiere, und blinzeln uns mit ihren kleinen Augen nach.
Wie sie so dastehen, schwarze Scherenschnitte vor der kalten Glut des Sonnenaufgangs, scheinen sie zu einer anderen Welt zu gehören. Und erst jetzt wird mir bewußt, daß wir an diesem Morgen nicht auf irgendeine Jagd fahren, sondern zu einem Rendezvous mit der Urzeit. Denn die Nashörner und ihre Vorfahren, die »Nashornartigen« oder *Rhinocerotoidea*, bevölkern schon seit fünfzig Millionen Jahren die Erde.
uNkulunkulu, der Gott der Zulus, den sie auch manchmal schlicht »Nkosie« – das heißt »Herr« – nennen, macht es der Sonne schwer an diesem Tag: Nur widerwillig zieht er die Decke der Nacht von seinem Land, als wüßte er, daß wir auf Jagd sind, seine Geschöpfe zu fangen.

Aber wir wollen sie fangen, um sie zu retten. Um sie in die Arche zu bringen, damit sie nicht ertrinken in der Springflut der modernen Zivilisation.

Der Landrover hält mit einem Ruck. Rechts vom Weg warten zwei eingeborene Wildhüter. Sie tragen schwarzgrüne Sturzhelme, grüne Hosen, weiße gefütterte Jacken. In einer Segeltuchtasche auf der linken Brustseite stecken Funksprechgeräte.

Sie halten zwei Reitpferde am Zügel, hochbeinige schöne Tiere, einen Apfelschimmel und einen Braunen mit einer weißen Maske. Die Tiere tragen gefütterten Brust- und Bauchschutz, wie die Pferde der Picadores beim Stierkampf in Spanien.

Rochat spricht mit den Wildhütern Zulu.

Sie weisen nach Westen, auf die Sokhwezele-Hügel.

»Haben sie was gefunden?« frage ich. – Rochat nickt nur.

»Was fangen wir denn heute?« frage ich.

»Nashornkühe, deren halb erwachsene Kälber schon für sich selbst sorgen können.«

»Wir sind unterwegs an mindestens zwanzig solchen Kühen vorbeigekommen.«

Rochat blickt auf. Er grinst. »Richtig«, sagt er, »aber würden Sie Rhinos am Weg fangen? Das machen Sie zweimal, und dann sehen Sie kein Aas mehr von denen. Jedes Rhino hat sein Territorium, und wenn wir die Rhinos an den Pisten fangen, die für die Touristen angelegt worden sind, kriegt kein Tourist mehr ein Rhino zu sehen. Und wenn die Touristen keine Rhinos sehen, kommen sie nicht mehr. Und wenn sie nicht kommen, haben wir kein Geld mehr für den Rhinofang. Und wenn wir die Rhinos nicht fangen, können wir sie nicht mehr exportieren, um sie in anderen Weidegebieten anzusiedeln und damit die Gefahr zu mindern, daß sie durch Überbevölkerung aussterben.«

Das war sicher eine der längsten Reden, die Rochat in den neun Jahren Rhino-Fang gehalten hat.

Er springt aus dem Wagen, nimmt den Kasten mit den Betäubungspfeilen, den Drogen und Medikamenten von der Ladefläche.

Michael Donaldson langt nach dem Narkosegewehr, öffnet den Verschluß, blickt gegen die Sonne durch den Lauf.

Die Sonne steht jetzt zwei Handbreit über dem Horizont. Die schillernde Kupferfarbe ist einem harten Messington gewichen. Selbst die tiefgrünen Euphorbien sehen blaß aus in diesem Licht.

Die Zulus stehen unbeweglich neben ihren Pferden.
Ken Rochat bereitet ein halbes Dutzend Betäubungspfeile aus Aluminium vor. Am Ende tragen sie kleine rote und gelbe Pompons. An diesen Pompons wird man später erkennen, welches Nashorn zuerst angeschossen wurde. Der Hohlkörper der Betäubungsbolzen, der sich beim Aufschlag und Eindringen der Pfeile durch die spitze Kanüle in die Blutgefäße des Nashorns entleert, wird mit drei Kubikzentimetern einer Droge mit dem mysteriösen Namen M 99 gefüllt, einem Anaestheticum, das der Physiologe und Veterinärmediziner Dr. A. M. Harthoorn vom University College of East Africa Anfang der sechziger Jahre speziell für diese Art des Großwildfangs entwickelt hat.
Michael Donaldson blickt inzwischen mit dem Feldstecher in die Runde. Die Sonne gleißt jetzt auf den Felsen der Zinzunzini-Hügel; das Gestein ist von haarfeinen Quarzadern durchsponnen.
Vor den Hügeln, im senffarbenen Gras, sehe ich zwei violettschwarze Buckel: eine Nashornkuh mit einem Kalb.
Das Kalb ist ein oder anderthalb Jahre, alt genug, um sich einer Gruppe anderer Rhinos anzuschließen oder sich allein durchzuschlagen.
Ken Rochat lädt das Narkosegewehr mit einem der Drogenpfeile – dieser erste hat ein rotes Pompon –, gibt das Gewehr Michael Donaldson, erteilt ihm knappe Instruktionen.
Donaldson geht heute zum erstenmal mit auf Rhino-Fang. Er ist eigentlich der »Fence-Officer« von Umfolozi, verantwortlich für den großwildsicheren Kabeldrahtzaun, der das Reservat über weite Strecken von den umliegenden Busch- und Farmgebieten abgrenzt.
»Nur die Hinterhand«, höre ich Ken Rochat murmeln. »Da liegen die Blutgefäße direkt unter der Haut. Und warte, bis wir auf zwei oder drei Meter heran sind!«
Michael Donaldson nickt. Er hockt sich neben Ken Rochat auf den Vordersitz, das Gewehr zwischen den Knien.
Der Landrover bricht in den Busch, als wäre er ein Panzer. Zu sehen ist bald nur noch das peitschende, wogende, klatschende grüne Meer, das über dem Wagen zusammenschlägt, die braungelben Zweige, die gelbgrünen Dornenranken, die über die Ladefläche fetzen – und diese Dornen sind bis zu zwölf Zentimeter lang –, die dürren, grauschwarzen Äste, die prasselnd wegbrechen.
Plötzlich halten die Reiter vor uns auf einer Lichtung.

Keine zwanzig Meter von ihnen entfernt stehen zwei Rhinos, friedlich äsend, eine kräftige Kuh mit einem einjährigen Kalb.
Das Kalb verschwindet hinter dem Rücken der Kuh, als unser Landrover aus dem Busch bricht.
Michael Donaldson springt auf, das Gewehr halb im Anschlag.
Die Nashörner jagen ab, durch das Unterholz, querfeldein, in vollem Lauf.
Ein Fliegenschwarm, aufgescheucht von ihren Flanken, fällt in den Landrover, wird gleich wieder vom Fahrwind weggefegt. Armdicke Äste krachen gegen den Wagen, schenkelstarke Strünke wirbeln durch die Luft, die jetzt nur noch erfüllt ist von Staub, aufgetrampeltem Dreck, hochgeschleuderten Steinen.
Und dann höre ich, über dem Heulen des Motors, einen anderen Laut: das seltsam hohe, quietschende Schnauben der Nashornkuh. Es ist das Schnauben der Angst.
Es geht einen Hügel hinan, unter dem niedrigen, steinharten Geäst eines wilden Feigenbaums hindurch, der Wagen bockt, und dann sind die Rhinos direkt vor uns.
Wie eine Bleiplatte wirkt das Hinterteil der galoppierenden Nashornkuh vor der herabgeklappten Windschutzscheibe.
Ich höre den Abschuß nicht, ich sehe nur den Einschlag des Bolzens. Das rote Pompon wippt auf der linken Gesäßbacke. Die Nashornkuh verschwindet zwischen Imphapha-Büschen.
Der Landrover hält.
Wir husten, spucken Staub, ringen keuchend nach Luft.
Ken Rochat dreht sich um, grinst. Sein Gesicht ist von einer schwarzbraunen Dreckschicht überzogen. »Everything allright?«
Einer der Reiter ist den Nashörnern gefolgt. Er bleibt auf der Spur des angeschossenen Tieres, bis die Droge wirkt. Dann wird er sich über Sprechfunk bei Ken Rochat melden.
Der Staub senkt sich langsam auf den Landrover. Die Fliegen kommen zurück.
Der zweite Reiter hebt sich im Sattel, weist in Richtung Süden.
»Ready for a new one?« fragt Rochat.
Donaldson hat sich wieder hingesetzt, das Gewehr zwischen den Knien.
Wir jagen durch den Dornbusch, als müßten wir das nächste Flugzeug nach Johannesburg erreichen.
Keine fünf Minuten später steht die zweite Gruppe Nashörner vor

uns: zwei Kühe, ein Kalb und ein Bulle. Jetzt zeigt sich, was Rochat in neun Jahren gelernt hat. Es zeigt sich aber auch, wie die Gewöhnung an dic Gcfahr abstumpfen kann.

Er braust einfach auf die Nashörner los.

Der Bulle senkt seinen mächtigen Kopf zum Angriff, überlegt es sich anders und trabt mit eingekringeltem Schwanz davon.

Die Kuh mit dem Kalb spritzt nervös Wasser ab.

Rochat trennt sie von der anderen Nashornkuh, jagt diese in die Flucht.

Übrig bleibt »unser Paar«.

Der Reiter treibt die Kuh auf den Landrover zu. Das Kalb folgt.

Donaldson steht schon mit dem Narkose-Gewehr.

Die Nashörner drehen ab, brechen in den Dornbusch, gehen ab über einen Hang, der von Felsbrocken übersät und von tiefen Dongas, trockenen Bachbetten, durchzogen ist.

Rochat flucht.

Wir schlittern durch eine glitschige Suhle, morgendlicher und abendlicher Versammlungsplatz der Rhinos. Schlamm spritzt in den offenen Rover, uns ins Gesicht.

Wir haben die Nashörner fast eingeholt. Donaldson legt die Büchse an.

Da trifft der Landrover auf einen Felsbrocken. Der Wagen wird hochgeworfen, Donaldson stürzt nach hinten, doch ehe er aus dem Wagen fällt, fängt er sich gerade noch. Rochat blickt nicht einmal hin.

Donaldson steht wieder, vor uns tanzt der Hintern der Rhino-Kuh, der Betäubungspfeil klatscht in die linke Gesäßbacke, das gelbe Pompon verschwindet wippend im Gehölz.

Rochat fährt den nächsten Hügel hinauf, hält. Hinter uns jagt der zweite Reiter dem angeschossenen Rhino nach.

Wir steigen aus.

Während der Jagd war der Himmel mit einemmal bedeckt, grau-fleckig, wie vor einem Sturm, Wolken von der Mpila-Kette bis rüber zu den Zinzunzini-Hügeln. Es war, als zürne uns der Zulu-Gott uNkulunkulu, der »Ahnengeist aller Menschen«, wie sie ihn nennen.

Doch jetzt wölbt sich der Himmel leuchtend über uns, makellos wie ein Izihlangu, der königliche Kriegsschild der Zulu aus blauer Büffelhaut.

»Ihr wievieltes Nashorn war das?« frage ich Rochat, der unbeweglich hinter dem Steuer sitzt. Die Jagd ist vorbei. Das Warten beginnt.

Donaldson spricht ins Funkgerät, versucht, den ersten Reiter zu erreichen, seinen Standort festzustellen. Er bekommt keine Antwort.
Rochat wendet langsam den Kopf. Seine Augen haben sich verengt. Sie scheinen über die neun Jahre hinwegzublicken, in denen er täglich sein Leben aufs Spiel setzte, um Breitmaul-Nashörner zu fangen, von denen es mittlerweile zu viele in dem kleinen Wildreservat gibt; Umfolozi ist das einzige Gebiet auf der Welt, in dem die »weißen« oder Breitmaul-Nashörner noch in nennenswerter Anzahl in ihrer natürlichen Umgebung überlebt haben. Bis Anfang der sechziger Jahre gab es sie noch im nördlichen Kongo und im Sudan. Aber die Kriegswirren in den beiden Ländern haben das nördliche Breitmaul-Nashorn praktisch ausgerottet. Man schätzt, daß höchstens siebzig Tiere – von rund dreitausend vor der Unabhängigkeit dieser Staaten – die Massaker überlebt haben. Etwa zwanzig »weiße« Nashörner sind von der Regierung Ugandas im Murchison-Falls-Nationalpark angesiedelt worden, in einem Gebiet östlich des Nils, wo es nie Breitmaul-Nashörner gegeben hat. In Umfolozi hingegen ist durch wirksame Hege die Zahl der »white Rhinos« bis Ende 1971 auf fast dreizehnhundert angestiegen. Aber eine einzige Epidemie könnte sie alle auslöschen. Deshalb wird jährlich eine bestimmte Anzahl gefangen und in andere Teile Afrikas sowie in die zoologischen Gärten der übrigen Welt verschifft. Der Ursprung der Bezeichnung »weiß« für diese Art der Nashörner ist übrigens umstritten. Man nimmt jedoch allgemein an, daß es sich um eine Verballhornung des afrikaansschen Wortes »wijd« handelt, was richtig übersetzt »breit« heißt.
»What did you say?« fragt Rochat.
»Wieviele Nashörner haben Sie schon gefangen?«
Sein braungebranntes, dreckverkrustetes Gesicht, das dennoch bleich wirkt, hart in den Wangen und um den Mund, bleibt ausdruckslos. Er fingert nach seinen Zigaretten, Marke »Hunter«.
»Wieviele Rhinos?« Er lächelt nachsichtig. »Keine Ahnung.«
Er wendet sich Ursula zu, bietet ihr eine Zigarette an. Es ist die erste Geste der Vertraulichkeit. Er gibt ihr Feuer, dann sagt er schließlich: »Na, hundert werden es schon sein.«
»More, much more!« widerspricht Donaldson, der die Antenne des Sprechfunkgeräts kreisen läßt.
Rochat hebt nur die Schultern. Später höre ich, daß Rochat rund dreihundert weiße Nashörner gefangen hat, seit er Leiter des »Rhino-Catching-Teams« ist.

Es knattert im Sprechfunk.
»Yebo?« fragt Donaldson auf Zulu. »Ja, wo bist du denn, Yeli?«
Für uns Unverständliches, untermalt von den merkwürdigen Zulu-Klick-Lauten, die unter akrobatischer Zuhilfenahme von Gaumen, Rachenzäpfchen und Zunge zustandekommen, sprudelt aus dem Empfänger.
Es hallt wie von einem Echo. Ich gehe ein paar Schritte durchs Gebüsch – und habe mich nicht getäuscht; keine fünfzig Meter entfernt steht der Reiter, der die Spur des ersten angeschossenen Rhinos aufgenommen hatte, und brüllt ins Funkgerät.
Darüber lacht sogar Rochat.
Es ist erst sieben Uhr morgens, aber die Hitze beißt bereits. Im Winter sind die Nächte hier schneidend kalt, doch am Tag erreichen die Temperaturen im Busch Umfolozis dreißig bis fünfunddreißig Grad Celsius.
Der Fährtenspürer, der so aufgeregt ins Funkgerät sprach, ist von seinem Pferd gestiegen, das unbekümmert an dem dürren Wintergras knabbert.
Zwanzig Meter entfernt erblicken wir die Rhinos, das Kalb und die Kuh. Sie sollte betäubt auf der Erde liegen, im Land der Nashornträume. Aber sie trabt, wenn auch etwas wacklig, unter den Akazien herum.
Ken Rochat beobachtet die Kuh. »Okay«, sagte er schließlich, »it is safe. Es wird nichts passieren. Ihr könnt aussteigen.«

Die schönsten Raubtiere der Welt, Leoparden, Jaguar, Gepard und Ozelot, sind noch zu unseren Lebzeiten zum Aussterben verdammt, wenn die Regierungen der Länder, in denen diese Tiere noch existieren, nicht schärfere Maßnahmen gegen die Wilderer ergreifen, die den Raubkatzen wegen ihrer kostbaren und hochbezahlten Felle nachstellen. Allein im Jahre 1969 fanden zweihundertfünfzigtausend Leoparden-, Jaguar- und Ozelotfelle ihren Weg zu Kürschnern in den USA und nach Großbritannien.
Der World Wildlife Fund hat an alle Länder appelliert, schärfere Importbeschränkungen zu erlassen. Kenia, Tansania, Indien, Nepal und Pakistan haben bereits den Export von Fellen dieser Art verboten. Die Vereinigten Staaten und Kanada haben strengere Importkontrollen erlassen, die Bundesrepublik und Großbritannien erwägen solche Maßnahmen. Uns war es noch gestattet, diese herrlichen Tiere beim Fraß oder in der Sonne faulenzen zu sehen (*Leoparden rechts und auf den folgenden Seiten*); dazu Geparden am Kill und in der Steppe.

Seiten 22–24: Diese prachtvollen Oryx-Antilopen im Dornbusch, die Nyalas an der steinigen Tränke, die Zebras, die um ein letztes bißchen Wasser an einer der fast ausgetrockneten Pfannen kämpfen, sind von der Zivilisation bedroht. Das Bellen jener Zebras an der Wasserstelle klang zornig und ohnmächtig zugleich.
Weiße und schwarze Wildwarte versuchen, die Reservate zu erhalten, aber auf unserer Reise durch die letzten großen Paradiese fanden wir neben der Entschlossenheit dieser Männer, bis zum letzten um die Tiere zu kämpfen, auch erste Zweifel und beginnende Resignation.

Rochat bleibt allein im Landrover. Er gibt Gas, fährt auf die Kuh zu. Sie setzt sich in Bewegung, will weglaufen. Aber es wird nur ein Zuckelgang daraus. Das Kalb kommt hinter der schützenden Seite der Mutter hervor, galoppiert auf den Landrover zu, macht einen Scheinangriff.

Rochat zwängt den Wagen zwischen Kuh und Kalb. Er wirbelt den Landrover herum. Das Kalb weicht aus. Das wiederholt sich ein paarmal.

Die Kuh steht inzwischen, schwer atmend, im dürftigen Schatten einer Akazie. Ihre Flanken zittern. Die Droge beginnt endlich zu wirken.

Das Kalb quietscht nervös. Es will zu seiner Mutter zurück, aber immer wieder schneidet der Landrover ihm den Weg ab, scheucht es fort.

Dann endlich hat das Kalb genug. Mit einem jammervollen Schrei wendet es sich um, trabt den Hügel hinan.

Rochat jagt hinterher.

Das Kalb ist müde, die Flanken sind naß, aber es beginnt zu galoppieren. Es verschwindet zwischen hohen Aloe-Stauden, deren Blüten – sie entfalten sich erst im südafrikanischen Herbst – golden und kupfern in der Sonne schimmern, die einzigen Farbflecken in der verdorrten Savanne unter dem blauen Büffelhautschild des Himmels.

Wir gehen auf das Nashorn zu, das unter der Akazie steht.

Donaldson schleppt den Kasten mit den Drogen und Medikamenten heran.

Rochat kommt zurück, springt aus dem Landrover, füllt eine Spritze mit einer zusätzlichen Dosis M 99. Er haut sie der Nashornkuh in die linke Gesäßbacke. Die Kuh stolpert nach vorne, Rochat zieht den Betäubungspfeil mit dem roten Pompon heraus, kommt zu uns herüber.

Ich sehe, daß die Kanüle des Pfeils verbogen ist. Rochats Mienenspiel merkt man an, was er denkt.

Donaldson sagt es laut: »Die verdammten Spritzen. Dauernd verbiegen sich die Kanülen. Warum gibt uns die Provinzregierung nicht mehr Geld, damit wir anständige Spritzen kaufen können, nicht solch minderwertiges Zeug?«

»Das Geld kriegen wir, wenn mal einer von einem halb betäubten Nashorn aufgespießt worden ist«, sagt Rochat.

So ist das. Zuwenig Geld – somit billige, nicht richtig funktionierende Spritzen. Das bedeutet oft nur halb betäubte Nashörner. Wenn sich die Kanülen verbiegen, geht ein mehr oder weniger großer Teil der Droge verloren und nicht in eines der Blutgefäße, die über die Gesäßbacke des Rhinos verlaufen. Gefahr also für die Menschen, die mit den Nashörnern umzugehen haben. Eine halbe Stunde später werde ich es selbst erleben.

Die zweite Spritze Rochats hat gewirkt. Das Rhino bricht in die Knie, fällt auf die Seite, wälzt sich herum, liegt schließlich, wie im Schlaf, auf dem Bauch.

Donaldson hat inzwischen über Sprechfunk die Transporter herandirigiert. Es sind zwei Achttonner aus Moçambique. Die beiden Rhinos, die wir heute fangen, sind für das portugiesische Wildreservat Gorongoza bestimmt.

Die Lastwagen brummen schwankend und polternd über die trockene Savanne heran. Auf den Ladeflächen recken sich die starken Holzkisten, in denen die Rhinos abtransportiert werden sollen.

Fliegen haben sich auf die Flanken des betäubten Nashorns gesetzt, kriechen über seinen Hals, seinen Nacken, kriechen um sein breites Maul.

Das Rhino schnauft. Ich sehe, wie eine klare helle Ausscheidung aus seinen Nasenlöchern fließt. Die Flanken zucken krampfartig.

Ken Rochat zieht eine Spritze mit einem kreislaufstärkenden Mittel und einer anregenden Droge auf.

Die Wirkung von M 99 muß soweit abgeschwächt werden, daß das Rhino wieder auf die Füße kommen und in den Transporter geführt werden kann.

Außerdem füllt Rochat eine Ampulle mit Penicillin. Die »Anti-Spritze« wird von ihm in eine Ohrenvene gegeben, das Penicillin anschließend ins Bein.

Die Lastwagen sind jetzt heran. Die Fahrer und die Begleiter des Transportes, zwei portugiesische Wildwarte, steigen aus. Es sind schlanke junge Männer mit olivfarbener Haut. Sie tragen anthrazitfarbene Hemden mit goldenen Sternen auf den Schulterklappen. Im Gegensatz zu unseren südafrikanischen Rangern in ihren verwaschenen Feldblusen aus Khaki wirken sie operettenhaft. Während des ganzen Verladens rühren sie dann auch kaum einen Finger. Das machen die schwarzen Boys, Shangaan, die sich jetzt in respektvoller Entfernung um das langsam aus seiner Betäubung erwachende Rhino sammeln.

Rochat schlägt dem Nashorn mit der flachen Hand aufs Gesäß.
»Let's go!« ruft er.
Das Rhino versucht, auf die Beine zu kommen, knickt aber wieder ein.
Der Staub ballt sich um uns, daß wir husten müssen.
»Los!« Und wieder schlägt Rochat auf den prallen Hintern.
Diesmal kommt das Nashorn hoch, steht mit zitternden Flanken da.
Michael Donaldson ist inzwischen mit einem drei Zentimeter dicken Seil herangekommen, hat es um den Stamm einer Akazie gewunden.
Das andere Ende ist zu einer Schlinge geflochten.
Donaldson schleicht sich hinter das Nashorn.
»Whoa!« ruft Rochat.
Das Nashorn setzt sich träge auf die schwarzen Boys zu in Bewegung.
Donaldson versucht, ihm die Schlinge um eines der Hinterbeine zu legen, assistiert von einem unserer Reiter.
Donaldson bückt sich, das Nashorn stampft weiter, die Schlinge geht daneben, er bückt sich wieder, das Nashorn stampft weiter, die Schlinge geht daneben ...
»Damned!« flucht Donaldson.
Es ist komisch, wie er gebückt hinter dem Nashorn herläuft, die Schlinge in beiden Händen, aber niemand lacht.
Das Nashorn bleibt stehen.
»Go!« ruft Donaldson wütend.
Das Nashorn hebt das linke Hinterbein. Blitzschnell beugt sich Donaldson vor. Diesmal sitzt die Schlinge.
Das Nashorn zerrt an der Fessel. Das Seil spannt sich zum Zerreißen.
Der Baum biegt sich. Aber Seil und Baum halten.
Das Nashorn bleibt stehen, auf drei Beinen, das vierte von der Fessel nach hinten gezerrt.
Einer der Lastwagen dreht, fährt mit dem Heck nahe an das Rhino heran.
Auf Gleitschienen wird der Käfig heruntergelassen.
Das Rhino zittert jetzt am ganzen Leib.
Nicht nur ich bin besorgt. Alle schauen Rochat an.
Er zieht eine zusätzliche Kreislaufspritze auf. Als er sie ansetzen will, ertönt von den Hügeln herab das jammervolle Geschrei des Kalbs.
Auch Rochat zuckt zusamen. Dann setzt er die Spritze.
Kurz darauf bricht das Nashorn zusammen.

Über uns kreisen auf einmal Geier. Ihre schwarzen Schatten scheinen das Blau des Himmels zu verfärben.
Rochat kniet neben dem Nashorn nieder. Er jagt die Fliegen weg, die sich um die Augen gesammelt haben.
Groß und klar und voller Angst sind die Augen. Schwarz schillert es in ihnen.
Ich trete neben Rochat. Das Nashorn schnaubt, dann steht es langsam auf.
»Na also«, sagt Rochat.
»Los, ’rein in die Kiste!« Donaldson legt dem Nashorn ein Seil um den Kopf, zieht es zu. Das andere Ende des Seils wird durch den Holzkäfig gezogen. Die Fußfessel des Rhinos wird gelöst.
Die Boys schieben und drücken das Nashorn zur Rampe, schubsen es zu der offenen Luke der Transportkiste. Die verfluchte Sonne sticht vom Himmel herunter mit Lanzen aus flüssigem Blei, sticht auf den Schädel des halb betäubten Rhinos. Es hat noch eine Fahrt von fünfhundert Kilometern vor sich bis zum Gorongoza-Reservat.
Mit viel Geschrei wird das Nashorn in die Kiste verfrachtet, die Kiste mit einer Seilwinde auf den Transporter gehievt.
Die Verschlußluke des Käfigs fällt. Das letzte, was wir von dem Nashorn sehen, ist, daß es sich erschöpft, mit gesenktem Kopf, gegen die linke Holzwand lehnt.
Der Lastwagen braust davon. Staub, der ewige Wegkumpan auf allen Pisten Afrikas, wallt auf.
»Weiter!« ruft Rochat.
Wir steigen schweigend in den Landrover.
Wir blicken nicht hin, als der Transporter mit dem Nashorn hinter dem Horizont der rotgrünen Aloe-Stauden und schwarzgrauen Felsen verschwindet. Es ist deprimierend, obwohl wir wissen, daß der momentane Verlust der Freiheit, der Verlust der gewohnten Umgebung, des bekannten Reviers, für die »Familie«, wenn man so will, notwendig ist, wenn die Art durch die Verteilung auf neue Weidegebiete überleben soll.

Wir finden das zweite Rhino in einer Donga. Weithin leuchtet das gelbe Pompon.
Das Nashorn liegt bewegungslos da. In den Bäumen hocken Geier.
Aber als wir uns vertrauensselig dem Rhino nähern, und die schwarzen Boys schon anfangen, mit ihren Pangas einen Pfad in das Unter-

holz zu schlagen, öffnet das Nashorn die Augen, blinzelt und ist auch schon auf den Beinen.
Es reckt den Kopf vor und greift an.
Die schwarzen Boys springen zur Seite.
Ich stolpere über einen Baumstrunk.
Ich höre das Trommeln der schweren Füße, höre das Schnauben, raffe mich auf, laufe den Hang hinan.
Und dann ist alles vorbei. Das Nashorn steht, glotzt in die Sonne.
Ein schwarzer Wildhüter kniet fünf Schritte vor dem Rhino, das Jagdgewehr im Anschlag.
Rochat zieht ungerührt die Spritzen mit dem Kreislaufmittel und dem Penicillin auf.
Der schwarze Wildhüter sichert die Büchse, wendet dem Rhino den Rücken zu.
Donaldson kommt zu mir, grinst. »Ja, so ist das«, sagt er. »Da erzählen sie immer, wie friedlich die weißen Nashörner wären, und kaum kommt ein Fremder, da muß sich die Alte danebenbenehmen. Richtig unhöflich, könnte man sagen.« Er feixt, klopft mir mit übertrieben zur Schau gestellter Sorge Hemd und Hose ab.
Ich grinse zurück und klaube meine Kamera aus dem Staub.
Nach zehn Minuten ist auch das zweite Rhino verladen.
Als sich die Luke schließt, frage ich mich, wie es wohl gewesen wäre, wenn das Rhino mich nicht in einer Donga, sondern in der freien Savanne angegriffen hätte.

Wir fahren zurück, die Sonne steht hoch am Himmel. Wolken ballen sich über dem Horizont von Umfolozi. Doch über unseren Köpfen ist es noch strahlend blau.
»Ich wünschte, es würde endlich mal regnen«, sagt Rochat.
Seit acht Monaten hat es in Umfolozi nicht mehr geregnet.
In der Nacht geht Rochats Wunsch in Erfüllung: es prasselt auf das Schilfdach unserer Cottage, daß wir davon wach werden.
Ich muß an das Nashornkalb denken. Es ist allein. Zum erstenmal in seinem Leben. In der Dunkelheit und im Regen.
Ich ziehe den Bademantel über, gehe nach draußen.
Der Regen schlägt in peitschenden Bahnen in die Savanne, die von violetten Blitzen erleuchtet wird. Donner ist nicht zu hören. Es ist eine gespenstische Szene, das Heulen des Windes, das Rauschen des Regens, das lautlose Zucken der violetten Blitze.

Ich atme tief die frische und würzige Luft ein, die aus der dampfenden Erde steigt.
Der Brodem Afrikas.
Nacht ist es, und ich muß an eine andere Nacht denken, an die Nacht, in der ich mich endgültig entschloß, dieses Buch zu schreiben, vom Kampf um die sinkende Arche.
Es war die Nacht bei Ian Player, auf seiner Farm Phuzamoya im Karkloof-Tal bei Howick in Natal.

2

Die Nacht von Phuzamoya

Die Sonne ging unter. Erst färbte sich der Himmel apfelgrün, dann blutrot. Blau zuckte es hinter den Wolken auf, silbern und violettschwarz. Es war, als habe uNkulunkulu, der Gott der Zulus, alle Farben der Natur in die Schale des Abends gegossen, sie umgerührt und dann über die Erde fließen lassen, die dort unter ihm lag, die Hügel und Täler, die Flüsse und Seen von Natal. Die Dunkelheit legte sich wie eine rote Decke der Xhosa auf das Land.

Wind erhob sich. Er kam aus dem blutigen Loch, das die Sonne am Horizont hinterlassen hatte. Der Wind fegte Staub vor sich her, dürres Gras, zu Hexenkugeln geballt. Er trieb über die schroffen Hänge des Mpuga Makaza, des »Berges der Ratten«, der sich vor uns erhob. Er stieg durch das Tal von Karkloof herauf zur Farm Phuzamoya, wo wir im Schatten der Veranda saßen.

Der Wind spielte mit Ian Players Haaren. Seit Tagen war er sehr schweigsam, kehrte von seinen Fahrten in die Wildreservate, die ihm unterstehen, stets mit sorgenvollem Gesicht zurück. Ian ist Chefkonservator des Zululandes, einer der wichtigsten Männer des afrikanischen Wildschutzes, international anerkannte Autorität in der Wildhege, erst vor kurzem in Amerika mit einer der höchsten Ehrungen ausgezeichnet, der Game Coin International, der Internationalen Wildschutzmedaille.

Ich wußte nicht, was ihn bedrückte, aber aus Andeutungen in unseren Gesprächen entnahm ich, daß in den Reservaten, im Wildschutz nicht alles so lief, wie es laufen sollte. Ich war mir des Drucks bewußt, den gewisse Politiker auf die Wildschutzbehörde von Natal, das »Natal Parks Board«, ausübten, um mehr Land für schwarze und weiße Siedler freizubekommen; ich kannte die Probleme der Finanzierung von Brunnen und Wasserstellen, der Einzäunung der Reservate, der Ausrüstung der Wildwarte mit modernem Gerät von meinen früheren Reisen. Ich wußte auch, daß die Ranger unterbezahlt werden, ich wußte, welch ein Idealismus dazu gehört, diesen Kampf um die neue Arche durchzuhalten.

An diesem Abend wollte ich Klarheit haben. Ian war mein Freund, er mußte mir reinen Wein einschenken.

»Wie wird die Zukunft der Reservate aussehen?« fragte ich ihn. »Wie wird es mit dem Wildschutz werden? Hat Umfolozi, hat Hluhluwe, haben die Reservate an der Küste des Indischen Ozeans eine Zukunft? Was wird geschehen?«

Ian sah mich nicht an. Er schwieg lange, dann sagte er abrupt: »Manchmal bin ich sehr skeptisch. Tag um Tag müssen wir gegen die Dummheit der Menschen kämpfen, um die wenigen wilden Tiere zu retten, die uns noch erhalten geblieben sind. Vielleicht sind wir die letzten, die den Ruf der Löwen in der Freiheit hören. Vielleicht können wir sie bald nur noch im Zirkus oder im Zoo sehen. Ich weiß es nicht. Das ist, wenn du mich fragst, das Fazit von achtzehn Jahren im Busch.«

Ich war überrascht und bewegt von dieser Antwort. Neben mir lagen die Notizblöcke, die Tagebücher, die Kassetten mit den Tonbändern von den letzten Reisen. Ich hatte soeben die fünfte Safari durch die Wildschutzgebiete Südafrikas begonnen, ich war dabei, das riesige Land von den Reservaten Natals bis in die subtropischen Wälder am Limpopo zu durchforschen, in den Busch des Tongalandes zu fahren, hinauf nach Ndumu, an der Grenze von Portugiesisch-Moçambique, den geheimnisvollen Lebombo zu durchqueren; ich würde wieder mit weißen Wildwarten und eingeborenen Wildhütern am Lagerfeuer sitzen, die kargen Mahlzeiten des Abends mit ihnen einnehmen, Flußwasser mit ihnen trinken, mich mit ihnen von Sonne, Hitze, Regen und der eisigen Kälte der Winternächte dieses Subkontinents peinigen lassen. Ich würde, wie in den Jahren zuvor, ihr einfaches Leben teilen, die Gefahren, aber auch die tägliche Routine. Ich konnte nun das Buch schreiben, dieses Buch über Afrika, das ich schon seit sechs Jahren

Millionen von wilden Tieren bevölkerten einst die Savannen Südafrikas wie diese Herde von Gnus und Zebras, die wir vom Hubschrauber aus beobachten konnten. Doch heute sind sie in Reservate gepfercht, die von unserer krebsartig wuchernden Zivilisation bedroht werden (*rechts*). Büffel und Nashörner sind besonders gefährdet, weil Wilderer ihnen wegen der Trophäen rücksichtslos nachstellen (*Seite 34*). Selbst die aufopfernde Arbeit eines Mannes wie des Chefkonservators von Zululand, Ian Player (rechts von ihm der Autor), und seiner Wildwarte kann nicht verhindern, daß sogar Krokodile und Leguane in den Reservaten Natals bald ausgerottet sein werden, wenn die Menschen nicht begreifen, daß man auch diese Tiere schützen muß (*Seite 35*).

vorbereitete; das immer neue Formen angenommen hatte, bei jeder neuen Reise eine neue Form; jetzt war ich bereit.
Und Ian, der seit fast zwei Jahrzehnten im Wildschutz Südafrikas tätig ist, sagte: »Vielleicht ist alles vergeblich. Ich weiß es nicht. Aber überzeuge dich selbst. Du sollst selbst sehen, wie es aussieht. Fahr nach Hluhluwe, fahr nach Umfolozi, fahr nach Ndumu. Du sollst mit eigenen Augen sehen, wie es um den Wildschutz bestellt ist. Und fahr in den Krüger-Park. Was du dort zu sehen bekommst, wirst du nie mehr vergessen. Du mußt selbst herausfinden, was los ist. Du willst ein Buch schreiben, du willst an die Menschen appellieren, ›rettet die Arche‹. Tu es, solange du noch Zeit hast. Tu es, bevor es zu spät ist.«

An diesem Abend konnte ich nicht einschlafen.
Ich lag und lauschte auf das Rauschen des Windes aus dem Tal, das der Farm Ian Players ihren Namen gegeben hat, »Phuzamoya« – »dort, wo man den Wind trinkt ...«. Ich lag und hörte durch das Rauschen hindurch den Hufschlag der Tiere in der Steppe, diesen Trommelschlag der Wildnis, ich hörte den Schrei der Zebrahengste und den schnaubenden Ruf der Gnus, das Trompeten der Elefanten und den dumpfen Widerhall, das Echo der Vergangenheit, als die großen Herden vorüberzogen – all dies in der stillen Nacht von Phuzamoya, in der nur der Wind seufzte. Ich sah den Staub über den weiten Ebenen, das Silberlicht über den glänzenden Rücken der Tiere, ich sah die Herden, soweit das Auge reichte, ich sah die große Wanderung von Nord nach Süd, dem Regen nach, ich roch den wilden Atem des Buschs, Tierschweiß, Aasgeruch, das Feuer aus Thomboti-Holz; ich hörte, sah, roch dies alles, hier, in Phuzamoya auf der roten, rätselhaften Erde Afrikas, ich lag ganz ruhig, und ich hörte, wie aus der Ferne, eine Stimme, die mir vor zehn Jahren genau das gleiche gesagt hatte wie heute abend Ian Player.

In immer entlegenere, wüstenartige Gebiete sind die großen Herden abgedrängt worden, die früher nur von den Oryx-Antilopen bevölkert wurden, die mit ihren bunten Gesichtsmasken und den langen, spitzen Hörnern zu den prächtigsten Tieren dieser Art gehören und nur wenig Wasser brauchen (*links*). Heute findet man in diesen Ödgebieten auch Zebras, Gnus und verspielte Gazellen. Doch wie lange noch? Denn im Norden Südwestafrikas, in der Etoschapfanne, ist man auf Erdöl gestoßen ...

Eines Tages, Michael, wird alles vorbei sein. Schau sie dir gut an, die Herden. Und ich sah sie im Tal des Tsavo, im Licht der frühen Sonne, Hunderte von Elefanten, rotglänzend vom Schlamm jenes Flusses in Ostafrika, an dessen Ufern ich, unweit der Hänge des Kilimandscharo, zum erstenmal in die Welt Afrikas eingeführt wurde.

Schau sie dir gut an, Michael, sagte die Stimme über den Abgrund der Jahre hinweg, denn bald wirst du es nicht mehr sehen können. Bald ist alles vorbei.

Das hatte Pierre d'Unionville zu mir gesagt, unser erster Safari-Führer, damals, vor zehn Jahren, und ich hörte seine Stimme, ganz deutlich, obwohl ich diese Stimme nie mehr vernehmen werde.

Denn Pierre ist tot.

Ich stand auf.

Ich ging auf die Veranda hinaus, blickte zu den Sternen hoch, die so klar schienen, wie nie bei uns in Europa. Wie lange würde man hier die Sterne noch so deutlich sehen können? Wie lange würde es noch dauern, bis die Dunstwolke, die über Johannesburg und Durban, über Kapstadt und Nairobi, über Kairo und Lagos hängt, auch die Nächte über der Steppe, dem Urwald und der Wüste vernebelte, den letzten Zufluchtsorten der Menschen vor der krebsartig wuchernden technischen Zivilisation?

Ich legte die Hände auf die hölzerne Brüstung der Veranda, beugte mich vor.

Ich sah Nebel im Tal, und doch war es mir, als sähe ich all die lebenden und toten Tiere dieses Kontinents, die lebenden und die toten Männer, die gegen und schließlich für diese Tiere kämpften, die Großwildjäger, die sich im Laufe eines bewegten Lebens bekehren ließen zu hingebungsvollen Wildhegern, die Ranger auf den fernen Vorposten, die Männer, die fünf Minuten vor zwölf daran gegangen waren, eine neue Arche zu bauen, indem sie versuchten, von der freien, wilden Natur zu retten, was noch zu retten war.

Ich sah die lange Parade der Männer und der Tiere, ich sah dahinter die gespenstischen Kolonnen der Heere vergangener Zeiten, die Schwarzen und die Weißen, die Impis der Zulus und die stampfenden Moran der Massai, ich sah ihren Kampf um diesen rätselhaften Kontinent, ich sah sein Erwachen und sein Sichaufraffen und sah sein Zurücksinken in Anarchie und Apathie; ich sah die Entfesselung der Natur und ihre Umformung in die geballte Wirtschaftskraft moderner Technologie, sah dies und sah auch das Ende voraus:

Die Arche würde sinken, wenn es den Männern, die an ihr bauten, nicht gelang, die Menschen wachzurütteln, ihre Gleichgültigkeit und Bequemlichkeit zu überwinden und sie zu der Einsicht zu bewegen, daß der technische Fortschritt immer teurer erkauft werden muß. Daß unsere ganze, auf dieser Technik beruhende Zivilisation sinnlos und uns schließlich selbst zerstören wird, wenn wir die freie Natur und damit das ökologische System unserer Erde zerstören.
Ich wollte mit diesen Männern kämpfen auf meine Weise, aber tiefe Zweifel machten mir das Herz schwer. Lohnte sich mein Appell, dieser Ruf, »Rettet die Arche!« noch, oder war es bereits zu spät?

Weit lag das Land vor mir, scheinbar unberührt. Zweihundertundfünfzig Acres ist Ians Farm groß, einhundert Hektar Grasland mit Wald und uralten Bäumen. Noch vor zwei Jahren, als Ian dieses Land erwarb, zahlten er und sein Bruder Gary, der Golfweltmeister, umgerechnet 130 000 DM dafür. Heute könnten die beiden Brüder die Farm für das Fünf- bis Sechsfache verkaufen. Morgen wird sie das Zwanzigfache wert sein.
Die Bodenfläche schrumpft, die Erde wird kleiner, sie hat keinen Platz mehr für alle.
Im Jahre 2000 wird es acht Milliarden Menschen auf der Erde geben, die heute von drei Milliarden bevölkert ist.
Das bedeutet, mehr Land für die Menschen, mehr Nahrung, mehr Wasser, mehr Energie, mehr Öl, mehr Kohle, mehr Stahl werden benötigt.
Mehr Brot für die Milliarden der Hungernden. Der Tisch ist leergefegt, wenn einmal acht Milliarden daran getafelt haben. Da bleibt keine Krume mehr übrig für die wilden Tiere und keine Planke für die Arche, welche die wilden Tiere retten könnte.
Denn diese Planke heißt Land, und Land wird in der Welt von morgen das Kostbarste sein, was der Mensch zu vergeben hat. Aber die Männer, deren Ringen um die Erhaltung des Restes der freien Natur ich schildern will, sind entschlossen, sich auch das Land, also die Planken für die neue Arche, zu erkämpfen. Sie sind bereit, dafür ihre Gesundheit und ihr Leben aufs Spiel zu setzen.
Über zweihundert weiße und schwarze Wildwarte starben in den letzten Jahren im Kampf für diese Arche, über tausend wurden verletzt. Jahr um Jahr werden Dutzende von schwarzen und weißen Wildaufsehern der Nationalparks und Reservate in Ost-, Zentral-

und Südafrika von Wilderern ermordet, sie fallen Raubtieren zum Opfer, sie kommen bei Unfällen in den weglosen Steppen, auf den steilen Pisten der Gebirge, in der pfadlosen Einsamkeit der Sümpfe ums Leben, sie ertrinken in überschwemmenden Flüssen, sie verdursten in den Dürregebieten, sie erliegen tropischen Krankheiten, sie nehmen alle Gefahren der Wildnis auf sich, opfern ihre Chancen in der auf risikoloses Leben eingerichteten Zivilisationsgesellschaft, opfern Familienleben und persönliche Bequemlichkeit diesem einen Ziel: die Arche vor dem Versinken zu bewahren.
Die Geschichte dieser letzten Arche ist gleichzeitig die Geschichte dieser Männer.

Ich stand draußen auf dem Rasen vor Ians Farmhaus, in den Hügeln von Natal, ich sah am Himmel das Kreuz des Südens kaltglitzernd in dieser frostigen, südafrikanischen Winternacht. Ich stand lange so da, lauschte auf den Herzschlag der Erde unter meinen Füßen, und der Wind vom Berg der Ratten kühlte meine Stirn.
Ich ging ins Haus zurück, legte mich wieder hin.
Aber schlafen konnte ich nicht.
Da war etwas, das mich seit Jahren quälte: es war im Grunde die Frage nach dem Sinn unseres Lebens. Und irgendwo in Afrika, das wußte ich, würde ich die Antwort finden. Ich würde sie finden im Leben und Sterben der Tiere und der Männer, in dem Kampf, der so aussichtslos erscheint und der so viele Opfer kostet.
So, wie das Opfer jener zweihundert Wildwarte oder wie das Opfer von Michael Grzimek, der mit vierundzwanzig Jahren in seinem Flugzeug über der Serengeti abstürzte. Ich bin oft an seinem Grab vorbeigekommen am Kraterrand des Ngorongoro und habe dort gestanden, dem Zug der Wolken zugeschaut und dem Spiel der grünen, blauen und violettgrauen Schatten, mit denen das Licht Afrikas den Ngorongoro färbt, und nichts ist ergreifender für mich gewesen als die einfache Inschrift auf Michael Grzimeks Grabstein: »Er gab alles was er hatte, sogar sein Leben, um die wilden Tiere Afrikas zu schützen.«
Heute sind die Massai dabei, jenes Land, für das Michael Grzimek starb, als Weidefläche für ihre volkswirtschaftlich völlig bedeutungslosen Hausrinder zu übernehmen.

3

Besuch bei den Giganten des Buschs

Es dämmert hinter den violetten Hügeln, wo der Schwarze und der Weiße Umfolozi zusammenfließen. Der blutrote Schein der aufgehenden Sonne leuchtet von den weißen Wänden der Gästehäuser von Mpila wider, dem Camp des Wildreservats.

Das Gras ist noch naß vom Regen der Nacht. Ein scharfer Wind weht aus dem Osten, wie immer um diese Morgenstunde.

Rochat kommt über den Rasen, die Hände in den Taschen seines Mantels. Ich sehe unter dem Tuch, daß sie zu Fäusten geballt sind. Ich habe seinen Landrover diesmal nicht gehört.

»Morning«, sagt er und nickt uns knapp zu.

Ich erwidere seinen Gruß und packe meine Kameratasche zusammen.

»Mit dem Fang der Nashornkälber wird es heute nichts«, murmelt er und starrt über mich hinweg in die schwarzen Abgründe von Umfolozi, aus denen jetzt weißer Nebel steigt.

Wir sehen ihn fragend an.

»Einer der Boys ist mit dem Rhino-Transporter verunglückt. War besoffen.«

Gestern war Zahltag. Die eingeborenen Boys haben einen gekippt.

»Well«, sagt Rochat, »see you later.« Damit wendet er sich ab, geht zu seinem Wagen zurück.

Zehn Minuten später ist Simon Pillinger da, ein junger Ranger, der mir als eine Art Aide de Camp beigegeben worden ist. Er lacht, ist fröhlich und hilfsbereit wie immer.

»Tut mir verdammt leid, die Sache mit den Rhinokälbern«, sagt er.

»Wir fahren zur Boma runter und sehen uns die bereits gefangenen Kälber an«, schlage ich vor.

»First class!« sagt er.

An dieses »first class« habe ich mich bereits gewöhnt. Es ist neben dem »a hundred percent« Simons Standardausdruck für alles, was ihm gefällt.

Wir fahren die steinige Piste hinunter ins Tal, durch den Dornbusch, über dem sich die Morgennebel zu silbrigen Spiralen drehen, nach Khetheni, wo Rochat eine vorbildliche Boma eingerichtet hat, ein von starken Holzzäunen gesichertes Freigehege für die gefangenen Rhinos.

Fast dreißig Breitmaulnashörner befinden sich bei unserem Besuch in den Bomas. Sie sind in Gruppen unterteilt, je nach Alter und Gewöhnungszeit an die Gefangenschaft. Es dauert zumeist acht Wochen, bis sie sich mit ihrer Lage abgefunden und mit Menschen vertraut gemacht haben.

In einer Abteilung des Geheges toben vier junge Rhinos herum, die erst seit ein paar Tagen in Gefangenschaft sind. Als sie uns hinter den Palisaden wittern, greifen sie sofort an, hämmern mit ihren kurzen, noch kümmerlich entwickelten Hörnern gegen die Bohlen.

Die Sonne scheint jetzt schräg in die Boma. Die älteren Rhinos ziehen sich in den Schatten der Ställe zurück, in denen auch das Futter liegt. Von den Ställen führen schmale Gänge zu einem Gatter. Dort fahren, nach der Periode der Eingewöhnung, die Laster vor, welche die Nashörner abholen. Was wir gestern sahen, den Fang und sofortigen Abtransport von Nashörnern, geschieht nur dann, wenn der Empfänger, wie in diesem Fall der Gorongoza-Nationalpark, selbst über Bomas verfügt, in denen die Tiere noch eine Weile gehalten werden können, ehe man sie wieder in die Freiheit entläßt. Denn in jedem Fall bedeutet die Gefangennahme mit dem Betäubungspfeil einen Schock für das Tier, und Beobachtung und eventuell medizinische Betreuung sind daher notwendig.

Wir verbringen zwei Stunden bei den gefangenen Nashörnern, Zeit genug, um sie in Muße zu studieren und uns noch einmal das in Erinnerung zurückzurufen, was wir über ihre Lebensgewohnheiten wissen.

Das Breitmaul-Nashorn ist im Gegensatz zu seinem Artverwandten, dem Spitzmaul-Nashorn, ein geselliges Tier. Man findet nicht selten Gruppen von Tieren bis zu zehn Stück. Es bevorzugt die offene Savannenlandschaft, da es ein Weidetier ist, das sich hauptsächlich von Gras ernährt. Es frißt meistens am frühen Morgen und am späten Nachmittag. Während der Hitze des Tages schläft es im Schatten von Bäumen oder Sträuchern. Genaue Unterlagen über die Nahrungsaufnahme in der freien Natur liegen nicht vor, aber in der Gefangenschaft frißt ein weißes Nashorn bis zu drei Zentner Heu oder Luzerne pro Tag. Sein Wasserbedarf liegt bei etwa einhundert Litern. Der im allgemeinen gutmütige Koloß wird bis zu zweieinhalb Tonnen schwer, in Einzelfällen hat man in Hluhluwe und Umfolozi sogar Bullen von drei Tonnen Gewicht gefangen.

Die Schätzungen der Jäger in der zweiten Hälfte des vergangenen

Jahrhunderts, als die Breitmaul-Nashörner noch zu Zehntausenden die Savannen Südafrikas bevölkerten, lagen noch höher – bei fünf Tonnen.
Das weiße Rhino wird bis zu vier Meter lang. Es erreicht eine Höhe von einhundertundachtzig Zentimetern. Die Rekordlängen der Hörner, die am Breitmaul-Nashorn gemessen wurden, betragen für das vordere Horn etwa einhundertundsechzig Zentimeter und für das hintere Horn etwa sechsundfünzig Zentimeter. Das Durchschnittslebensalter liegt bei fünfunddreißig Jahren, es gibt allerdings in den Schutzgebieten Tiere, die bis zu fünfundvierzig Jahre alt werden.
Die Tragezeit der Nashornkuh dauert etwa achtzehn Monate. Ein Kalb wird geworfen, in seltenen Fällen werden Zwillinge geboren. Die jungen Kälber bleiben bis zu eineinhalb Jahren bei der Nashornkuh. In dieser Zeit kommt es zwischen der Kuh und dem liebesbedürftigen Bullen oft zu Kämpfen, da die Bullen auf die Kälber ausgesprochen eifersüchtig sind. Wir selbst hatten Gelegenheit, einige Male einen solchen Kampf, der jedoch meist nur ein Scheingefecht ist, an Wasserstellen zu beobachten, wenn dort gleichzeitig Bullen und Nashornkühe in Begleitung von Kälbern auftauchten. Aber um hier die Ausnahme von einer jeden Regel zu bestätigen, man findet auch friedlich vereinte Nashornfamilien, in denen Bullen, Kühe und Kälber ohne jeden häuslichen Streit zusammenleben. Das sind die geselligen Gruppen, von denen oben die Rede war.
Das Nashorn verfügt über einen ausgeprägten Geruchs- und über einen ausgezeichneten Gehörsinn. Dafür kann es ausgesprochen schlecht sehen. Dies ist auch der Grund dafür, daß Nashornkühe ihre Kälber in den ersten Monaten vor sich hertreiben und ihnen mit Schubsern ihres Horns die Richtung angeben, in die das Kalb laufen soll.
Wie alle wilden, vor allen Dingen spärlich oder unbehaarten Tiere in Savanne und Urwald, werden auch die weißen Nashörner von zahllosen Schmarotzern geplagt. Besonders sind es Zecken, die ihnen das Leben sauer machen. Deshalb sind auch ständige Begleiter der Nashörner die weißen »tick birds«, die »Zeckenvögel« oder »Madenhacker«.
Die »tick birds« sind gleichzeitig auch die fliegenden Augen des weißen Nashorns. Bei nahender Gefahr flattern die »Zeckenvögel« sofort auf und warnen dadurch das Nashorn. Allerdings sind die »tick birds« recht selbstsüchtige Freunde des weißen Nashorns, denn sie

picken sich aus den Zecken nur die fettesten heraus und lassen die anderen auf der zerstochenen Haut des Nashorns erst schön dick werden, ehe sie diese fressen. Das Rhino hat daher auch seine eigene Methode entwickelt, mit den Zecken fertig zu werden. Überall findet man in Gebieten, die von weißen Nashörnern bevölkert sind, glattpolierte Felsen und Baumstümpfe, an denen das Nashorn die Zecken zerquetscht. Es ist ein Anblick, der wirklich zum Lachen reizt, wenn man sieht, wie ein Nashorn sich genüßlich mit den Hinterbeinen über einen bereits glattpolierten Baumstumpf stellt und dann die Zecken, die sich vor allen Dingen an den Innenseiten der Oberschenkel und an den Geschlechtsteilen breitmachen, unter zufriedenen Grunzlauten zerquetscht. Anschließend nimmt es dann gewöhnlich ein Schlammbad. Die Suhlen, welche die Nashörner dazu benutzen, entstehen auf ganz einfache Art. Nach einer längeren Regenperiode bleibt irgendwo in einer Vertiefung in der Savanne eine Wasserpfütze zurück. Das erste Rhino, das diese Pfütze erspäht, beginnt sich darin zu wälzen. Andere Rhinos folgen, und so wird die Suhle täglich größer, tiefer und schlammiger.

Neben der Kühle, die solch ein Bad dem Nashorn verschafft, dient die Schlammschicht, die als Kruste auf der Haut zurückbleibt, auch als Schutz gegen weiteres Ungeziefer.

Eine besondere Eigenart der Nashörner ist es, immer auf den gleichen Haufen Kot abzulegen. Man trifft daher manchmal richtige Dungberge von drei Metern Durchmesser und einem halben Meter Höhe an. Sie werden nicht höher, weil das Nashorn, um diesen Dunghaufen als seinen eigenen Besitz zu markieren, ihn nach verrichtetem Geschäft mit den Hinterbeinen wild auseinanderwirbelt. Die einzelnen Kotablagen auf diesen Dunghaufen sind überraschend groß, und der

Büffel gehören nach Aussagen der meisten Großwildjäger zu den gefährlichsten und unberechenbarsten Tieren der Wildnis. Unser Freund Pierre d'Unionville, der sie uns in den moskitoverseuchten Dickichten am Manyara-See zum ersten Mal zeigte, hielt sie sogar für das tödlichste Wild der sogenannten »Großen Fünf« der Jagd: Büffel, Elefant, Nashorn, Leopard und Löwe. In den südafrikanischen Reservaten sind die Büffel, wie alle anderen Tierarten, geschützt. Sie ästen friedlich, beäugten uns lediglich neugierig. Nur beim Suhlen im Schlamm, der ihnen eine Schutzschicht gegen lästige Zecken und andere Insekten verleiht, zankten sie untereinander.

Die Gnus (*rechts oben*) – in Südafrika auch Wildebeeste genannt – sind die tragikomischen Clowns unter den Antilopen. Ihre unvermittelten Sätze im Augenblick der Gefahr erinnern an Bocksprünge.

»Rettet was ihr könnt« war die Parole zum Fang der Gnus im ungeschützten »Korridor« zwischen den Reservaten Umfolozi und Hluhluwe. Die Tiere scheuten vor den Nylonbahnen der Fanggassen zurück. In ihren Augen war blanke Angst. Ihr Instinkt begriff nicht, daß auch diese Aktion der Erhaltung ihrer Art dient. Denn für die eingeborenen Wilderer, die den Korridor unsicher machen, sind die Schwänze der Gnus eine begehrte Beute. Die starken schwarzen Schwanzhaare werden zu einem Wedel in Elfenbein oder Ebenholz gefaßt. Ein solcher Wedel ist das »Statussymbol« der Sangoma oder Ngoma, der Medizinmänner oder Zauberer der Zulus, – aber auch ihr verlängerter »Zeigefinger«. Mit ihm deuteten sie zu Shakas Zeiten beim traditionellen »Herausriechen« auf angebliche Sünder. Ein Wedelschlag genügte, um denselben zum Tode zu verurteilen.

Die Hyänen (*nächste Seite*) gehören wie die Geier zur Gesundheitspolizei des Busches. Sie sind Aasfresser. Haben die wilden Hunde oder der Gepard ihren Hunger an der geschlagenen Beute – meist Antilopen, Gazellen oder Warzenschweine – gestillt, übernehmen die Hyänen und Geier den Rest. Da bleibt kein Fetzen Haut oder Gedärm übrig.

Die graziösesten Antilopen (*nächste Seite*) sind wohl die Impalas. Anscheinend schwerelos erreichen ihre Sprünge eine Höhe von drei und eine Weite von neun Metern. In den südafrikanischen Reservaten, wo sie sich in den letzten Jahren ungeheuer vermehrt haben, fanden wir sie nicht selten in der Gesellschaft von Zebras. Dabei machen sich diese beiden Tierarten keineswegs ihre Weidegründe streitig; während Impalas sich vorwiegend von zarten Blättern und Zweigen ernähren, ziehen Zebras Gras vor. Übrigens schließen sich Zebras gern mit anderen Tierarten zu losen Herdenverbänden zusammen – zum Beispiel auch mit Straußen. Das scharfe Auge des Straußes und der ausgeprägte Geruchssinn des Zebras ergänzen sich vorzüglich beim Erkennen nahender Gefahren.

Anfänger verwechselt die Losung daher nicht selten mit der von Elefanten.

Die Dunghaufen markieren für gewöhnlich auch die Grenzen des Weidegebietes eines einzelnen Nashorns. Diese Gebiete sind zwischen einem und drei Quadratkilometer groß, und sie werden von den Bullen oder Kühen, die sie in Besitz genommen haben, eifersüchtig verteidigt.

Dieser Trieb des Nashorns, vor allen Dingen der Bullen, führt – neben der Brautwerbung – oft zu wahrhaft titanischen Kämpfen, die dann absolut nicht mehr den Charakter von Scheingefechten an Wasserstellen haben, sondern sehr oft mit dem blutigen Tod des Gegners enden. Wildwarte in Hluhluwe und Umfolozi haben Kämpfe gesehen, die stundenlang dauerten. Der Kampfplatz glich später einem von Artilleriegeschossen umgepflügten Gelände.

Gewicht, Ausdauer und Stärke, die gewaltige Schlagkraft der Hörner bringen es mit sich, daß das weiße Nashorn keinen natürlichen Feind in der freien Wildbahn hat. Selbst Löwen in Rudeln wagen sich nicht an ausgewachsene Nashörner, höchstens an einzelne Kälber heran. Ich kenne nur wenige Fälle, in denen es zu Zweikämpfen zwischen Nashörnern und den anderen Ungetümen Afrikas gekommen ist, den Flußpferden und Elefanten. Die Kämpfe gingen, wie mir von schwarzen und weißen Wildwarten berichtet wurde, fast immer unentschieden aus – das heißt, die Kontrahenten trugen solch gräßliche Wunden davon, daß sie beide daran eingingen.

Der Trieb zur Verteidigung des Geländes, das ein Nashorn beweidet, zeigt sich auch noch in den ersten Tagen und Wochen der Gefangenschaft. Die Nashörner verteidigen die Freigehege in der Boma, in die man sie gesteckt hat, als wäre es noch die freie Wildbahn. So konnten wir bei unserem Besuch in der Boma von Ken Rochat in Umfolozi erleben, daß die jungen Kälber sofort angriffen, als sie uns auch nur witterten, und das, obwohl zwischen ihnen und uns ein Palisadenzaun stand, den selbst ein Elefant nicht kleinbekommen hätte.

Um so erstaunlicher ist, wie relativ schnell sich nach der ersten Zeit der Widerspenstigkeit die weißen Nashörner in das Schicksal ihrer Gefangenschaft fügen und sich dann ohne besondere Schwierigkeiten in andere Wildreservate oder sogar nach Übersee transportieren lassen.

Als ich vor einem der Freigehege stehe, in dem sich halb erwachsene Nashörner befinden, die sich bereits an die Gefangenschaft und an die

Menschen gewöhnt haben, kommt eines auf mich zu, bleibt dicht vor dem Palisadenzaun stehen. Es sieht mich aus seinen kleinen, Geduld ausstrahlenden Augen an. Und mir ist in diesem Moment, als wüßte das Nashorn, daß sein Transport irgendwohin in diese Welt die einzige Möglichkeit sei – auf lange Sicht –, sein Leben zu retten. Mir ist, als wüßte es, daß diese Menschen, die sich soviel Mühe mit ihm geben, es gut mit ihm meinen. Daß die Arche, an der sie bauen, auch ihren Platz hat für die weißen Nashörner.

4

»Rettet, was ihr könnt . . .«

In der Ferne donnert es wie vom Marschtritt der Zulu-Impis, der Heerkolonnen des Königs Shaka, der hier vor hundertfünfzig Jahren regierte und mit brutaler Faust und listiger Diplomatie aus einem Haufen wilder Sippen und Stämme eine der wenigen Nationen im schwarzen Afrika zusammenschweißte, die Geschichte gemacht haben. Aber es ist nicht der Donner von Marschtritten, es ist das Dröhnen von Tausenden von Hufen: Die wilden Tiere der Savanne sind auf der Flucht.

Oben am Himmel ist ein riesiger Raubvogel aufgetaucht, der sie mit seiner ratternden Stimme aufgeschreckt hat aus ihren friedlichen Weidegründen.

Der Raubvogel ist ein Hubschrauber und gehört der Gesellschaft AUT-AIR. Er wird von einem jungen Wiener namens Willy Hügler geflogen. Neben Willy sitzt Jan Oelofse, der Leiter der Wildfang-abteilung von Hluhluwe.

Der Hubschrauber ist vom Natal Parks Board für achtzig Rand (etwa vierhundert Mark) in der Flugstunde gechartert. Er soll die wilden Tiere in die Fallen treiben, die im Morgengrauen vorbereitet wurden.

»Rettet, was ihr könnt, an wilden Tieren ...«, ist die Parole, die Ian Player an seine Wildwarte ausgegeben hat. Er will dadurch verhindern, daß die Tiere im »Korridor«, wo sie gesetzlich nicht geschützt sind, von weißen oder schwarzen Wilderern gejagt und erlegt werden.

Der »Korridor« ist eine Art Niemandsland. Die Naturschutzbehörde von Natal möchte das mehrere hundert Quadratkilometer große Gebiet zwischen den beiden Wildschutzgebieten Hluhluwe und Umfolozi den Reservaten zuschlagen, der Hohe Kommissar für Eingeborenenfragen in Natal möchte das Land für die Schwarzen freibekommen. Schon heute haben sich dort – wenn auch illegal – zahlreiche Eingeborenenfamilien angesiedelt.

Durch gezielte Aktionen sollen vor allem Zebras und Gnus im »Korridor« gefangen und entweder in die Schutzgebiete gebracht oder an Farmer in Südafrika verkauft werden, deren Buschland sich für die Beweidung von Hausvieh nur schlecht eignet.

Dieses »Game-Ranching«, das Halten von wilden Tieren auf privaten Farmen, ist in den letzten Jahren vor allem aus wirtschaftlichen Gründen sehr populär geworden.
»Es ist einfach phantastisch, wie das Wild auf den privaten Farmen gedeiht, auf denen Rinder kaum existieren können«, erklärt Ian, der neben mir im Gras hockt. »Eine mit Wild bestückte Farm im Buschveld produziert mindestens dreimal so viel Fleisch wie eine, die Hausvieh hält.«
Wir sitzen direkt vor einem der Fangnetze, die, zwei Meter hoch, Hunderte von Metern weit gespannt sind. Die Fangnetze sind hinter Bahnen eierschalenfarbenen Plastikstoffs verborgen.
»Wozu das?« frage ich Ian.
»Die Zebras und die Gnus scheuen vor den Plastikbahnen zurück – selbst, wenn sie in voller Flucht sind. Wir wissen nicht, woran das liegt, aber die Steppentiere haben einen ungeheuren Respekt vor diesen Bahnen.«
Jan Oelofse ist auf die Idee mit den Plastikbahnen gekommen. Der Zufall half ihm dabei. Früher fing man die Tiere in großen, von starken Netzen abgeteilten »Fangkesseln«. Viele der Tiere verletzten sich beim Versuch, durch die Netze auszubrechen. Oelofse sperrte eines Tages – weil kein anderes Material zur Verfügung stand – einen Teil einer solchen Falle mit einer blauen Nylonplane ab. Eine Gnuherde steuerte in voller Flucht gerade darauf zu – doch zwei Meter davor scheuten die Tiere trotz ihrer Panik zurück. Kein einziges übersprang das am Boden aufgezogene, kaum einen Meter hohe, blaue Tuch. Oelofse experimentierte ein paar Wochen lang mit solchen Plastik- oder Nylonbahnen. Er tarnte die Fangnetze damit, und er hatte jedesmal den gleichen Erfolg, ganz egal, welche Farbe die Bahnen hatten.
»Der Hubschrauber treibt jetzt die Tiere zu einer einzigen großen Herde zusammen«, erklärt Ian, der angestrengt lauscht.
Wir hocken am Eingang des großen, trichterförmigen Fangkessels, dessen Wände sich immer mehr verengen, in einer Reihe vor den Netzen, Ian, Nick Steele, der Ian als Chefwildwart von Hluhluwe direkt unterstellt ist, Ursula, ich und die beiden Farmer, die hergekommen sind, um das Wild zu kaufen, das heute gefangen wird. Sobald die Herden herangetrieben werden, müssen wir allerdings sehen, daß wir uns vor den donnernden Hufen schnell in Sicherheit bringen.
»Was zahlen die eigentlich für die Tiere?« frage ich Ian.

»Sechzig Rand für ein Zebra und fünfzig Rand für ein Wildebeest. Und damit machen sie noch ein gutes Geschäft!«
Die Farmer holen ihre »Ware« direkt an den Fangstellen ab. Außerhalb der Netzgassen warten mehrere große Lastwagen mit Holzkäfigen auf den Abtransport der Tiere.
»What's wrong?« fragt Nick Steele ins Funksprechgerät.
Es knattert. Dann kommt die Stimme von Jan Oelofse mit dem gutturalen skandinavischen Akzent: »Wir haben eine große Herde Gnus gefunden. Die wollen wir noch mit 'reinbringen.«
»Okay«, sagt Ian, der das Sprechfunkgerät von Nick Steele genommen hat, »bring them in, Jan.«
»Righto«, sagt Jan und schaltet ab.
Der Lärm des Hubschraubers läßt nach. Dafür hören wir immer lauter das Huftrommeln der Tiere, die schon in die Fanggassen hineingeraten sind. Dieses Trommeln erfüllt die Luft, das ängstliche Schnauben der Gnus, das schrille, bellende Wiehern der Zebrahengste, und dann der Staub. Er bläht sich über den Fanggassen und legt sich wie zerstoßene Kreide, mit der sich die eingeborenen Medizinmänner bemalen, über die Savanne.
»Here we come!« knattert es aus dem Funkgerät.
Der Hubschrauberlärm schwillt wieder an, dann erscheint der »Chopper« ganz niedrig über den Schirmakazien und wilden Feigenbäumen, es braust, als donnerte der in der Regenzeit über seine Ufer getretene Umfolozi auf uns zu, und dann jagt es an uns vorbei, keinen Meter entfernt – Zebras, Gnus, Wasserböcke, Riedböcke, Nyala-Antilopen, Kudus, Impalas, Warzenschweine, die ganze Heerschar der Steppentiere.
Wir pressen uns flach gegen die Nylonbahnen. Die schwarzen Boys haben sich zu Boden geworfen.
»Los, auf!« schreit einer der Ranger. Die Boys springen auf. Sie rennen mit der hellen Nylonbahn, ziehen sie hinter den Tieren zu.
»Goddammit!« brüllt Oelofse ins Mikrofon seines Sprechfunks, »könnt ihr da unten nicht aufpassen?«
Die Nylonbahn ist zu spät hochgezogen worden. Über hundert Tiere, vor allem Zebras, sind in letzter Sekunde entwischt.
»Let's go!« sagt Ian. Wir kriechen unter den straff gespannten Netzen durch nach draußen. Weiter hinten stehen die Lastwagen. Dort ist auch eine Rampe gebaut worden, über welche die Tiere in die Transportkisten geschleust werden.

Wir laufen hin. Ich klettere auf einen roten Ebenholzbaum, der als Verankerungsstamm für Netz und Rampe dient.
Ich höre Geschrei in den Fanggassen, aber ich sehe nur Staub, der die in der Sonne glitzernden Nylonbahnen verhüllt.
Der Hubschrauber erscheint wieder, keine zwei Meter über den Wipfeln der Bäume, und treibt die Tiere tiefer in die Fallen. Das Knattern der Rotor-Arme übertönt jetzt das Schnauben der Tiere, aber nicht den donnernden Hall der Hufe.
Immer, wenn eine Herde weiter vorprescht, wird hinter ihr eine neue Nylonbahn hochgezogen, und so wird sie automatisch auf die letzte Fanggasse, die zur Rampe führt, zudirigiert.
Ich versuche, es mir in der Astgabel des roten Ebenholzbaums so bequem wie möglich zu machen. Ein Krampf durchzieht meinen Bauch. Ich presse die Lippen zusammen – und nicht nur sie. Ich habe zwei Tage zuvor nach langem Fußmarsch ungekochtes, aus dem Sand gegrabenes Wasser des Umfolozi-Flusses getrunken. »Das ist völlig harmlos«, hat mir Brian Tring versichert, unser Führer auf dieser Buschwanderung, die uns durch die wildesten, noch unberührten Teile von Umfolozi geführt hat, durch die einstigen Jagdgründe des Zulu-Königs Shaka. Aber so harmlos war das Wasser nicht, denn seit jener Nacht hat mich »Shakas Rache« erwischt.
Im nächsten Baum hockt Ian Player, ruhig, geduldig wie immer. Ursula steht auf dem Fahrerhaus eines der Lastwagen und hat dadurch auch einen Blick in die letzte Fanggasse.
»Let's go!« brüllt es in einiger Entfernung, »los, los . . .«
Die Treiber sind am Werk.
Der Hubschrauber ist in der Nähe der Lastwagen gelandet. Jan Oelofse steigt aus, läuft auf die Netzbahn zu, kriecht unter ihr durch. Er ist ein »farbiger Typ«, wie Ian es nennt; er trägt einen Colt wie ein Sheriff aus dem Wilden Westen, sein grünes Ranger-Barett sitzt besonders keck, am Handgelenk baumelt Eingeborenenschmuck.
»Jan kam – auf Umwegen – aus Ostafrika, mit einem zebragestreiften Landrover«, hat uns Ian erzählt. »Er wollte zum Krügerpark, dort arbeiten. Aber niemand mochte ihn haben. Ich habe ihn genommen.« Ian hat die Wahl nicht bereut. Jan Oelofses Fangmethoden, alle selbst erdacht, werden jetzt im Krügerpark und anderen Reservaten kopiert. Er hat die Methode ausgearbeitet, wie man die Tiere – ohne sie in allzu große Panik zu versetzen – mit dem Hubschrauber »treiben« kann, er hat die Wirkung der Nylonbahnen auf das Wild

entdeckt. »Ihm ist es zu verdanken, daß wir heute an einem Tag so viel Wild fangen können, wie früher in einem Jahr!« sagt Ian.
Oelofse hat auf diese Weise, mit Hubschrauber und nylongetarnten Netzen, innerhalb von knapp drei Jahren, seit Anfang 1969, über 2200 Wildebeeste und über 900 Zebras gefangen. Die Jahresquote zum Fang und Verkauf der Tiere an Farmer, die Wild auf ihrer Ranch züchten wollen, ist von Ian Player inzwischen auf 1500 Impala, 800 Wildebeeste, 350 Zebras, 350 Nyala-Antilopen und 200 weiße Rhinos – die mit dem Betäubungspfeil gefangen werden – festgelegt worden. Damit schöpft man den »Bevölkerungsüberschuß« ab, der durch die Vermehrung dieser Tiere im »Korridor« und in den beiden Reservaten Umfolozi und Hluhluwe entstanden ist. Von den sich noch schneller vermehrenden Warzenschweinen – mit ihren Knollen-Gesichtern und hochragenden Antennenschwänzen die Clowns der Savanne – werden 1200 im Jahr abgeschossen. Ihr Fleisch wird in großzügigen Rationen an die Wildhüter und ihre Familien verteilt. Warzenschweinbraten, mit dem Gelee der wilden Marula-Beeren gegessen, ist eine der größten Delikatessen, die der afrikanische Busch zu bieten hat.
Das Geschrei der Treiber kommt jetzt näher. Das Schnauben der Tiere wird lauter.
Und dann sehen wir sie: eine Herde von blauen Wildebeesten, in unserer Fanggasse. Langsam, ermüdet von der Jagd, stolpern sie vorwärts.
Hinter ihnen kommen die Treiber. Sie tragen die Nylonbahn, vor der die Tiere solchen Respekt haben. Mit Stöcken und Sjamboks, Peitschen aus Nilpferdhaut, schlagen sie gegen das Tuch, drängen die Tiere weiter vorwärts.
Jan Oelofse ist mitten unter den Treibern. »Schneller!« ruft er. Die Tiere werden auf die Rampe zugetrieben.
Ich sehe die blaubraunen Buckel der Rücken, den Schweiß auf den Flanken, sehe die Angst in den großen, gutmütigen Augen der Gnus, sehe das Unverständnis. Ich mache meine Aufnahmen. Ich weiß, die Tiere werden in ein paar Stunden ihre Freiheit wiederhaben. Aber es wird nicht mehr die ungezügelte Freiheit der Savanne sein, das wilde Leben im Busch. Sie werden auf eingezäunten Farmen weiden.
Die Gnus haben die Rampe erreicht. Die Treiber schlagen auf ihre Hinterteile, um sie in den schmalen Gang zu bugsieren. Oelofse ist auf die Bretterwand der Rampe geklettert, hilft selbst mit, die Tiere in die Lastwagen zu drängen, die jetzt vorgefahren sind.

»Stop!« ruft er, und im gleichen Moment wird der Ausgang der Rampe durch eine Bohlenschiebe verschlossen. Die übrigen Gnus werden zurückgejagt. Dreißig Gnus sind im ersten Lastwagen untergekommen. Die Ladeluke des Lkw's fällt, er setzt sich polternd in Bewegung.
»Weiter!« ruft Oelofse.
Der nächste Lkw fährt vor. Die nächste Gruppe von Wildebeesten wird zur Rampe getrieben.
Schweiß, Staub, Angst, die Schreie der Gnus, die Blicke aus ihren sanften, verschreckten Augen, das Brüllen der Treiber, das Dröhnen der Motoren – so geht es den ganzen Tag.
Dann kommen die Zebras dran. Es wiederholt sich alles.
Schließlich ist auch das zu Ende. Der Staub legt sich, der Lärm erlischt. Die Sonne steht tief im Westen.
Es ist ganz still geworden. Die Tiere sind auf dem Weg in ihre neue Heimat.
Wird diese neue Heimat auch ein Stückchen von der neuen Arche sein?
Ich weiß es nicht.
Ich habe nur die Angst gesehen in den Augen der Gnus und der Zebras und der anderen Tiere.
Heute war ein großer Tag für Jan Oelofse und sein Catcher-Team: Über zweihundert Wildebeeste sind gefangen worden und über sechzig Zebras.

Willy Hügler fliegt uns mit seinem Hubschrauber nach Masimba zurück, dem Basislager für die Fangaktionen. In kaltroter Glut geht die Sonne hinter den Hügeln von Umfolozi unter.
»Manchmal tun mir die Tiere leid«, sagte Willy vorsichtig. Ich schaue ihn von der Seite an. Was soll ich darauf antworten?

Zu Dutzenden hocken oft die Paviane an den Pisten der Reservate und amüsieren die Touristen mit ihren Clownspossen. Paviane haben einen ausgeprägten Familiensinn. Die Kleinen dürfen den Alten nach Lust und Laune an Fell und Bart zupfen, ohne Strafe fürchten zu müssen (*rechts*).
Aus dem Busch äugten uns neugierig Wasserböcke nach, als wir zu einer Wasserstelle in Umfolozi fuhren, um dort in der Morgenfrühe die Impalas zu beobachten (*Seite 62–63*). Die jungen Böcke liefern sich Scheingefechte, trauen sich aber an den »Boß« der Herde nicht 'ran.

5

Operation Rhino

Das Land dehnt sich so weit im leuchtenden Licht Natals, daß man glaubt, es würde kein Ende nehmen. Kette um Kette perlschimmernder Berge verliert sich in einem Horizont, der sich übergangslos mit dem Himmel vereint. Gelbgrün leuchten die Hügel, pulverblau und samtigsilbern. Hluhluwe ist kein Land von grellen Kontrasten. Es ist das Land der sanften Farben.

In der Stille des Nachmittags auf den Felsen zwischen den grünfleischigen Aloestauden zu stehen, hoch oben über dem messingglänzenden Hluhluwe-Fluß, nichts zu hören in einem scheinbar echolosen Raum, nur das Seufzen des Windes im Gras, nur zu sehen, dieses Festmahl für die Augen zu genießen, ist eines der großen Erlebnisse, die das wilde Afrika heute noch bieten kann.

Diese Welt der Farben und der Stille ist Ian Players Welt. Hier lernte ich ihn, der mir zum Freund wurde, vor sechs Jahren kennen. Hier erzählte er mir auch, wie es zur »Operation Rhino«, zum »Unternehmen Nashorn«, kam.

Es war nach jenem langen Tag, als wir im »Korridor« waren und als Jan Oelofse mit seinem Team die Zebras und Gnus fing. Die Sonne war längst untergegangen, aber in der fahlen Dämmerung leuchteten immer noch die Blüten der Aloe vor unserem Cottage.

Die Verwaltung des Wildreservats Hluhluwe hatte uns das leerstehende Haus eines Rangers für unseren Aufenthalt in Zululand überlassen, weil alle Rondavels im Rastlager des Schutzgebietes ausgebucht waren.

Ursula grillte zum Abendessen dicke Krabben, die am gleichen Tag

Giraffen sind die typischsten Wildtiere Afrikas. Man findet sie auf keinem anderen Kontinent. Beim Trinken müssen sie die Vorderbeine spreizen oder einknicken, weil die Beine noch länger sind als der enorm lange Hals. Nur zögernd nähern sich Giraffen dem Wasser, weil sie in der Trinkhaltung überraschenden Überfällen von Raubtieren hilflos ausgeliefert sind. Deshalb beobachtet man auch oft Giraffen, die sich während des Trinkens blitzschnell aufrichten und mißtrauisch ihre Umgebung beäugen.

im Indischen Ozean gefangen worden waren. Mir lief das Wasser im Mund zusammen, aber ich konnte nichts davon essen; Shakas Fluch wirkte immer noch.
Ian bemitleidete mich, während er mit vollen Backen kaute, aber sein Mitleid entbehrte nicht der Schadenfreude. Hatte er mich nicht dringend genug gewarnt, ungekochtes Wasser zu trinken?
»Meine Ranger, die auch von dem Wasser tranken, das ihr im Weißen Umfolozi aus dem Sand gebuddelt habt – ja, die haben auch den Magen mit Kupfer ausgeschlagen!« sagte er, während er sich nach dem langen Tag im »Korridor« ein Glas weißen Kap-Wein genehmigte, um die Krabben 'runterzuspülen.
Ich glaubte es ihm und rührte mit schlecht gespieltem Appetit in meinem Haferschleim herum.
Nachher saßen wir in der Dunkelheit vor der Tür der Cottage. Es wurde schnell kalt, aber nach der Hitze des Tages war es eine Wohltat, die Kühle zu genießen, die aus den Tälern von Hluhluwe hochstieg zu dem Hügel, auf dem das Rastlager erbaut ist.
Und während Ian erzählte, sah ich alles ganz deutlich vor mir, so, wie es damals war.

Als die Buren auf ihrem großen Treck in der ersten Hälfte des vergangenen Jahrhunderts über den Oranje-Fluß vorstießen, der damals die Grenze der englischen Kap-Kolonie zu den unerforschten Herrschaftsgebieten der »Kaffern« bildete, fanden sie ein riesiges, menschenleeres Land vor, dessen Horizont sich im schimmernden Glast der Ferne unter der sengenden Sonne einer von Akazienhainen und Ebenholzwäldern unterbrochenen Steppe zu verlieren schien. Die Kriegszüge der Zulus hatten dieses Land zu einem Hort der Toten gemacht – aber es war so reich an Wild, daß die Wagenzüge der Buren manchmal kaum vorwärts kamen. Soweit das Auge reichte, zogen die Herden dahin, Hunderttausende von Antilopen, Zebras, Gnus, Büffeln, Giraffen, Elefanten und Nashörnern. Manchmal mußten die Buren tagelang warten, ehe die Herden auf ihren unerklärlichen Wanderungen vorübergezogen waren. Sie schossen alles ab, was ihnen vor die Flinte kam, und Büffel, Antilopen, Elefanten und Nashörner starben wie einst die Bisons auf den Prärien des amerikanischen Westens.
Die Breitmaul-Nashörner durchstreiften zu Tausenden das Gebiet zwischen dem Oranje-Fluß im Süden und dem Sambesi im Norden des südafrikanischen Subkontinents. Der englische Forscher William

John Burchell, der von 1810 bis 1815 Südafrika bereiste, beschrieb das Breitmaul-Nashorn und seine Lebensgewohnheiten zum erstenmal in einem Bericht über eine seiner Expeditionen, die ihn im Jahre 1812 von Kuruman im Norden der Kapprovinz aus in den heutigen Oranje-Freistaat und nach Betschuanaland führte. Burchell äußerte sich erstaunt über die große Zahl von »white Rhinos«, die er antraf. Doch zu Ende des Jahrhunderts hatten die Schlächter mit dem Jagdgewehr ihr Werk vollbracht: In ganz Südafrika gab es kein einziges Breitmaul-Nashorn mehr – bis auf eine kleine Herde von etwa vierzig Stück in dem von Tsetsefliegen und Anophelesmücken verseuchten Busch zwischen dem Weißen und dem Schwarzen Umfolozi in Zululand. Für Menschen war dieses Gebiet schon aus diesem Grunde, aber auch wegen seiner Unzugänglichkeit und seines unwirtlichen Klimas unbrauchbar. Im Sommer herrschte dort sengende Hitze, und es gab oft sintflutartige Regenstürme. Im Winter fegten eisige Winde über die grünen Hügel, und manchmal wurde dieser entlegene Winkel des Zululandes von monatelangen Dürreperioden heimgesucht.
Deshalb gelang es Charles Saunders, einem leidenschaftlichen Naturfreund, auch, die Provinzregierung von Natal zu überreden, dieses Land in ein Reservat umzuwandeln. 1897 proklamierte die Regierung von Natal das Gebiet von Umfolozi zur »Game Reserve« – zum Wildreservat. Umfolozi wurde so der erste größere Naturpark in Südafrika – noch ein Jahr vor der Proklamation des »Sabie-Reservats«, dem heutigen Krüger-Nationalpark, der durch die Weitsicht des greisen Präsidenten der Burenrepublik, »Ohm« Paul Krüger, errichtet wurde.
Aber die Tierfreunde Südafrikas hatten sich zu früh gefreut. Noch einmal gerieten die Tiere von Umfolozi in Gefahr. Das war in den Jahren des »Tsetse-Feldzuges«, als eine rücksichtslose Ausrottungskampagne gegen alle wilden Tiere in Zululand geführt wurde. Man vermutete in ihnen die »Wirte« der Tsetsefliege, welche die für Hausvieh tödliche Schlafkrankheit, die Nagana, übertragen. Erst am Ende der Kampagne, die während der gesamten zwanziger und dreißiger Jahre geführt wurde, und als allein im Gebiet von Umfolozi über zweihunderttausend wilde Tiere abgeschossen worden waren, erkannte man, daß nicht sie die »Wirte« der Tsetsefliege sind, sondern der Busch selbst, so wie Sümpfe die Brutstätten der die Malaria übertragenden Anophelesmücken sind.
Die Breitmaul-Nashörner blieben allerdings von der Ausrottung ver-

schont, da sie sich im Busch zwischen dem Weißen und dem Schwarzen Umfolozi gut zu verstecken wußten. In einer späteren »Tsetse-Kampagne« zwischen 1942 und 1947 wurden sie unter Schutz gestellt.
Aber für Umfolozi kam zuvor ein neuer Schlag. Kurzsichtige weiße und schwarze Farmer erreichten, daß das Provinzparlament von Natal die Auflösung des Reservats beschloß.
Ein erbitterter Kampf zwischen Natur- und Tierfreunden und den Farmern, die trotz gegenteiliger Beweise immer noch behaupteten, die wilden Tiere übertrügen die Nagana und alle möglichen Krankheiten auf ihr Hausvieh, begann.
Ein Mann schließlich setzte sich durch – der 1939 neu ernannte Kommissar für Landschaftsfragen in der Provinzregierung, Douglas Mitchell. Ihm gelang es, Parlament und Regierung davon zu überzeugen, daß Umfolozi »nicht sterben dürfe«. Der Beschluß zur Auflösung des Reservats wurde rückgängig gemacht.
In der Zwischenzeit hatten Wildwarte, Zoologen, Veterinäre und Verhaltensforscher die weißen Nashörner so systematisch von der Außenwelt abgeschirmt, daß sie sich in Ruhe ihrem »Nachwuchs« widmen konnten. Als Ende der fünfziger Jahre eine Zählung vorgenommen wurde, erlebten alle Beteiligten eine Überraschung: Die winzige Herde von vierzig »white rhinos«, die um die Jahrhundertwende dem Untergang geweiht zu sein schien, hatte sich auf achthundert Stück vermehrt!
Ian war zu jener Zeit Chef-Wildwart von Zululand. Er erzählte mir an jenem Abend in Hluhluwe: »Wir alle waren vom Ergebnis der Zählung geradezu überwältigt. Wir waren Zeuge eines geradezu gigantischen Kampfes einer Tierart um ihr Überleben geworden. Aber dieses Wunder löste nicht nur reine Freude aus. Man muß sich vorstellen: achthundert Breitmaul-Nashörner, nach den Elefanten die größten Landtiere, die es gibt, lebten auf einem Gebiet von knapp fünfhundert Quadratkilometern, sozusagen in einer windgeschützten Enklave. Sie hatten sich in wenigen Jahrzehnten explosionsartig vermehrt. Wenn diese Vermehrung weiterging, dann reichte die Weidefläche von Umfolozi nicht mehr für all diese Rhinos aus. Was würde geschehen? Sie würden verhungern, die jungen Rhinos würden verkümmern, die Natur würde ›Stop‹ sagen – und die Art erneut in Gefahr geraten.
Wir hier in Umfolozi besaßen die einzigen Breitmaul-Nashörner der Art *Cerathoterium Simum Simum* in der ganzen Welt! Ich hatte die

Verantwortung für die Tiere – und ich hatte eine Menge schlafloser Nächte. Ich kam mir vor wie jemand, der alle Eier in einem Korb hat und Gefahr läuft, mit diesem Korb zu stolpern. Was würde beispielsweise passieren, wenn eine Seuche ausbrach? Mir stand schon der Schweiß auf der Stirn, wenn ich nur daran dachte.«

Nick Steele, heute als Nachfolger Ian Players Chef-Wildwart von Zuzuland und damals ein junger Ranger in Umfolozi, berichtete mir über diese Zeit: »Ians Gedanken kreisten in jenen fünfziger Jahren fast ausschließlich um die Frage, was man tun konnte, um die Nashörner vor einer Katastrophe zu bewahren. Einmal ritt ich mit Ian aus, und wir trafen auf einer Lichtung im Dorngebüsch eine Herde von Breitmaul-Nashörnern. Ian hielt sein Pferd an, schaute zu den Nashörnern hinüber, die friedlich weideten und sagte ›eines Tages müssen wir sie fangen und in andere Gebiete transportieren. Das ist die einzige Möglichkeit, die Art vor dem Aussterben zu bewahren. Wir müssen sie verteilen – wenn es sein muß, über die ganze Welt.‹ Ich weiß noch, ich blickte Ian an, als sei er verrückt geworden. Wie wollte er ein dreitausend Kilo schweres Nashorn fangen? Ich habe gelacht. Ian hat mich nur schweigend angeschaut, mit diesem Blick, den er so an sich hat. Ein paar Monate später bereute ich mein dummes Gelächter. Ian hatte einen Weg gefunden, die Nashörner tatsächlich zu fangen und sie über tausende von Meilen zu transportieren.«

Der Weg, den Ian gefunden hatte, begann damit, daß sich an einem Dezembermorgen des Jahres 1960 ein einzelner Ranger in der drückenden Hitze des Mona-Tals im »Korridor« durch die dichten Imphaphabüsche an eine Gruppe von weißen Nashörnern heranpirschte. Die Begleiter des Rangers hatten sich in den Schatten der wilden Feigenbäume begeben und schauten dem Mann zu, der mit Entschlossenheit und Verbissenheit ein Experiment vorbereitet hatte, das jetzt seinen Höhepunkt finden sollte. Der Ranger – es war Ian Player selbst – trug in der rechten Hand ein Gasgewehr vom Typ Cap-Churr, das mit einem Narkosebolzen geladen war. Die Nashörner merkten nicht, wie Ian sich an sie heranschlich, immer gegen den Wind und in Deckung der Imphapha-Büsche.
Schließlich hielt Ian, ging in die Knie. Er legte die Büchse an, zielte auf die linke Hinterbacke eines Nashornbullen und drückte ab. Es gab einen ploppenden, kaum hörbaren Laut, dann das Aufklatschen des

Bolzens. Der Nashornbulle zuckte zusammen, warf sich herum, raste davon.
Ian erhob sich und wischte sich den Schweiß von der Stirn. An ihm vorbei galoppierten zwei Reiter, die das Nashorn verfolgten. Sie fanden es eine halbe Stunde später in einer Donga, einem trockenen Bachbett. Es war betäubt.
Einer der Reiter sprang ab, um bei dem narkotisierten Tier Wache zu halten. Der andere galoppierte dorthin zurück, wo das Fang-Team mit einem geländegängigen Landrover wartete.
»Wir haben es!« schrie der Reiter voller Begeisterung.
Die Männer grinsten sich an, sprangen in den Landrover, rasten über Stock und Stein hinter dem Reiter her, der sie zu der einsamen Donga führte. Das Nashorn »schlief« immer noch.
Ian sprang aus dem noch fahrenden Landrover, lief zu den Rhino hin. Das Nashorn lebte, wie eine schnelle Untersuchung zeigte. Die Männer schüttelten sich reihum die Hand. Alles andere – Wiederbelebung, medizinische Versorgung des Tieres, sein Transport in die Boma – verliefen so, wenn auch mit wesentlich primitiveren Mitteln und Methoden, wie ich sie bei den Zinzunzini-Hügeln miterlebte. Die OPERATION RHINO konnte gestartet werden.

Bis es soweit war, mußte ein langer Weg zurückgelegt werden. Ian Player war natürlich über den Gebrauch von Narkosegewehren, der schon in Ostafrika praktiziert wurde, informiert. Aber in den fünfziger Jahren wurden damit lediglich kleinere Tiere »immobilisiert«. Niemand konnte sich damals vorstellen, daß ein Koloß wie ein Rhinozeros von fast drei Tonnen oder gar ein Elefant von sieben Tonnen Gewicht durch eine Betäubungsdroge ohne Gefahr für das Tier außer Gefecht gesetzt werden könnte. Die damals benutzten Drogen wirkten in stärkeren Dosen, wie sie für Großwild erforderlich waren, absolut tödlich.
Doch eines Tages kam die Nachricht, auf die Ian schon lange gewartet hatte. Damals gab es in Uganda noch mehrere Hundert der sogenannten »nördlichen« oder Sudan-Breitmaul-Nashörner, Stammverwandte des *Cerathoterium Simum Simum* in Südafrika. Mit diesen Tieren experimentierte der Zoologe und Veterinärprofessor Harthoorn von der East African University in Nairobi. Und ihm war es tatsächlich gelungen, so hieß es, Sudan-Nashörner mit einer neuen Droge zu immobilisieren.

Ian Player veranlaßte sofort, daß Harthoorn nach Südafrika eingeladen wurde. Im Dezember 1960 traf er in Zululand ein und ging sogleich an die Arbeit. Er benutzte zuerst fünf verschiedene Kombinationen von Drogen, die sich vor allem auf das starke Narcoticum Themalon stützten. Der Fang der Rhinos, wie er oben und auch schon im ersten Kapitel geschildert wurde, war von Ian Player geradezu generalstabsmäßig ausgearbeitet worden. Aber die Drogen, die Harthoorn anfänglich benutzte, hatten einen zu hohen Risiko-Faktor. Wurde aus Sicherheitsgründen zuwenig »Muti«, wie die Zulus die Betäubungsdroge nannten – wie sie jede »gute« oder »böse« Medizin bezeichnen – für das Tier verwendet, setzte die Wirkung der Droge mitunter erst eine halbe Stunde nach dem Anschuß ein. Bis dahin war das Rhino einige Kilometer durch dichten Dornbusch geflohen – und es geschah nicht selten, daß die Reiter seine Spur verloren. Oder es dauerte zu lange, ehe die Ranger im Landrover herankamen, um die Anti-Droge zu spritzen, welche die Wirkung des Betäubungsgiftes aufheben sollte. Auf diese Weise starben mehrere Rhino-Bullen aus der Serie von zwölf, die zur ersten »Fanggruppe« gehörten. Wurde jedoch zuviel »Muti« mit dem Bolzen gespritzt, konnte es vorkommen, daß die Nashörner an akuter Vergiftung starben.
So war denn auch, trotz des Beweises, daß Rhinos auf diese Weise gefangen werden konnten, die erste Versuchsserie eine Enttäuschung. Harthoorn flog nach Ostafrika zurück und machte weitere Laborversuche. Im Juli 1961 kam er wieder nach Zululand – mit einer neuen »stabilen« Droge, einem starken Morphiumderivat mit einem hohen Sicherheitsfaktor.
Die zweite Testserie begann – und wurde abgeschlossen, ohne daß ein einziges Nashorn dabei verendete.
Im wesentlichen wurde diesmal eine Mischung aus folgenden Drogen verwendet: Sernylan 250 Milligramm, Themalon 3 (drei) Gramm Scopolamin 60 Milligramm. Diese Mixtur wurde in die Phiolen gefüllt, mit denen die Schußbolzen ausgestattet waren, und reichte für die Immobilisierung von Tieren mit einem Gewicht zwischen 2000 und 2500 Kilogramm. Statt Themalon wurde auch oft synthetisches Morphin (250 Milligramm) benutzt. Mit dieser Dosierung konnten die Rhinos innerhalb von fünf bis zehn Minuten nach dem Bolzenschuß »in Schlaf« versetzt werden. Etwa eine Viertelstunde nach dem Anschuß ließ die Wirkung der Droge nach. Erschien es notwendig, mit dem »Erwachen« in den gewünschten Dämmerzustand nach-

zuhelfen, wurde Lethidron gespritzt. Als Tranquilizer für den Transport benutzte man Largactil. Diese Mischungen werden auch heute noch von Ken Rochat und seinem Team verwendet.

Für Ian Player und seine Ranger bedeutete der Erfolg von Harthoorn den lange erhofften Durchbruch. Die weißen Nashörner, die vor allem im sogenannten »Korridor« – staatseigenem Land zwischen den beiden Reservaten Hluhluwe und Umfolozi – durch illegale schwarze Siedler bedroht waren, konnten jetzt in die Reservate gebracht und von dort aus für Neuansiedlung in geeignete Wildgebiete weitertransportiert werden. Ian Player hatte nicht mehr, wie er es nannte, »alle Eier in einem Korb«, und der Alptraum von einer Epidemie, welche die Nashorngemeinde von Zululand dahinraffen konnte, war gebannt.

Seit dem Juni 1961 – innerhalb von zehn Jahren – wurden auf diese Weise 850 Breitmaul-Nashörner gefangen und in andere Wildreservate verschickt, davon 57 in andere Schutzgebiete der Republik Südafrika, 34 in andere afrikanische Länder, und 209 fanden sogar den Weg nach Übersee, vor allem nach den USA, England, Spanien und Portugal, wo sie von Tiergärten und Zoos angekauft wurden.

Die Käufer zahlen die Transportkosten. Für den, der sich ein weißes Rhino von zweieinhalb Tonnen im Garten halten möchte, hier der Preis: netto ab Durban, Natal, 11 000 DM.

6

Noah aus Natal

In der Ferne heult eine Hyäne. Das ist ungewöhnlich für Hluhluwe, wo es keine Raubtiere mehr gibt. Hin und wieder wird ein Leopard gesehen, manchmal trifft ein Ranger auf die Spur eines der Löwen, die von Umfolozi herübergekommen sind.
Hluhluwe ist vom Reservat der weißen Nashörner kaum zwanzig Kilometer entfernt.
Ian lauscht in die Nacht. Ich lehne mich zurück. Über uns flackern die Sterne wie die kalten Feuer, an denen sich nach dem Glauben der Medizinmänner die Geister der Verstorbenen wärmen.
Das Heulen der Hyäne verklingt, und im Busch ist es still. Das Zirpen der Grillen vermißt man im südafrikanischen Winter. Die Nächte sind tot. Sie gehören der Dunkelheit und der Kälte. Dem stummen Warten auf den Frühling, wenn der Regen kommt und das Land wieder zum Leben erweckt.
Ich sehe Ian an. Er hat die Augen halb geschlossen, als er über seine Jugend spricht.
Der Mann, der mit solch eisernem Willen, fester Entschlossenheit und weiser Voraussicht die Aussiedlung von fast tausend weißen Nashörnern aus den Reservaten des Zululandes in die Wege leitete, um sie vor den Gefahren zu bewahren, denen heute alle seltenen und wilden Tierarten ausgesetzt sind, ist eigentlich – nach dem Taufschein – Großstadtjunge, denn er wurde am 15. März 1927 in der Metropolis Südafrikas, der Goldstadt Johannesburg, geboren. Ians Vater arbeitete damals in der Stadt, aber schon bald nach Ians Geburt erwarb er eine Farm in Transvaal, auf halbem Weg zwischen Johannesburg und der Verwaltungshauptstadt Pretoria, nach dem Buren-Vortrekker Willem Pretorius benannt.
»Das ist eine meiner ersten Erinnerungen«, erzählt Ian. »Die blauen Blüten der Jacaranda-Bäume von Pretoria. Im Frühling war die ganze Stadt in ein leuchtendes Meer von Blautönen getaucht, und wenn man auf dem Hügel stand, wo man jetzt das Vortrekker-Denkmal errichtet hat, dann konnte man glauben, Pretoria sei ganz aus Gold und blauem Saphir erbaut. Unsere Farm lag auf halbem Weg zwischen den beiden großen Städten, gar nicht weit weg von dem

›Half-Way-House‹, wo früher die Kutschen hielten und die Pferde gewechselt wurden.
Mein Vater verstand zu unserem Glück etwas von Landwirtschaft, denn als Junge hatte er in Natal auf der Farm meines Großvaters gearbeitet, bis diesen das ›Ostküsten-Fieber‹ bankrott machte und die Familie nach Transvaal zog. Auf unserer Farm züchtete mein Vater Milchvieh.
Wir hatten auch ein paar Äcker mit Mais, Kürbissen, Bohnen, einen Garten Küchengemüse und ein paar Obstbäume. Hinter der Farm erstreckte sich meilenweit unbebautes Land, ganz einfach Busch. Vor vierzig Jahren gab es dort noch sehr viel Wild, sogar Zebras und Gnus.
Wo heute die Autobahn von Johannesburg nach Pretoria führt, wo die neuen Fabriken mit ihren Schornsteinen die Gegend verschandeln und mit ihrem Rauch die Luft verpesten, habe ich als kleiner Junge noch Silberschakale und Impalas, ja sogar wilde Hunde gesehen. Nachts konnte man Hyänen hören. Heute sind die Nächte dort tot. Nur der leblose armselige Lärm der Autos, der Flugzeuge, der Musikboxen erfüllt sie. Die Natur schweigt. Denn es gibt sie dort nicht mehr.«
Ich blicke ins Dunkel, höre von weit her den Ruf der Nachtvögel, und ich weiß, was Ian meint.
»Damals gab es sogar gelegentlich noch einen Leoparden, der auf den Farmen rumstrich und hinter Hühnern und Hauskaninchen her war. Die Farmer wurden natürlich wild, wenn sie seine Spur fanden. Sie ruhten nicht, bis sie ihn erledigt hatten, sei es mit der Flinte, dem Fangeisen oder ganz einfach mit einem vergifteten Köder. Alles Raubwild galt damals als ›Ungeziefer‹, das ausgerottet werden mußte. Und das war nicht vor hundert Jahren, als die alten Buren nichts anderes kannten, als das Weideland für ihre Rinder von den Raubtieren freizuschießen, sondern das war in den dreißiger Jahren dieses Jahrhunderts, zu einer Zeit also, als sich in ganz Afrika der Gedanke des Konservierens, des Erhaltens der letzten freien Tierwelt durchzusetzen begann. Damals entstanden neben dem Krügerpark und den Reservaten in Natal auch in den noch unter Kolonialverwaltung stehenden Ländern die ersten Nationalparks, im Kongo, in Ostafrika, in Rhodesien. Aber die Farmer sind nun einmal stupide. Alles, was ihren Profit gefährden könnte – wenn auch nur vermeintlich –, wird ausgerottet. Früher waren es die wilden Tiere, denen sie mit den

Flinten den Garaus machten, heute sind es die Insekten, die sie mit DDT auszurotten versuchen. Aber was ist eine Welt ohne wilde Tiere? Und was ist eine Welt ohne Insekten? Wenn es keine Bienen mehr gibt, die den Blütenstaub übertragen, woher sollen dann noch die Früchte des Feldes kommen, von denen diese Farmer leben, wie?«
Ian redet sich schnell in Rage, wenn er auf dieses Thema zu sprechen kommt. Ich, der Außenstehende, der Amateur und Laie im harten, nüchternen und doch so abenteuerlichen Geschäft des Naturschutzes, bin allerdings oft noch wütender und zorniger als er.
»Doch das ist ein anderes Thema«, sagt Ian. »Jedenfalls war das Leben auf der Farm für mich herrlich. Ich nutzte jede freie Minute aus, um draußen herumzustromern. Ich bin ein Individualist. Ich war schon als Kind gern allein ...«
Doch das Leben in Freiheit hörte bald auf. Die Schule begann, und als Ian zwölf Jahre alt war, brach der Zweite Weltkrieg aus. Im Jahre 1940 erklärte Südafrika, damals noch britisches Dominium, Deutschland den Krieg. Mit Siebzehn meldete Ian sich freiwillig. Nach kurzer Ausbildung wurde er nach Italien geschickt, wo er die letzten blutigen Schlachten gegen die Deutschen mitmachte. Nach Auskurierung einer Verwundung wurde er ein Jahr nach Kriegsende, im Jahr 1946, nach Südafrika zurückgeschickt. Er kam mit einem Truppentransporter in Durban in Natal an – und blieb gleich dort.
»Der Krieg verändert jeden jungen Mann, für immer«, sagt Ian Player heute. »Ich war damals ein sehr aufsässiger junger Bursche. Ich wollte nicht zu meiner Familie nach Hause zurück. Zuviel war geschehen, zuviel hatte ich in Europa gesehen, von dem sie zu Hause keine Ahnung hatten. Südafrika, dieses riesige Land, meine Heimat, die ich so sehr liebte, kam mir damals klein, provinziell, richtig hinter dem Mond vor. Der Krieg – das war hier nur Lesestoff in den Zeitungen gewesen, das waren Nachrichten im Radio und die Wochenschauen im Kino. Ansonsten war man seinen Geschäften nachgegangen. Das Leben geht weiter, junger Mann, sagte mir ein freundlicher Herr in einem grauen Geschäftsanzug von bester Qualität bei einem Glas Bier in einem Pub, wo uns der Zufall zusammenführte. Ja, das Leben war weitergegangen – vor allem für die zu Hause Gebliebenen. Sie hatten Arbeit – die entlassenen Soldaten keine. An Studium war nicht zu denken. Woher das Geld nehmen, wenn man nicht mehr nach Hause wollte? Es gab eine Kontaktstelle in Durban für entlassene

Soldaten. Dort bekam man Essensmarken, mit denen man in einem bestimmten Restaurant eine Mahlzeit bestellen konnte. Und glaub nur nicht, das war ein Sechs-Gänge-Menü. Ich hungerte die ganze Zeit über, und wie! Das Leben in der Army war das reinste Paradies dagegen gewesen. Ich schlief nachts bei den Pennern und Landstreichern am Strand. Ich war nicht der einzige Soldat, der in den Dünen übernachtete. Einer von den Boys gab mir den Rat, es doch mal bei den Docks im Hafen zu versuchen. Ich versuchte es. Ein paar Wochen lang arbeitete ich als Hafenarbeiter. Wer das nie in seinem Leben gemacht hat, sollte es auch nie versuchen. Es bricht einem fast das Rückgrat. Man spürt tatsächlich die Faust täglich im Nacken. Die Faust der Angst, daß man am nächsten Tag nicht zu den Bevorzugten zählt, die mit zum Abladen oder Aufladen dürfen. Die Angst vor einer schweren Verletzung, wie sie auf den Docks fast an der Tagesordnung ist. Die Angst vor dem Boß, der offenbar den Mund von Gott nur bekam, um damit brüllen zu können. Eines Nachts entwikkelte ein Kumpel von mir einen abenteuerlichen Plan. Warum, so fragte er, sollte man nicht mal nach Gold suchen? Ich lachte. Aber er meinte, in Rhodesien habe man vor fünfzig Jahren mal nach Gold gesucht, es dann aber aufgegeben, als die Goldfelder um Johannesburg mit ihrer Produktion in den Himmel schossen. Der Bursche träumte nur von dem Plan, aber er tat nichts. Ich träumte nicht, ich handelte. Ich kaufte mir von dem wenigen Geld, das ich zusammengekratzt hatte, eine halbwegs taugliche Ausrüstung, Prospektorhammer, Waschpfanne für das Gold, Einmannzelt, Kompaß, Karten von Rhodesien, Buschjacke, Veldschuhe, Kochtopf, einen Rucksack und was nicht noch alles, und machte mich auf den langen Weg nach Norden, mit dem Zug natürlich. Es dauerte Tage, ehe ich in dem Nest ankam, das mir der Bursche am Strand von Durban genannt hatte, und wo eine verlassene, aber dennoch aussichtsreiche Goldmine liegen sollte. Ich kam in eine richtige Geisterstadt, wie man sie von Filmen aus dem Wilden Westen kennt. Aber die Goldmine gab es wirklich. Am Eingang des verrotteten Platzes hing ein windschiefes Schild, »Lonely Mine« – Grube der Einsamkeit. Kann man wohl sagen, daß es dort einsam war. Meine Schlafgenossen waren wochenlang Hyänen und Schakale. Ich brauche wohl nicht zu erwähnen, daß ich kein Gold fand. Selbst wenn dort welches gewesen wäre, ich war eben ein Greenhorn. Da hätten schon die Goldadern dick wie Nudeln aus dem Gefels heraustreten müssen. Ich gab es schließlich auf. Die bitteren Erfahrungen von Durban und die Sinnlosigkeit meiner merkwürdigen Expedition in den rhodesischen Busch hatten mich inzwischen mürbe gemacht. Ich kehrte reumütig in den Schoß meiner Familie in Johannesburg zurück. Dort bekam ich sofort eine Anstellung: Und jetzt konnte ich Gold scheffeln, soviel ich wollte. Denn ich arbeitete sechstausend Fuß unter Tage in einer der Goldgruben von Johannesburg, bei einer Hitze, die man sich über Tage kaum vorstellen kann. Es war wohl die elendste Plackerei, die ich in meinem Leben mitgemacht habe. Eines Tages – du mußt immer daran denken, daß damals auch in Südafrika nach dem Krieg Arbeitslosigkeit mit einem großen A geschrieben wurde – hörte ich von einer freien Stelle in einer Aluminiumfabrik in Pietermaritzburg in Natal. Die Provinz Natal war immer das heimliche Ziel meiner Sehnsucht gewesen. Hier waren meine Vorfahren, Auswanderer aus England, vor hundert Jahren an Land gegangen. Sie gehörten zu den ersten britischen Siedlergruppen an der Küste des Indischen Ozeans. Irgendwie fühlte ich, daß ich nach Natal gehörte, wo mein Urgroßvater sich noch mit dem Gewehr in der Hand sein Land erobert hatte, in dem wildromantischen Karkloof-Tal.«

Ian Player lebt heute mit seiner Familie in diesem Tal, am Ende der langen Ebene zwischen den niedrigen Hügeln und Bergen, am Hang des Red Mountain, auf der Farm Phuzamoya, »wo man den Wind trinkt ...«. Er ist heimgekehrt in das Land seiner Väter. James Player, der oben erwähnte Urgroßvater, der erste der Players, der hier siedelte, hatte im Jahre 1865 die letzten in dieser Gegend marodierenden Buschmänner an der Spitze eines berittenen »Kommandos« aus dem Karklooftal vertrieben. Die Buschmänner, Nomaden auf der Steinzeitstufe der Jäger und Sammler, zogen sich in die Drakensberge zurück. Heute noch kann man dort in den Felshöhlen ihre Steinmalereien bewundern, die vor allem Jagdszenen darstellen, in denen die Geister der erschlagenen Tiere um Gnade und Vergebung gebeten werden. James Player heiratete ein vierzehnjähriges bildhübsches Burenmädchen aus einer alten Vortrekkerfamilie namens Niekerk. Es war eine der ersten »gemischten« Ehen zwischen Engländern und Buren, die damals nicht das beste Verhältnis miteinander hatten. Ian ist heute stolz auf diese »doppelte Abstammung«, wie er es nennt. Aus der Ehe von James Player mit dem Niekerk-Mädchen gingen sieben Kinder hervor. Zwei davon kämpften noch im letzten Krieg gegen die Zulus im Jahre 1879. Die ersten Players lebten in Richmond in Natal, später in Maritzburg. James Player war der Begründer des Natal-Miliz-Regiments »Natal Carabiniers«. In seiner Eigenschaft als Offizier dieses Regiments führte er auch das bereits oben geschilderte Kommandounternehmen gegen die räuberischen Buschmänner im Karkloof-Tal an.

Ian Player, sein Großenkel, arbeitete, keine zwanzig Meilen vom Schauplatz dieses bereits historischen Geschehens entfernt, Ende der vierziger Jahre ganz prosaisch in der Aluminium-Fabrik von Pietermaritzburg. Sein Lohn – ganze zwanzig Pfund im Monat, nach dem damaligen Kurs etwa zweihundertvierzig Mark.

»Im Krieg hatte ich immer davon geträumt, nach Natal, meiner ursprünglichen Heimat, zurückzukehren. Meine Eltern und wir Kinder hatten dort manchen Urlaub verbracht, in Umkomaas oder anderen Ferienorten an der Südküste Natals. Aber diese Orte mußten immer an Flußmündungen liegen, denn mein Vater war ein begeisterter Angler. Nachts fuhr er mit dem Boot zum Lachsfischen hinaus; meistens nahm er mich mit. Wenn ich als kleiner Junge schläfrig wurde, legte ich mich einfach auf die Bretter des nach Teer und See und Fisch riechenden Bootes, und im Halbschlaf hörte ich dann, wie die Strömung des Flusses am Boot vorbeirauschte und wie die Brandung gegen die Küste donnerte, und ich träumte von einem Leben der Freiheit in der Wildnis. Aber als ich erwachsen wurde, verblaßte dieser Traum unter den harten Schlägen, die jene Zeit damals unserer Generation austeilte, wie dem Krieg zum Beispiel. Ich weiß, daß ich eines abends an einem Biwakfeuer in Italien saß, in der Nähe des Stabsquartiers der 6. Reservedivision bei Santa Barbara, südlich von Florenz. Die Jungs, alles Südafrikaner, sprachen von der Heimat, und bald entwickelte sich ein richtiges Streitgespräch über die Qualität der Strände von Natal und vom Kap. Ich sah im Geiste die grünen dunstverhangenen Hügel von Natal, ich hörte den Ruf der Waldtauben, ich sah die Blitze der Sommergewitter, die Naturkatastrophen gleichen, ich hörte den Gesang der Zulu-Mädchen auf den Pfaden, welche die Krals miteinander verbinden, ich roch die Lagerfeuer der Eingeborenen, den herben Duft der Blumen und Kräuter auf den Bergmatten. Ich war voller Heimweh. Jetzt hatte ich mein Heimweh erfüllen können. Ich war in Natal. Als Fabrikarbeiter ...«

Ein von der Sehnsucht nach der freien, wilden Natur erfüllter junger Mann, der an der Werkbank stehen muß. Jede freie Minute nutzte er aus, um die Natur auf die einzige Art zu erleben, wie es unter den gegebenen Umständen möglich war; er hatte sich schon immer für Boote interessiert. Mit einem Freund zusammen kaufte er sich ein Kanu, und sie verbrachten täglich, nach der Arbeit, Stunden auf dem Umsunduzi-Fluß, der durch Maritzburg fließt.

»Wir beide, Desmond Graham und ich, verstanden nicht viel, besser gesagt zu Anfang gar nichts, von Kanus. Aber man lernt, recht schnell sogar, wenn man ein paarmal genügend Wasser geschluckt hat. Wir wurden uns bald klar darüber, daß wir physisch in bester Kondition sein mußten, denn der Kanu-Sport erfordert den ganzen Mann. Wir begannen also, statt mit dem Bus zur Arbeit zu fahren, zur Arbeit zu laufen. Das Gespött unserer Arbeitskameraden kannst du dir vorstellen. Aber uns kümmerte das nicht. Nach sechs Wochen war ich in bester Kondition. Unser Plan stand fest: Wir würden bei der ersten Gelegenheit, wenn wir ein paar freie Tage hatten, den Umsunduzi-Fluß hinunterpaddeln, der in den großen Umgeni mündet, und dann den Umgeni hinunter zum Indischen Ozean. Das hatte noch kein Mensch vor uns gemacht. Es war immerhin eine Strecke von über hundert Meilen durch zum Teil noch völlig unbekanntes Gewässer. Gewiß, die Ufer waren Fuß um Fuß bekannt – aber wie sah es im Wasser selbst aus? Wo waren Unterwasserklippen, wo gefährliche Strudel, wo andere Hindernisse? Wir waren Feuer und Flamme. Unser Plan war voller Gefahren, aber gerade das lockte uns.«

Im März 1952 war es endlich soweit. In einer Fahrt, die an Abenteuern und Entbehrungen, fast übermenschlichen Anstrengungen mehr als reich war, gelang es Ian – Desmond war inzwischen nicht mehr mit von der Partie –, allein die sechs Etappen die Strecke Maritzburg–Durban zu bewältigen und in sechs Tagen das zu schaffen, was vor ihm noch niemandem gelungen war. Er war mehrfach gekentert, beinahe ertrunken, er wurde von abergläubischen Eingeborenen verfolgt – die beiden Flüsse führen durch das Stammesgebiet der Zulus –, er verlor schließlich seine gesamte Ausrüstung. Als er in Durban ankam, war er so schwach, daß er kaum stehen konnte. Er schlief zwei Tage lang durch. Seit jener Zeit ist übrigens das »Natal-Kanu-Rennen« auf dem Umsunduzi-Umgeni zu einer ständigen Einrichtung geworden. Ian hat es noch zweimal – allerdings im »Doppel« gewonnen, 1953 in drei Tagen und vierzehn Stunden, 1954 in einem Tag, drei Stunden und einundvierzig Minuten!

»Für mich war das Kanu-Rennen die Rückkehr zu dem natürlichen

Leben, das ich als kleiner Junge geführt hatte. Es zeigte mir auch, während ich durch das Land paddelte, was wir in Südafrika verloren hatten: Das Wild, das noch vor wenigen Jahrzehnten die Ufer des Flusses gesäumt hatte, war verschwunden. Ich schwor mir, daß es in den kleinen Restgebieten der Wildnis, die uns geblieben waren, nicht soweit kommen sollte. Auf den wilden Wassern des Umgeni beschloß ich, mein Leben in den Dienst des Naturschutzes zu stellen. Gleich nach der Rückkehr von meiner ersten Fahrt von Maritzburg zum Meer bewarb ich mich bei der Wildschutz-Behörde von Natal, dem Natal Parks Board, um eine Anstellung als Wildwart. Ich wurde angenommen. Noch im März 1952 wurde ich eingestellt. Ich wurde nach Hluhluwe geschickt. Für mich begann die schönste Zeit meines Lebens.«

Nicht nur seine schönste Zeit. Es war seine wichtigste Zeit.

Dieser Mann, Ian Player, fand auf langen Umwegen den Sinn seines Lebens: Er wurde zum neuen Noah unserer Zeit, zum Noah aus Natal. Er ist in Fachkreisen heute als einer der erfolgreichsten Konservatoren geschätzt. Seine Vorgesetzten bauen auf ihn, seine Untergebenen verehren ihn, seine Freunde gehen für ihn durchs Feuer. Ohne Ian Player wären die Wildschutzreservate Südafrikas nicht das, was sie heute sind.

Und doch – immer wieder hört man aus Ians Worten seinen Zweifel heraus, ob wohl alles richtig ist, was er gemacht hat, was sie alle machen, die Männer, welche die letzte Arche retten wollen.

»Wenn man einmal in das Leben der Natur eingreift, in dieses ineinander verwobene Neben- und Miteinander aller Dinge, die eine biologische Existenz haben, wenn man diesen Kreislauf stört, ob man es nun Biosphäre, ökologische Stabilität oder sonst was nennt, dann gibt es kein Ende mehr. Wir haben Tiere in Umgebungen verpflanzt, wo sie nicht hingehören, wir haben exotische Pflanzen und Tiere nach Südafrika eingeführt, wo sie ebenfalls nicht am Platz sind. Laß mich ein ganz einfaches Beispiel erzählen: Wir haben ein einzigartiges Naturschutzgebiet, das St. Lucia-Reservat an der Mündung des Mkuzi-Rivers in den Indischen Ozean. Diese Landschaft ist eine Marschlandschaft mit der ihr eigenen Tier- und Pflanzenwelt. Das Wasser der St. Lucia-Lagune ist Süßwasser mit einem geringen Anteil von Salzwasser. Nun hat das Landwirtschaftsministerium vor einigen Jahren begonnen, schnell wachsende Eukalyptusbäume an den Ufern der Lagune zu pflanzen. Diese Bäume, die sehr viel Feuchtigkeit brauchen, saugen das ganze Süßwasser aus der Lagune. Der Salzgehalt der Lagune ist daher in den letzten Jahren um das Mehrfache gestiegen. Die Süßwasserpflanzen in der Lagune sterben ab, und mit ihnen gehen die Fische ein, die von diesen Pflanzen leben. Das wiederum hat zur Folge, daß die Krokodile verkümmern. Und die Krokodile sind in Südafrika zu einer Rarität geworden. Wilderei wegen der leider so beliebten Kroko-Taschen hat sie an den Rand des Untergangs gebracht. Wenn nun durch administrative Kurzsichtigkeit noch künstlich Faktoren eingeführt werden, um den Krokodilen das Leben zu erschweren, dieser absolut wichtigen Gesundheitspolizei des Wassers, dann sieht es schlecht um das biologische Gleichgewicht des St. Lucia-Reservats aus. Am Schluß wird nur noch ein toter, weißer Strand zum Amüsement der Touristen übrig bleiben, mit Würstchenbuden, Zigarettenautomaten und Cola-Kiosken.«

Immer wieder höre ich diese Klage auf meinen Reisen durch Natal und Transvaal, durch die beiden südafrikanischen Provinzen, in denen die schönsten Naturparks dieses Landes liegen. Ich habe diese Beschwerden allerdings auch in Ostafrika vernommen, überall dort, wo man sich um den Bestand der wilden Pflanzen- und Tierwelt Sorge macht. Ein Amt kämpft gegen das andere, ein Ministerium entscheidet am anderen vorbei. Selbst ein hochzivilisiertes Land wie die Bundesrepublik mit einer alten Verwaltungstradition hatte sich bei Drucklegung dieses Buches noch nicht einmal aufraffen können, ein einheitliches Natur- und Umweltschutzgesetz zu schaffen, das dem Bund weitgehende Rechte und deren Durchsetzungsmöglichkeiten in einer Frage geben würde, die morgen nicht nur über Leben oder Tod der wilden Tiere und der natürlichen Umwelt, sondern über Leben und Tod von uns allen entscheiden kann. Selbst Mahnungen eines der erfahrensten Sachkenner auf diesen Gebieten, Professor Bernhard Grzimek, tat man mit einem Achselzucken ab, obwohl man ihn nach Bildung der Regierung im Jahre 1969 zum Bundesbeauftragten für den Naturschutz bestellt hatte.

Wie ein roter Faden zieht sich die Sorge um die Zukunft durch alle Gespräche mit Wildwarten, Konservatoren, Umweltforschern, Human- und Tierärzten. Immer wieder steht das Bild jener Nacht von Phuzamoya in mir auf, als Ian Player mir zum erstenmal sagte, ich weiß nicht, wie es weitergehen wird. Ich weiß nicht, ob unser Kampf überhaupt noch einen Sinn hat.

So denken sie alle. Ob sie es nun offen und ehrlich aussprechen oder ob sie es heimlich bei sich denken. Die Angst, vergebens zu kämpfen, wird jedoch von dem Trotz, es dennoch zu tun, weit übertroffen. Deshalb sind die Zweifel auch immer wieder mit einem tüchtigen Schuß Optimismus gemischt – und mag es selbst der Optimismus von Schiffbrüchigen sein, die am Horizont nur den Rauchstreifen eines Rettungsschiffes zu erkennen glauben.

Ian Player hat alle Stationen eines Wildwarts durchgemacht, ehe er zum Chef-Wildwart von Hluhluwe und schließlich zum Chefkonservator von Zululand ernannt wurde. Die Provinz Natal ist in zwei Naturschutzdistrikte aufgeteilt, einmal »Natal« selbst mit den Naturreservaten in den Drakensbergen, die meist reine Flora-Reservate sind, von grandioser Schönheit, aber natürlich des besonderen Reizes der wilden Tiere entbehren müssen. Der andere Distrikt ist »Zululand« mit den Tierreservaten Hluhluwe, Umfolozi, Mkuzi, Ndumu und den Reservaten an der Küste des Indischen Ozeans wie Charter's Creek, Richards Bay und St. Lucia-Lagune.

Ian begann als »Ersatz«-Ranger, wie man das damals nannte, in Hluhluwe. Von dort aus wurde er nach St. Lucia geschickt: »Ich wurde als Mädchen für alles eingesetzt. In jenen Tagen, nach dem Zweiten Weltkrieg, kam die Organisation der Natur- und Nationalparks erst richtig auf die Beine, und es fehlte an Männern an allen Ecken und Enden. Vor allem an Männern, die die Drecksarbeit taten. Jeder Straßenfeger verdiente mehr als wir. Aber ich war ja nicht zum Geldverdienen in den Naturschutz gegangen.«

Von St. Lucia aus ging es nach Richards Bay, dann nach Ndumu, Umfolozi, Charter's Creek und schließlich zurück nach Hluhluwe, wo ich Ian kennenlernte. Er war dort bis 1969 tätig. Danach wurde er ins Hauptquartier des NATAL PARKS BOARD in Pietermaritzburg versetzt. Damals kaufte er auch im »Tal seiner Väter«, im Karklooftal, zusammen mit seinem Bruder Gary, dem Golfweltmeister, die Farm Phuzamoya.

Ian ist seit 1957 mit seiner Frau Ann verheiratet. Er hat drei Kinder, Kenneth, Jessica und Amos. Man ist, wenn man ihn zum erstenmal sieht, sofort beeindruckt von der Tatkraft und Entschlossenheit, der fast geballten Energie, die er ausströmt. In seiner Gegenwart ist es einfach unmöglich, unbeteiligter Zuschauer zu bleiben. Sein Beispiel spornt an. Er hat seine Ranger oft zu Leistungen getrieben, die einem unmenschlich erscheinen. Aber sie taten es für Ian.

Er ist ein Mann von mittlerer Größte mit dichtem, schwarzem kurzgeschnittenem Haar, in dem sich die ersten Silberfäden zeigen. Er spricht langsam, manchmal scheint es so, als zögere er, aber das ist nur die Intensität, mit der er nach dem besten Wort, dem besten Ausdruck ringt, um ein Geschehen, eine Situation, einen Menschen, ein Tier zu beschreiben. Er hat einen eisernen Willen, der es ihm auch heute noch, er wurde 1971 vierundvierzig Jahre alt, ermöglicht, mit den jüngsten und kräftigsten Rangern draußen im Buschveld zu wetteifern. Er kann sich die Nächte um die Ohren schlagen, wenn es darum geht, ein verletztes Tier zu bergen, er kann stundenlang trotz seiner Kriegsverletzung des rechten Knies durch Hitze, Kälte und Regen marschieren, über das unwegsame, von Felsbrocken übersäte, von Schluchten und Dongas durchzogene Zululand mit seinen Hochofentemperaturen.

Ians schönste Zeit – als ich ihn darauf anspreche, antwortet er ohne Zögern:
»Das waren meine ersten Jahre als Ranger. Ich war noch nicht verheiratet, ich war frei, keinem verpflichtet. Ich begann in Hluhluwe. Ich sah die ersten White Rhinos, und ich wußte sofort, ihnen würde einmal ein Teil meines Lebens, meiner Arbeit gelten. Es war ein Gefühl, das mich nie mehr losgelassen hat. Aber damals, im Jahre 1953, dachte noch niemand an die »Operation Rhino«, am allerwenigsten ich selbst. Aus den ersten Jahren bleibt mir meine Stationierung in Ndumu am lebhaftesten in Erinnerung. Ndumu war damals noch reine Wildnis, völlig unberührt, es gab noch keine Unterkünfte für Besucher, rein gar nichts. Es war ein Paradies von Sümpfen, Lagunen und Seen, in denen unumschränkt die Flußpferde und die Krokodile herrschten, und wo der Himmel dem Seeadler gehörte, dessen Ruf mir heute noch in den Ohren klingt.«
Das Tongaland, in dem das Ndumu-Reservat liegt, im äußersten Nordosten Südafrikas, ist ein Stück Urwildnis, zwischen See und Berge – dem Indischen Ozean im Osten und der Lebombo-Kette im Westen – geklemmt.
Durch dieses neuntausend Quadratkilometer große Gebiet fließt der Pongola River, der den Usutu speist, der wiederum – auf portugiesischem Gebiet als »Rio Maphutha« – in den Indischen Ozean mündet. Der Usutu ist die Grenze nach Moçambique, der portugiesischen Ostafrikaprovinz. Direkt jenseits des Usutu haben die

Portugiesen 1970 einen neune Nationalpark eingerichtet, den Maphuta-Park, ein riesiges Steppengebiet, in dem die größten Elefanten Ostafrikas in stattlichen Herden herumziehen. Es ist ein Bild von atemberaubender Schönheit, bei Sonnenuntergang die Elefanten von Maphutha an den Strand des Indischen Ozeans trotten zu sehen, um in der Brandung des Meeres zu spielen. Die Dickhäuter dieses Nationalparks sind allerdings besonders angriffslustig, weil sie noch bis vor kurzem gnadenlos abgeschossen wurden – sowohl von lizenzierten Jägern, die mit Hubschraubern auf sie Jagd machten, als auch von weißen und schwarzen Wilderern.
Ndumu ist ein Hort der Stille und einer Sonne, die nie ganz rot oder ganz weiß wird, sondern immer messinggelb bleibt und dadurch dem Land zarte Pastelltöne verleiht, die nur unterbrochen werden von den scharfen Grün- und Gelbstrichen der Fieberbäume, welche die stillen Seen säumen, in denen die Krokodile leben. Von einer Halbinsel in einem der Seen aus opferten noch bis vor einiger Zeit die Eingeborenen vom Stamme der Tonga jedes Jahr die hübscheste Jungfrau dem Krokodil, um damit die Geister der Toten zu besänftigen, die nach dem Glauben der Tonga in den Krokodilen leben und sie daher auch so angriffslustig machen. Dieser Aberglaube ist auch einer der Gründe, warum die Eingeborenen nur ungern Krokodile jagen, selbst wenn sie einen ihrer Stammesgenossen gerissen haben.
Ndumu – das war für Ian nach den schrecklichen Jahren in den Goldgruben von Johannesburg, ein paar tausend Fuß unter Tage, nach der Plackerei in der Aluminiumfabrik in Maritzburg, nach den Monaten des Hungers als entlassener Soldat am Strand von Durban, das Paradies. Ian lebte eine Zeitlang allein in Ndumu, in einer Hütte, die er sich mit den eingeborenen Wildhütern baute. Später teilte man ihm einen zweiten Ranger zu, Ken Tinley, der sehr schnell sein Freund wurde. Sie lebten vom Fischfang, vom Tauschhandel mit den Eingeborenen der Umgebung und von den Rationen, die damals wegen der schlechten Wegeverhältnisse noch mit Packeseln nach Ndumu gebracht wurden.
»Es war das Ende der Welt. Wir lebten in einem Zustand völliger Zeitlosigkeit. Ken Tinley und ich hatten manchmal richtige Anfälle von ›Ndumu-itis‹, wie wir es nannten; wir rannten wie die Verrückten im Kreis herum, stießen schrille Fischadlerschreie aus, ahmten das Bellen der Krokodile nach und behaupteten steif und fest, wir seien Schmetterlinge. Es war die Einsamkeit, der Druck der Verantwor-

tung, das Reservat gegen die Übergriffe von Wilderern und Eingeborenen zu schützen, was uns manchmal zu solch hysterischem Jux trieb. Aber wir hatten auch großartige Erlebnisse, welche die Routine unserer täglichen Arbeit dort oben am Ende der Welt unterbrachen.« Da waren die Kanufahrten auf dem Usutu- und Pongolafluß; Ian Player und Ken Tinley sind die ersten gewesen, welche diese beiden Flüsse in langen durchgehenden Fahrten erforscht haben. »Für uns tat sich damals eine Welt von atemberaubender Schönheit auf. Vom Wagen aus, von den staubigen Pisten her, konnte man nicht erkennen, wie es in den Uferwäldern des Pongola oder des Usutu aussah. Aber vom Boot aus – es war überwältigend. Es war, als führen wir tage- und nächtelang durch eine Kathedrale aus smaragdgrünen Baumsäulen, aus roten Stützbögen, gebildet von den Lianen mit ihren schillernden Blüten. Weiß, gelb, rot, blau leuchtete es an jeder Biegung des Flusses, wir fuhren in ständigem Dämmerlicht dahin, durch das manchmal die gelbe Sonne von Ndumu wie mit der goldenen Lanze eines längst verstorbenen Tonga-Königs stach. Vor Sonnenuntergang färbte sich das Wasser der Flüsse kupferrot, und wenn die Dämmerung hereinbrach, kroch der schwarzviolette Schatten der Nacht in den Fluß, als habe ein Tokiloshe, einer der Poltergeister dieses Landes, dem Wasser alle Farbe gestohlen. Dann begann das schrille Konzert der Grillen und das helle Singen der Vögel, der Coucals und der Regenpfeifer, der Bienenfresser und der wilden, violetten Kanarienvögel. Und über allem hörten wir immer wieder den hohen, pfeifenden Schrei des Fischadlers, der uns auf all diesen Fahrten begleitete. Nachts hörten wir die Trommeln der Tongas. Wir hörten auch ihren betrunkenen Gesang. Sie waren oft betrunken, denn sie lebten in Angst, daß der Pongola, ihre Hauptnahrungsquelle, einmal versiegen würde. Im Pongola fingen sie die Fische, von denen sie lebten. Die Tongas trockneten diese Fische auch und trieben mit ihnen Handel. Sie hatten keine Ahnung, daß eines Tages kurzsichtige Technokraten tatsächlich den Pongola zum Versiegen bringen würden. Ich selbst dachte damals immer, hoffentlich kommt niemand auf die Idee, beim Durchbruch des Pongola durch die Lebombo-Berge einen Staudamm für die paar mickrigen europäischen und schwarzen Farmen zu errichten, die an seinem Oberlauf liegen. Ich wußte, daß dann der Pongola versiegen würde. Was dann mit den Tongas geschehen sollte, konnte kein Mensch voraussagen. Und wohin mit den wilden Tieren von Ndumu? Was würde aus den Seen und Lagunen werden, wenn das

Wasser des Pongola ausblieb, das alljährlich in der Regenzeit die Ebene überflutete und die ›Pfannen‹ mir reichem Leben erfüllte, was würde aus den Fischen und Flußpferden, aus den Krokodilen, den Seeadlern? Das ganze, in sich verflochtene natürliche System einer Landschaft, seiner Menschen und seiner Tiere würde zerstört werden. Ich hoffte, daß es nie soweit kommen würde.«

Das sagte mir Ian Player an jenem Abend im Rastlager Hluhluwe, als er mir aus seinem Leben erzählte.
Eine Woche später wurde der J. G. Strydom-Damm eingeweiht, genau an der Stelle, wo der Pongola durch die Lebombo-Berge bricht. Was wird nun aus der Pongola-Ebene? Was wird aus den Tonga, die von den Fischen im Pongola leben? Was wird aus Ndumu, was aus den wilden Tieren?
Ich wollte es selbst sehen.
Ich fuhr nach Ndumu.
Es war eine Fahrt in ein sterbendes Land.

7

Die Fischesser werden sterben

Die Feuer brannten noch genauso wie vor fünfhundert Jahren, als die wagemutigen portugiesischen Seefahrer Heinrichs des Vierten das Kap umsegelten und an der Ostküste Afrikas zweitausend Meilen weit nach Norden vorstießen. »Terra dos Fumos« nannten sie das wüstenähnliche Land, das ebenso abweisend war wie das später entdeckte »Feuerland« an der Südspitze des amerikanischen Kontinents. Hohe Rauchschwaden stiegen in die hitzeflimmernde Luft und verdunkelten den Himmel. Auf den gewaltigen Thermen, den Luftsäulen, die in den Äther stiegen, ließen sich Geier treiben, kreisend, als ständen sie auf der Warteliste eines bummelnden Fluglotsen.

Die Piste führte durch sandige Einöden, durch Kakteenhaine, die dicht an den Weg herantraten und düster ihre Arme nach uns zu recken schienen. Staubbedeckte Aloe-Stauden malten Arabesken vor den dünnblauen Horizont.

Eine Glocke aus Stille schien über dem Land zu liegen, nachdem wir die Lebombo-Berge überquert hatten. Wir machten auf der Paßhöhe für kurze Zeit Rast. Tief unter uns, im Tal von Mkuzi, sahen wir die Ausläufer des Großen Grabenbruchs, der hier siebentausend Kilometer südlich der Huleh-Sümpfe in Israel endet, nachdem er den See Genezareth, das Tote Meer, das Wadi Araba, den Golf von Akaba, das Rote Meer, schließlich die Seen im südlichen Äthiopien und den »Graben« in Ostafrika berührt hat. Wir haben dieses Naturwunder, es ist ein richtiger Graben von manchmal dreihundert Meter Tiefe und vier, fünf oder zwanzig Kilometer Breite, an seiner »Quelle« im oberen Jordantal gesehen, in seiner Mitte, im berühmten Great Rift-Valley in Kenia und Tansania, und schließlich in Südafrika. »Ein kleiner Rekord«, sagte Ursula. Wir fuhren weiter und kamen durch wildes Bergland, das nur den Eingeborenen und ihren Ziegen und mageren Rindern gehört. Selbst die Geier fehlten hier; es gab nichts zu fressen. Und dann plötzlich, aus dem Nichts eines öden Buschs sozusagen, reckten sich Betonmauern auf, Stahlkräne, nagelneue Rohrleitungen, kupfernes Drahtgewirr an schwarzen Hochspannungsmasten: der Josini-Damm, jetzt Strydom-Damm getauft, der das Wasser des Pongola zu einem mehrere Millionen Kubikmeter

Wasser fassenden Reservoir stauen wird. Elektrizität soll hier gewonnen werden. Die kleinen Städte der Weißen und die Locations der Schwarzen am Oberlauf des Flusses sollen davon profitieren. Die Farmer sollen billiges Wasser zur Bewässerung ihrer Felder erhalten. Aber was Profit ist für die Farmer und Siedler am oberen Lauf des Pongola, bedeutet Verlust für die Tongas, die am Unterlauf des Flusses leben.
Die Verantwortlichen für den Bau des Dammes argumentieren allerdings, die Tongas würden letzten Endes auch ihren Nutzen haben. Sollen sie denn ewig wie in der Steinzeit Fische fangen? Profitable Landwirtschaft, das soll die Zukunft der Tongas sein. Aber wann? Es wird mindestens eine Generation dauern, ehe man die Tongas, die Fischer vom Strom, an die Landwirtschaft gewöhnt hat – wenn sie überhaupt daran zu gewöhnen sind.
Die Pongola-Ebene ist ein außergewöhnliches ökologisches System. Jedesmal in der Regenzeit tritt der Fluß über seine Ufer und bewässert das ganze, rund fünftausend Quadratkilometer große Gebiet. Geht das Wasser zurück, bleiben Pfannen übrig, in denen sich Fische aller Art tummeln – und auch Krokodile, für die Pfannen noch wichtiger sind als offenes Gewässer. Die jungen Krokodile fressen die Wasserkäfer, welche den Laich der Tilapias, einer Flußbarschart, fressen. Ohne die jungen Krokodile wäre der Laich der Tilapias ungeschützt den Wasserkäfern ausgesetzt. Die erwachsenen Krokodile fressen die Barbel-Fische und die Pongola-Quappen, Raubfische, die den jungen Tilapias nachstellen. Ohne die erwachsenen Krokodile gäbe es schließlich überhaupt keine Tilapias mehr, und die Tongas müßten verhungern, deren Hauptnahrung eben diese Fische sind. Ohne die Überschwemmungen gibt es keine Pfannen im Pongola-Land, ohne die Pfannen keine jungen Krokodile – in offenen Gewässern werden sie von ihren stärkeren älteren Artgenossen erbarmungslos aufgefressen –, und ohne die Krokodile vermehren sich die Wasserkäfer und die Quappen so, daß von den Tilapias für die Tongas nichts übrigbleibt – bis auf die, welche im Fluß selbst leben. Doch auch dort wird das Leben der Tilapias erschwert werden, wenn durch Ablassen von Wasser aus dem Strydom-Stausee »künstlich« die Überschwemmungen des Flusses nachgeahmt werden, wie man es plant. Denn die Wasservegetation in der Pfannen- und Lagunenebene des Pongola ist eine wesentlich andere als die, welche im Lauf der Zeit in einem regulierten Flußbett entstehen würde.

Zu den Seiten 89–92: So wie der Schrei des Seeadlers über den Lagunen von Ndumu, so wie die königlichen Goliathreiher an den Ufern des weißen Nil, so gehört der Flug der Kronenkraniche und der Flamingos zur Freiheit der letzten Tierparadiese in Afrika, deren Vogelreichtum jeden Besucher überrascht.
Sei es im Ngorongoro-Krater, wo sich nach der Regenzeit ein See bildet, sei es an den Ufern des Manyara-Sees – nie sahen wir einen poetischeren Anblick als den der unzähligen Flamingos in der Morgen- oder Abendröte.

Zu den Seiten 93–96: Im Winter ist der Busch Afrikas entlaubt wie unsere Wälder, und doch vermag er Antilopen – wie hier Kudu, Eland, Wasserbock und Impalas – sowie die großen wandernden Herden der Zebras und Gnus zu ernähren, wenn es nur genug Wasserstellen gibt.
Diese zu schaffen und zu erhalten, ist Aufgabe des Menschen, der das ursprüngliche Gefüge der Natur zerstört hat.
Wir haben die Wildnis urbar gemacht und durch unsere Zivilisation eingeengt. Vom Garten Eden blieben uns nur die Tierreservate. Diese letzten Paradiese dürfen wir nicht verlieren.

Im übrigen bezweifeln Konservatoren und Ökologen, daß man die Überschwemmungen der Regenzeiten im Pongola-Tal überhaupt »nachahmen« kann. Um eine solche Überschwemmung zu erzeugen, müßten durch die Schleusen des Staudamms mindestens zweihunderttausend Kubikmeter Wasser in der Minute in die Pongola-Ebene fließen. Die Schleusen aber sind zu klein, sie lassen vollgeöffnet nur sechsundneunzigtausend Kubikmeter Wasser pro Minute durch.

Wir fuhren langsam auf den Staudamm, dieses technische Monstrum in den Einöden des Pongola-Landes, zu. Ringsum lagen Barackensiedlungen, saubere Metallhütten, feste Holzbauten, für schwarze und weiße Arbeiter. Preßlufthämmer dröhnten durch die einst so stille Pongola-Schlucht, Betonmischmaschinen röhrten in den frühen Nachmittag hinein, als wollten sie das Brüllen der Löwen nachahmen, die hier einmal die Herren waren. Elektrische Sägen kreischten.
Wir machten, daß wir schnell weiterkamen. Wir überquerten den Fluß. Er hatte kaum drei Fuß Wasser. Vor einem Jahr, als wir hier vorüberfuhren, waren es noch drei Meter. Eine Viertelstunde flußabwärts war der Pongola nur noch ein schlammiger Bach. Wir sahen Eingeborene mit finsteren Mienen am Fluß stehen. Nutzlos lagen die Netze in der Sonne, mit denen sie sonst die Tilapias fingen. Ich sah einen Haufen alter Reusen, die offenbar schon lange nicht mehr in Gebrauch waren.
Die Zerstörung des Öko-Systems des Pongola hatte begonnen. Und dabei war der Damm noch lange nicht geschlossen.
Umweltforscher halten den – oft wahllosen – Bau von Staudämmen für eine ökologische Katastrophe. Experten, die es wissen müssen, erklären zum Beispiel, daß der Bau des Assuan-Staudammes Ägypten mehr Schaden als Heil bringen wird. Zwar beschert er den Ägyptern eines der größten Kraftwerke der Welt, er kann die ägyptische Industrie mit Strom beliefern, aber die jährlichen Überschwemmungen des Niltales mit dem fruchtbaren Schlamm bleiben aus. Der Boden zu beiden Seiten des Flusses, seit Jahrtausenden die Kornkammer Ägyptens, wird nach Ansicht dieser Experten unfruchtbar werden. Denn unter der dünnen Humuskruste, die der Nil bisher anschwemmte, liegt nichts anderes als unfruchtbarer Sand.

Der Weg wand sich durch das sandige Tal, das früher regelmäßig in der Regenzeit von den Fluten des Pongola überschwemmt wurde.

Aber das ist schon seit zwei Jahren vorbei, als die Grundmauer des Staudamms aufgezogen wurde. Wir kamen durch die Gebiete, die ein Jahr zuvor noch grün waren. Jetzt empfing uns eine staubige graue Einöde. Die wilden Feigenbäume leuchteten nicht mehr in ihren Smaragdfarben wie früher, die Akazien reckten kahle dornengespickte Äste in den rauchigen Himmel, der hier immer grau ist, selbst wenn die Sonne scheint. Die Fieberbäume sahen genau so aus wie ihr Name sie beschreibt.
Fieber hatte das Tonga-Land ergriffen, so schien es. Nur die Aloe-Stauden blühten, wie überall in diesem Winter.
Als wir vor einem Jahr hier durchfuhren, mit Sidney, unserem ersten Führer, in dieses noch halb wilde Land, konnten wir von der Bergstraße aus die Pongola-Ebene wie einen grünen Teppich sehen, leuchtend im schrägen Licht der Nachmittagssonne. Und hineingewebt in diesen Teppich waren die vielen großen und kleinen Seen, die Lagunen und Teiche, die typisch waren für das Tonga-Land und alle durch die Überschwemmungen des Pongola entstanden. Der Dunst der Feuer der Tongas, die Stücke aus dem Busch brennen, sie dann roden und mit dem Gemüse für ihren eigenen Bedarf bepflanzen, Mais, grüne Bohnen, Manjok-Wurzeln, Kürbisse, stand auch damals über der Ebene, aber es waren Feuer eines geschäftigen, lebendigen Landes, die uns begrüßten.
Diesmal, als wir allein durch die Ebene fuhren – den Bergweg brauchten wir nicht mehr zu benutzen, da wohl kaum mehr Überschwemmungsgefahr im Pongola-Tal bestand, waren die Feuer für uns wie die Signale eines Landes in Not.
»Es ist der Rauch der Totenfeuer«, sagte Ursula.
Schweigend fuhren wir weiter. Wir dachten an damals, an unsere Fahrt mit Sidney, wie fröhlich wir gewesen waren, wie wir gelacht hatten, wie wir mit den Tonga-Jungen sprachen, die uns entgegenkamen, von ihrem Kral auf dem Weg in ein Nachbardorf, wo offensichtlich an diesem Abend ein großes Tamtam stattfinden würde, denn sie waren in ihre leuchtenden roten und schwarzweißen Togen gekleidet, die ihnen den Stolz von schwarzen Bürgern des Römischen Reiches verleihen – auch wenn die kriegerischen Zulus, von denen sie sich vor zweihundert Jahren abgesplittert haben, sie verächtlich »Fischesser« nennen.
Sidney erklärte uns damals die Pflanzen- und Tierwelt des Tonga-Landes, er hielt an mehreren Stellen für längere Zeit an und zeigte

uns, wie die Tongas und die Zulus aus den wilden Kräutern Medizin gewinnen. Er demonstrierte, wie man den Saft aus einem abgeschnittenen Aloe-Blatt als Wund-Desinfiziens benutzen kann, und er erzählte, daß die Zulus die getrockneten und zu Pulver zerstoßenen Blätter als Schnupftabak schätzen.
Genau einhundertzweiunddreißig Arten von Aloes gibt es in Südafrika, und über fünfzig von ihnen findet man im Tonga-Land, angefangen von der nur vierzig Zentimeter hohen Aloe Ecklonis, die mit ihren grauen Blattstämmen und ihren pudrig violetten, zarten Blüten dicht am Boden hockt, bis zur majestätischen Aloe Bainsii, einem Aloe-Baum, der bis zu zwanzig Meter hoch wird und im Winter mit seinen roten Blütenbüscheln, je drei auf einem Zweig, weithin leuchtet.
Damals hatten wir vom Hang der Lebombo-Berge aus unter uns den triefend heißen Dschungel an den Ufern des Pongola gesehen, heute sahen wir in der Ebene nur braunverbrannten Busch.
Rund hundert Kilometer lang ist die Fahrt von Mkuzi, jenseits der Lebombo-Berge, bis nach Ndumu, und sie dauert oft einen ganzen Tag, wenn man zum Beispiel, wie wir, im Sand der Piste steckenbleibt, die kaum erkennbar durch den Busch führt und sich durch die armseligen Felder und Farmen der Eingeborenen windet, wo die jetzt nutzlosen Reusen für den Fischfang liegen.
Früher, nach den Überschwemmungen, wenn die großen Regen gekommen waren, zogen die Tongas zu Tausenden in die Pfannen, die oft nur brusthoch Wasser führten, legten die Reusen aus oder marschierten einfach mit ausgespannten Netzen von einem Ufer zum anderen, um die wohlschmeckenden Tilapias zu fangen. Große Feste feierten die Tongas dann. Heute feiert niemand mehr Feste.
Wir kamen an den Shambas der Tongas vorüber. Frauen saßen vor den Hütten in der Sonne, tatenlos, lustlos. Von Männern war nichts zu sehen. Nirgendwo die Jünglinge in den roten, weißen und schwarzgemusterten Gewändern. Nur Staub, Hitze, die Stille der Erwartung: was wird geschehen?
Wir kamen an dem Handelsposten in dem Flecken Ndumu vorbei, der dem Reservat seinen Namen gegeben hat. Der Medizinmann, der schon damals hier Hof gehalten hatte, verkündete mit hoher, eifernder Stimme einer Gruppe von halbwüchsigen und älteren Frauen für uns Unverständliches. Seine schwarzen Augen glänzten fiebrig, er blickte zu uns herüber, tat aber so, als beachte er uns nicht.

Ich tankte an der alten Pumpe, bei dem Inder, der dort sein Store hat. Die Kinder liefen kreischend herum, wie immer, die Hähne riefen schrill in den Nachmittag, Hühner stoben gackernd vor mageren Hunden mit fahlgelbem, struppigem Fell davon.
Der Lärm eines Handelspostens. Und doch schien auch hier Stille zu herrschen, unter der Messingsonne von Ndumu.
Eine halbe Stunde später erreichten wir den Eingang zum Reservat. Der schwarze Wildhüter legte uns das Gästebuch vor, wir trugen uns ein, fuhren weiter.
Stille empfing uns hier, doch es war nicht mehr die Krankenhausstille des Tonga-Landes, sondern die Stille der freien wilden Natur.
Wir atmeten auf.
Und als wir die ersten Flußpferde in der Nyamithi-Pfanne sahen, als wir den schrillen Schrei des Fischadlers hörten, ihn auf seinen Schwingen über der Bucht der Krokodile dahinsegeln sahen, fielen uns die Worte Ian Players ein: Der Mensch braucht die Natur, damit er nicht wahnsinnig wird. Der Mensch braucht die Freiheit, damit er nicht erstickt.
»Hier kann ich wieder atmen«, sagte Ursula nur, während wir den Hügel von Ndumu hinauffuhren, wo das Camp liegt.

An diesem Abend bekamen wir Besuch. Wir aßen gegrilltes Fleisch unter dem schützenden Laubdach eines Marulabaums, tranken Kap-Wein dazu. Wir hörten zum erstenmal seit Beginn unserer Safari Grillen. Denn hier oben, an der Grenze nach Moçambique, ist der Winter fern. Man merkt ihn nur am frühen Sonnenuntergang und an dem steifen Wind, der manchmal hier bläst und sich zu einer Stärke steigern kann, die bis auf die Knochen dringt.
Er stand verlegen lächelnd vor uns, im Licht der Safari-Lampen und sagte: »Ich bin Ranger Pooley. Ich bringe Sie morgen ’rüber zu meiner Krokodilstation.«
Pooley ist zweiunddreißig Jahre alt und seit 1962 der »Vater der Krokodile«.
Wir tranken zum Willkommen einen Bourbon miteinander. Pooley lächelte wieder auf seine verlegene Art und sagte: »Sie haben mich bestimmt auch für verrückt gehalten, nicht wahr?«
Wir setzten uns auf die Camp-Stühle.
Pooley erzählte: »Dieses Land hier an der Grenze nach Moçambique wimmelte einmal von Krokodilen. Noch vor zwanzig Jahren gab es

hier Tausende von ihnen. Dann kam ich vor acht Jahren hierher, ich sah, was die legalen Jäger und die Wilddiebe wegen der begehrten Haut an Metzeleien unter den Krokodilen angerichtet hatten, und ich nahm eine Zählung vor: von den Tausenden von Kroks waren gerade noch einhundertfünfzig übriggeblieben.« Pooley trank von seinem Whisky, sagte: »Und heute sind es noch genau einhundert, trotz meiner achtjährigen Arbeit. Ich habe ein Drittel der Krokodile verloren.«

Er erhob sich, wünschte uns eine gute Nacht. Er würde uns morgen alles zeigen, alles erklären, versprach er, dann verschwand er, ein sehr ernsthafter junger Mann, in der Dunkelheit.

Die Nachtfalter, die es hier oben auch im Winter gibt, schaukelten, schnell huschende braune Schatten, durch das Licht, das die Safari-Lampen verbreiteten. Wenn der Wind stärker wurde, zischten die Lampen auf, flackerten heller.

Wir tranken schweigend unsere Gläser aus.

Noch bis spät in die Nacht hinein dachte ich über Tony Pooley und seine Krokodile nach. Ich dachte auch an das, was Ian Player mir erzählt und was ich von anderen Wildwarten auf meinen Reisen durch Afrika gehört hatte; an das, was ich selbst gesehen hatte, die schrecklichen Verstümmelungen bei den wenigen Glücklichen – oder sollte man sie lieber als Unglückliche bezeichnen? – die einem Krokodil entkommen waren, Verstümmelungen, wie sie sonst nur ein Haifisch anrichtet.

Der Überfall eines Krokodils auf Menschen oder Tiere vollzieht sich mit einer schematischen Gleichförmigkeit, als werde er nach einer geheimen Dienstvorschrift für Krokodile durchgeführt.

Meistens sind nur die Augen und die gewölbten Nasenlöcher zu sehen, fünfzig oder hundert Meter vom Ufer entfernt. Keine Welle rührt sich im Wasser, während das Krokodil bewegungslos auf seine Beute wartet.

Dann plötzlich sind auch die Augen verschwunden, ein fast lautloses, kaum bemerkbares Plätschern, und das Krokodil gleitet unter Wasser auf sein Opfer zu.

Vieh an der Tränke, Wild, das eine Furt überqueren will, afrikanische Frauen, die Wasser holen, Kinder beim Baden – in Sekundenschnelle ist das Krokodil da.

Ein Zuschnappen der Kiefer, ein Biß der rasiermesserscharfen Zähne,

ein Aufschrei des Opfers, schnell erstickt, eine rote Blutspur im Wasser, bald weggespült.
Dann nichts mehr.

Bis zur Unabhängigkeit der schwarzafrikanischen Staaten fielen nach einer Untersuchung des ehemaligen Chef-Wildwarts von Kenia T. Murray Smith alljährlich rund zwanzigtausend Menschen im dunklen Erdteil auf diese Weise Krokodilen zum Opfer. Heute, nachdem durch die Wirren infolge politischer Unruhen, Rebellionen und Bürgerkriege in ganzen Regionen Gesetz und Ordnung zusammengebrochen sind – und damit auch die Kenntnis von dem, was in diesen Gebieten geschieht, gleich null geworden ist, wird die Zahl nicht niedriger, sondern eher noch höher liegen. Für die Afrikaner ist das Krokodil daher auch der Satan schlechthin. Man findet bei fast allen afrikanischen Stämmen, bis in unsere Zeit hinein, Menschenopfer, die Krokodilen dargebracht werden, um diesen Dämon zu besänftigen, der nach dem Glauben der Schwarzen von böswilligen Geistern der Verstorbenen besessen ist.
Kann man sich vorstellen, daß es jemanden gibt, der diese Teufel in Tiergestalt, wie sie sich dem Eingeborenen und auch manchem Europäer darstellen müssen, verteidigt? Der sogar hingeht und die gefährdete Brut eines Krokodils unter seinen Schutz nimmt?
Tony Pooley hat dies getan. Der so schüchtern wirkende junge Mann ist einer der engagiertesten Konservatoren Südafrikas.

Das Flußtal des Usutu lag unter der graudunstigen Decke eines tiefwolkigen Himmels, als Pooley uns am nächsten Morgen zu den maschendrahtumgebenen Freigehegen führte, in denen er die Krokodile verschiedener Altersstufen züchtet.
Da gab es ein Gehege, in dem nur fünfzehn Zentimeter lange Krokodile in einem ausbetonierten Wasserbassin herumpaddelten, über einen hölzernen Steg auf die Umrandung krochen, sich einige Minuten von der Sonne bescheinen und dann wieder ins Wasser zurückplumpsen ließen. Da gab es ein anderes Gehege, in dem fast ein Meter große Reptile im hohen Schilf natürlicher Teiche lauerten.
»Die sind drei Jahre alt«, sagte Pooley und zeigte auf die Krokodile im letzten Gehege. »Ich werde sie in Kürze aussetzen, denn von nun an können sie sich selbst verteidigen.«
Nach Pooleys Ansicht sind die Krokodile im Tonga-Land zum Unter-

gang verdammt, wenn man nichts tut, um sie zu erhalten. Ein Aussterben der Krokodile würde jedoch den natürlichen Aufbau dieser Lagunenlandschaft zerstören, denn die Krokodile sind die Gesundheitspolizei des Wassers. Von mehreren tausend Stück vor zwanzig Jahren ist – wie schon erwähnt – ihre Zahl auf heute einhundert zusammengeschrumpft. Aber Ranger Pooley will den Jägern und Wilddieben, will auch der Natur, die sich hier gegen die Krokodile gestellt zu haben scheint, ein Schnippchen schlagen. Und die Aussichten sind nicht schlecht. Während in der Natur von etwa sechzig Eiern, die ein weibliches Krokodil legt, nur ein Bruchteil ausgebrütet wird und von den ausgeschlüpften Krokodilen schließlich nur zwei bis drei überleben, hat Pooley mit seinem Eingreifen bisher fast hundertprozentigen Erfolg gehabt.

Der Natur überlassen legt das Krokodil seine Eier in drei Gruppen in etwa fünfzig Zentimeter große und zwanzig Zentimeter tiefe Löcher im Sand, wo es sie verscharrt, um sie auszubrüten. Viele dieser Eier werden von Schlangen, Leguanen und Raubvögeln ausgegraben und gefressen, wenn die Krokodilmutter unterwegs ist, was recht häufig der Fall zu sein scheint. Die kleinen, kaum zwölf Zentimeter großen Krokodile, die schließlich ausschlüpfen, überleben, sich selbst überlassen, meistens den ersten Tag nicht. Sie fallen allem möglichen Getier zum Opfer. Normalerweise, wenn das weibliche Krokodil die Eier richtig ausbrütet, machen sich die Jungen zur Ausschlüpfzeit durch Piepsen und Picken an der Eierschale bemerkbar. Das Krokodil gräbt die Jungen dann aus. Sie klettern auf den Rücken des Muttertiers und »reiten« so mit ihr ins Wasser. Aber schon nach kurzer Zeit läßt das alte Krokodil die Jungen allein, und diese müssen sich dann schleunigst ein Versteck suchen, denn Krokodile sind Kannibalen – sie verspeisen ihre eigene Brut.

Pooley stellte nun im Laufe seiner Untersuchungen in Ndumu fest, daß die dortigen Brutstellen häufiger als anderswo von den Krokodilmüttern verlassen wurden. Warum das so ist, konnte noch nicht geklärt werden. Pooley sah den Verlust unter der jungen Brut immer größer werden und griff schließlich ein.

Er gräbt die Eier selbst aus – noch vor der Ausschlüpfzeit. Er erkennt, wie er sagte, die Brutstellen an flachen Eindellungen. Er bringt die Eier in die Brutstation in Ndumu, einem zwei mal drei Meter großen, eingezäunten Sandbecken neben seinem Haus. Hier werden sie, völlig geschützt, von der Sonne ausgebrütet. Einige Tage nach dem

Ausschlüpfen bringt Pooley die kleinen Krokodile in Körben zu den eingezäunten Gehegen am Usutu-River. Dort werden sie mit kleingehacktem Fisch gefüttert, bis sie die nächste Altersstufe erreicht haben, dann werden sie »umgebettet« in ein anderes Gehege und so fort, bis sie drei Jahre alt geworden sind. Zu diesem Zeitpunkt werden sie am Usutu- und Pongola River ausgesetzt oder auch in andere Teile des Landes verfrachtet.
Pooleys Beispiel hat inzwischen Schule gemacht: Es gibt jetzt bereits sechs weitere »Krokodil-Stationen« – eine in Uganda, eine in Botswana, eine in Moçambique und drei am Kariba-Damm.
Am Schluß führte Pooley uns zu der Brutstation, wo gerade einige der Eifer »reif« geworden waren. Wir konnten es an dem Picken hören, mit dem die kleinen Krokodile versuchten, die Eierschale von innen aufzustoßen. Pooley gab mir eines der Eier in die Hand. Ich hörte ein Maunzen im Ei, Pooley pellte es an, und da stieß der Kopf des kleinen Reptils durch, die winzigen Augen blinzelten in die Sonne: Wir erlebten die Geburt eines Krokodils.
Und da verstand ich Pooley. Auch Krokodile haben ein Recht auf Leben.
Später, als wir uns verabschiedeten, griff Pooley in seine Hosentasche. »Schauen Sie sich das an«, sagte er und zog den getrockneten, ledrigen Kopf eines vierzehn Tage alten Krokodils hervor, das mit einem Schlüsselring versehen war, eines der üblichen, gedankenlos hergestellten und gedankenlos gekauften Touristenandenken.
»Die Dinger gehen zu Tausenden nach Europa«, sagte Pooley voller Empörung, »auch in Deutschland kann man sie kaufen. Warum tun Sie nichts dagegen? Nicht nur Nashörner gehören allen Menschen, auch Krokodile. Ich hoffe, Sie schreiben nicht nur über die großartigen Löwen, sondern auch über die Wilderei, über das Ausplündern unseres Kontinents durch gedankenlose weiße und schwarze Schlächter und Geldmacher.«

Wie wichtig Pooleys Arbeit ist, zeigte sich erst im Oktober 1970, als sich das Natal Parks Board zu einer außergewöhnlichen Maßnahme gezwungen sah.
Seit Jahren steigt der Salzgehalt der St. Lucia-Lagune an der Küste des Indischen Ozeans, in die der Mkuzi-River mündet. Die Ursache hierfür ist die schon in einem der vorhergehenden Kapitel geschilderte starke Versandung und Verflachung der Lagune durch die Anpflan-

zung von Eukalyptusbäumen an ihren Ufern, die der Bucht das Süßwasser entziehen. Die Verflachung des Wasserspiegels führt wiederum zu einer schnelleren Ausdunstung in der tropischen Hitze und schließlich zu einer stärkeren Versalzung. Das Pflanzenleben in der Lagune stirbt langsam ab, ein großer Teil der Süßwasserfische, andere Wassertiere und auch Vögel haben den südlichen, versalzenen Teil der Lagune bereits verlassen. Nur die Krokodile bleiben. Von ihnen ist bekannt, daß sie ungern ihre Brutplätze und Jagdgründe wechseln. Aber durch das Verschwinden der Fauna in der St. Lucia-Lagune schienen die Krokodile zum Aussterben verdammt. Einige von ihnen verhungerten, andere wurden krank, sie hatten eitrige Wunden. Da griff die Naturschutzbehörde auf Initiative Ian Players ein.

Dreiundzwanzig Krokodile, darunter zum Teil fünf Meter lange Monstren, wurden mit Drogenpfeilen betäubt, gefangen und, in starken Netzen an Hubschraubern hängend, mit einer »Luftbrücke« vom südlichen Teil der Lagune in den noch nicht versalzten nördlichen Teil verlegt. Hier hatte die Naturschutzbehörde durch Ausbaggerung der Sandbänke, Wiederanpflanzung von Schilf und Pflanzen, die im Gebiet von St. Lucia heimisch sind, dafür gesorgt, daß sich neues Tierleben ansiedelte. Nun fanden dort auch die bedrohten Krokodile eine neue Heimstatt.

Aber für wie lange? Nach den letzten Berichten aus Natal, die mich im Sommer 1972 erreichten, nimmt jetzt auch die Versalzung des nördlichen Teils der St. Lucia-Lagune, ausgelöst durch eine lange Dürreperiode im letzten Sommer, in erschreckendem Umfang zu. Eine vorübergehende »Ausspülung« durch eine Hochwasserwelle der Flüsse des Zulu-Landes hat hieran nicht viel ändern können.

Die Fischesser vom Pongola werden sterben. Und mit ihnen sterben die Krokodile.

Oder anders gesehen: Weil der Mensch die Krokodile wegen ihrer Haut gejagt hat, weil er sie ausrottete, wo er konnte, hat er auch hier wieder einmal den Kreislauf der Natur unterbrochen. Die Krokodile werden also sterben – und mit ihnen die Fischesser.

8

Ghost Mountain

Es war, als brenne der Himmel. Eine Wolkenbank, tief verschichtet, in grauen, violetten und dunklen Blautönen, hatte sich am Mittag vor die Sonne geschoben. Wind kam auf, der die Wolken zerfaserte und das messinggelbe Licht der Sonne zu blutigem Rot zerfließen ließ. Sturm hing in der Luft.

Wir fuhren die Nyamiti-Pfanne entlang. Das Wasser war schwarz und still. Kein Vogel war zu sehen. Nicht einmal die Fischadler, die unangefochtenen Herrscher dieses Reiches, schwebten über dem See.

In einer Bucht beschäftigte sich eine Flußpferdkuh mit ihrem Jungen. Immer wieder kreiste sie prustend um den Nachwuchs, tauchte, hob sich aus dem stillen Wasser, auf der Ausschau nach Krokodilen. Doch die Krokodile hatten sich in den Schatten der Fieberbäume verzogen, an den Ufern der Pfanne. Es war, als suchten auch sie Schutz vor dem kommenden Unwetter.

»Es wird vorübergehen«, sagte der Ranger Gilbert Schütte, ein junger Mann deutscher Abstammung, der mich mit seinem Landrover zu der Landzunge fuhr, wo früher die Tonga alljährlich die schönste ihrer Jungfrauen den Krokodilen opferten. Die Naturschutzbehörde hat dort eine Hütte errichtet, gut getarnt unter den wilden Feigenbäumen, von deren sorgsam verdeckten Scharten aus man die Krokodile beobachten kann, die es hier immer noch in größerer Anzahl gibt als irgendwo sonst in Ndumu.

Unterwegs sahen wir drei Krokodile in dem roten Licht der Sonne liegen, den Rachen halb offen, wie Krokodile meistens schlafen. Zwischen den Zähnen pickten die kleinen Madenvögel herum, die lebenden Zahnstocher der Reptilien.

Wir hielten. Ich schlich mich bis auf etwa zehn Meter heran. Ich tat es so, wie ich es in den langen Wochen im Busch gelernt hatte. Geduldig, immer in Deckung, gegen den Wind. Ich bin sicher, daß ich kein Geräusch machte, daß meine Schritte im Sand nicht zu hören waren, als ich die schützende Mauer des Schilfs verlassen hatte. Nicht einmal die Vögel flogen auf.

Doch, noch ehe ich die Kamera gehoben hatte, waren die Echsen auf den Beinen und mit zwei, drei langen Sätzen, wie von einem Katapult

geschossen, im Wasser. Blasen stiegen gurgelnd auf, dann waren die Krokodile verschwunden.
Auf der Ndlozi-Halbinsel, der alten Opferstelle der Tongas, bekam ich sie endlich aufs Bild. Ich konnte drei, vier gute Fotos schießen, ehe sich mich bemerkten.
»Well done«, sagte Ranger Schütte.
Ich stieg zu der äußersten Spitze der Landzunge hinunter, setzte mich in den Schatten der wilden Feigenbäume. Der Wind war stärker geworden, und ich spürte, wie er mir durch die Glieder fuhr.
Jock, der Hund des Rangers, eine Mischung aus Boxer und Irish Ridgeback, kräftig gebaut, lungerte im Unterholz herum. Der Ranger pfiff ihn heran. Er kam sofort.
»Jock ist der Schrecken von Ndumu«, erzählte Schütte amüsiert, als der Hund sich beleidigt neben ihn ins Gras legte. »Er hat sogar mal ein Nashorn in die Flucht gejagt.«
Schütte war mit seinem kleinen Lastwagen auf Patrouillenfahrt durch das Schutzgebiet, als ein schwarzes Nashorn, das jede Begegnung mit einem Menschen oder einem anderen Tier als Affront betrachtet, den Wagen attackierte.
»Die Piste war sandig, und der Wagen kam nicht recht von der Stelle. Die Biester können mit ihren Hörnern einen ganz schönen Schaden anrichten – und wir haben in Ndumu genau solch ein knapp bemessenes Budget für Reparaturen wie in allen anderen Wildreservaten. Ich gab Gas, was der Teufel hielt, aber das Nashorn verfolgte uns, kam bis auf drei Meter heran. Da hielt Jock, dem ich ausdrücklich verboten habe, jemals vom Wagen zu springen, es nicht mehr aus. Er sprang wütend auf, stellte sich auf die offene Ladefläche des Wagens und verbellte das Nashorn. Das Rhino, das wohl noch nie einen bellenden Hund gehört hatte, zog die Bremsen zu einem ›fullstop‹ an, daß der Staub nur so aufwirbelte. Ich habe noch nie ein solch dummes Gesicht gesehen. Jock kläffte so lange, bis das Nashorn sich mit eingeringeltem Schwanz in die Büsche verzog. Seitdem nennen wir Jock den Schrecken von Ndumu.«
Wir lachten beide. Wir stiegen in den Wagen. Die Wolken waren jetzt vom Wind in alle Richtungen zerblasen worden.
»Hab' ich ja gewußt«, sagte Schütte, »war nur ein falscher Alarm. Regen um diese Zeit wäre auch ein bißchen ungewöhnlich.«

Als wir im Camp ankamen, ging ich sofort in unser Cottage. Mir war übel, und ich wußte nicht warum. Ich wollte Aufzeichnungen in meinem Tagebuch machen, aber mir fehlte alle Energie. Meine Glieder waren schwer wie Blei, mein Rücken schmerzte, und mein Nacken war steif, als hätte ich stundenlang irgendwo im Durchzug gesessen. In meinen Schläfen hämmerte es, und von meinem Hinterkopf stiegen Hitzewellen bis hinter meine Augen.

Ursula mixte mir einen Gin-Tonic. Er schmeckte fade.

»Du hast heute morgen zu wenig gegessen«, sagte sie.

Ich legte mich auf das Feldbett. Ich lag eine Viertelstunde so da, dann war ich eingeschlafen.

Nach einer Stunde wurde ich wach. Mein Puls raste. Mein Hemd war naß von Schweiß.

Ich rief nach Ursula, die vor der Hütte im Schatten des wilden Feigenbaums saß, unter dem wir mit Sidney an jenem Abend vor anderthalb Jahren Braii-Vleis gegessen hatten und wo wir so unbeschwert gewesen waren.

Sie sah mich an, ging dann zu unserem Safari-Koffer aus tropenfestem Aluminium und nahm die schwarze Ledertasche mit unserer Reiseapotheke heraus. Ich sah das alles wie durch ein umgedrehtes Fernglas.

Sie kam mit dem Thermometer. Sie steckte es mir unter die linke Achselhöhle, setzte sich zu mir auf den Bettrand, tastete nach meinem Puls. Sie holte ein kaltes Tuch, legte es auf meine Stirn.

»Kälter«, sagte ich und spürte, daß die einzelnen Buchstaben des Wortes sich unendlich dehnten. Ich wollte mich aufrichten, aber ich konnte es nicht.

Nach drei Minuten zog Ursula das Thermometer aus meiner Achselhöhle. Die Quecksilbersäule zeigte genau neununddreißig Grad.

Ursula stand auf. Sie ging nach draußen und rief nach den Boys. Innerhalb einer halben Stunde waren unsere Koffer gepackt, die Tasche mit den Tagebüchern, Karten und Aufzeichnungen, die Kameras, das Tonbandgerät und die Schreibmaschine verstaut.

Ich erhob mich vom Feldbett, um die Stiefel anzuziehen. Die Hütte begann sich um mich zu drehen. Ich nahm die Stiefel, ging auf Strümpfen nach draußen, zum Wagen.

Ich wußte nicht, was geschehen war. Ich wußte nur, daß wir zurück mußten, in die Zivilisation, und zwar sofort.

Hundert Kilometer bis Mkuzi. Hundert Kilometer Fahrt, bis ich ärztliche Hilfe erwarten, ehe eine Diagnose gestellt werden konnte.

Mein Nacken schmerzte stark, meine Augen brannten, als wären die Höhlen mit glühenden Kohlen gefüllt.
Ursula fuhr schweigend. Sie benutzte nicht die offizielle Piste, sondern sie machte Abkürzungen, die sie sich vom Ranger hatte erklären lassen.
Wir kamen durch Tonga-Dörfer, in denen die Frauen aus ihrer Lethargie erwachten, wenn wir vorüberbrausten, aufsprangen und uns fäusteschüttelnd Flüche nachriefen. Wir trafen auf Pisten, die nur Pfade durch den Busch waren, und wir fuhren über Pfade, die nur sandige Spuren waren, von Nashörnern und Nilpferden getrampelt.
Wir sahen Shambas, Eingeborenen-Farmen, deren Felder in der Sonne verdörrt waren, weil der sich eben erst auffüllende Pongola-Stausee sie noch nicht bewässern konnte.
Wieder kamen wir durch das sterbende Land der Fischesser, das morgen wieder erwachen soll – aber es wird ein anderes Land sein, als das, welches Ian Player kannte, oder Boy Hancock, heute der Chef-Wildwart dieses Gebietes, oder das wir selbst vor erst anderthalb Jahren kennengelernt hatten. Die Frauen schüttelten uns die Fäuste nach, denn wir waren Weiße, und sie glaubten uns mitschuldig an ihrem Unglück. Sie konnten nicht verstehen, daß eines Tages ihr Land fruchtbar sein würde. Sie wollten ihre Fische fangen und ihr bißchen Ackerbau für den Eigenbedarf treiben, so wie seit dreihundert Jahren, als sie hierher kamen. Mehr wollten sie nicht. Doch die Wirtschaftsplaner, weiße und schwarze gleichsam, wußten es wieder einmal besser.

Steine flogen, als wir an drei Hütten vorüberkamen, vor denen junge Männer hockten. Ein Stein traf den Rahmen der Windschutzscheibe, prallte ab.
Nur jetzt keine Panne, das war das einzige, was ich in meinem Fieber denken konnte.
Wir erreichten die Lebombo-Berge, den Josini-Damm. Ich war soweit, daß ich nur noch schwarze und weiße Schatten sah, bunte Blitze dazwischen. Dann waren wir auf dem Paß, und in der frischen Luft, die hier oben wehte, ging es mir besser.
Vielleicht ist es nur eine Erkältung, dachte ich, doch ich wußte, daß ich mich selbst betrog.
Unten, im Tal von Mkuzi, an der Kreuzung, wo sich die Straße nach Mtubamtuba, nach Swaziland und in die Lebombo-Berge teilt, liegt

der Ort Mkuzi, keine zwanzig Kilometer von dem gleichnamigen Reservat entfernt. Träge fließt der Mkuzi River einen Kilometer vom Ort entfernt am Fuß der Lebombo-Berge dahin, bricht am Ghost Mountain durch die Hügelkette, um dann, zweihundert Kilometer weiter südlich, in der St. Lucia-Lagune zu münden.
Vor dem Ort liegt, umgeben von einem großzügigen tropischen Garten und weiten, gepflegten Rasenflächen, die GHOST MOUNTAIN INN.
Wir hatten Glück. Wir bekamen noch ein Zimmer in dieser letzten Oase der Zivilisation, bevor es in die Wildnis des Tonga-Landes geht.
Wir aßen einen späten Lunch. Ich tat so, als wäre nichts mit mir. Ich trank ein Glas Wein. Es schmeckte mir nicht. Ich aß ein Stück Fleisch. Ich bekam es kaum runter.
Als ich auf die Uhr schaute, sah ich, daß es erst vier Uhr nachmittags war. Ursula hatte nur zwei Stunden gebraucht, um durch das Tonga-Land zu fahren, über von Weißen fast nie benutzte Pisten, über die sandigen Wege, durch den Busch. Zwei Stunden für hundert Kilometer in der afrikanischen Wildnis – ein Rekord für sich.

Ich weiß nicht, wie lange ich schlief. Als ich aufwachte, zitterte ich am ganzen Leib. Denn die Erinnerung kam zurück: Ich hatte den schlimmsten Alptraum meines Lebens gehabt. Ich hatte wie ein Toter dort gelegen, unbeweglich, und immer nur diesen einen Traum gehabt. Ich hing körperlos schwebend im All, über einem endlosen Abgrund aus dunklem Purpur, und hielt mich an einer feurigen Scheibe fest, die langsam um ihre eigene Achse kreiste und sich anscheinend doch nicht bewegte.
Es war ein »stationärer Alptraum«, wenn man sich in gesundem Zustand so etwas überhaupt vorstellen kann.
Ich richtete mich auf, wollte aufstehen, um ins Bad zu gehen, aber da schossen wieder diese qualvollen Schmerzen in den Nacken und in den Kopf, meine Knie knickten ein.
Ursula, die am Fenster des Zimmers gesessen hatte, kam zu mir.
Ich blickte zum Fenster hin.
Von meinem Bett aus konnte ich genau den »Ghost Mountain« sehen, jenen Berg in der Lebombo-Kette, der mich schon immer so fasziniert hatte.
Der Berg der Geister, der toten Seelen der Erschlagenen.
Es ist soweit, dachte ich.
Nur dieses eine. Ich sah die drohende Kulisse des Berges und dachte,

es ist soweit. Dann fiel ich aufs Bett zurück und versank wieder in dem einzigen, wilden, furchtbaren Fiebertraum.
Um neun Uhr abends kam der Arzt, Dr. Cillliers. Er kam vom Josini-Damm, wo er die Bauarbeiter betreute. Er prüfte meine Reflexe, meinen Puls, meinen Blutdruck, maß Fieber. Es war immer noch um die neununddreißig. Er ließ sich erzählen, was wir in den vergangenen Wochen erlebt hatten, er las den Bericht meines Hausarztes über den medizinischen Check-up, den ich vor jeder langen Überseereise machen lasse.
Er war ein junger Arzt. Sein Gesicht drückte Besorgnis aus. Er bat meine Frau auf den Flur.
Als sie zurückkamen, sagte Dr. Cilliers: »Wenn es morgen nicht besser ist, müssen wir Sie nach Durban ausfliegen. Es besteht nach den Symptomen der Verdacht auf Meningitis.«
Eine Gehirnhautentzündung.
Ich blickte zum Geisterberg hin, dessen Umrisse im vagen Licht der Nacht noch zu erkennen waren, als erleuchteten die Seelen der Verstorbenen die Höhlen und Schründe.
Der Arzt hatte sich abgewandt. Dann sagte er: »Ich gebe Ihnen ein Breitband-Antibioticum. Das ist das einzige, was ich im Augenblick tun kann. Bitte, rufen Sie mich gleich morgen früh in Josini an.«
Er beugte sich herunter. »Die linke Gesäßseite, bitte.«
Ich drehte mich auf die Seite.
»Was ist denn das?« fragte er, als er die große, runde, entzündete Stelle sah, wo mich auf der Fußsafari im Tal des Umfolozi die Zecke gebissen hatte.
»Ein Zeckenbiß«, sagte ich.
»Sie sind von einer Zecke gebissen worden?«
»Ja.«
Dr. Cilliers jagte die Injektion subkutan in meine Gesäßbacke. »Dann haben sie Tick-Bite-Fever. Zeckenbißfieber.«
Ich drehte mich wieder um, sah ihn an. »Und?«
Er warf die leere Spritze in den Papierkorb.
»In den meisten Fällen geht die Krankheit harmlos aus. Fünf Tage Fieber, das ist gewöhnlich alles.«
»Gewöhnlich?« fragte Ursula.
»Es gibt auch Fälle, in denen man die Haare verliert, ähnlich wie bei Typhus. Oder in denen man blind wird. Nur selten gibt es einen tödlichen Verlauf der Krankheit.«

Er packte seine Tasche. »Rufen Sie mich auf jeden Fall morgen früh an.«
»Was ist das mindeste?« fragte ich.
»Der Zeckenbiß kann ein halbes Dutzend verschiedene Krankheiten übertragen«, sagte der Arzt. »Aber das kann man lediglich durch eine Serum-Untersuchung feststellen. Und die könnten wir nur in Durban machen. Ich glaube nicht, daß es soweit kommt. Übel wäre, wenn Sie das Afrikanische Rückfallfieber aufgeschnappt hätten. Dann können Sie damit rechnen, daß Sie, ähnlich wie bei Malaria, bei jedem Witterungsumschwung Anfälle bekommen.«
Als er gegangen war, sahen wir uns nur an.
»Es wird bestimmt nichts Schlimmes sein«, sagte Ursula. »Du weißt, daß Gus im Krügerpark ein paarmal im Jahr Anfälle von Zeckenfieber hat.«
»Nein, es wird bestimmt nicht schlimm«, sagte ich.

Ein Vierteljahr später bestätigte mir eine ganze Serie von serologischen Untersuchungen, die ich nach meiner Rückkehr in Deutschland vornehmen ließ, daß ich genau das aufgeschnappt hatte, vor dem wir beide die größte Angst hatten – das *Febris recurrens africanis*, das Afrikanische Rückfallfieber.
Ich hatte den afrikanischen Kontinent zehn Jahre lang immer wieder aufs neue bereist, ich war noch von keinem Raubtier angegriffen, von keinem Elefanten ernsthaft gejagt, von keiner Schlange gebissen worden. Ich hatte weder Malaria noch Bilharzia, die schreckliche Krankheit der Leberwürmer bekommen. Ich war nicht im Indischen Ozean ertrunken, damals, 1964, als plötzlich Sturm aufkam, und ich mich allein draußen im Meer fand, von der Strömung vom Land weggerissen, ich war weder bei den Aufständen im Kongo noch denen in Ostafrika zu Schaden gekommen. Mich hatte kein verrückt spielender Schwarzer, kein mankillender Löwe, kein über seine Ufer getretener Fluß, kein abstürzender Jeep erwischt.
Eine Zecke war es. Eine linsengroße Zecke, von der ich bis heute nicht weiß, ob ihr Gift mich gegen die Folgen eines weiteren Zeckenbisses auf einer neuen Safari immun gemacht hat – oder ob es mich dann töten wird.
»Yes, that's Africa«, sagte Boy Hancock, der Game-Warden, der oberste Wildschutzbeamte von Tonga-Land, der mich ein paar Tage später in der Ghost Mountain Inn besuchte. »Es sind nicht die Ele-

fanten, es sind nicht die Löwen, es sind nicht die Büffel. Es sind die Moskitos, die Zecken, die Anopheles-Mücken, es sind die verdammten Bilharzia-Würmer, es sind nicht die großen Biester, die man sieht, mit denen man fertig werden kann, es sind die kleinen Biester, die uns das Leben versauern – und es uns schließlich nehmen. Darum haben auch die Schwarzen nie etwas Rechtes aus ihrem Land machen können. Sie haben resigniert vor einer Natur, wie sie grausamer auf keinem Kontinent ist ...«

An den Tagen lag ich in der Hitze des Mkuzi-Tals auf meinem Bett und starrte zum Geisterberg hinüber.

Des Nachts sah ich ihn im Licht der Sterne.

Ich konnte nicht schlafen. Ich wollte es nicht wegen der schrecklichen Alpträume, die ein typisches Zeichen für das Zeckenfieber sind.

Und wenn ich doch schlief, dann so verkrampft, daß ich morgens noch zerschlagener aufwachte, als ich am Abend zur Ruhe gegangen war.

Ich starrte auf den Berg und wußte mit einemmal, daß Boy Hancock recht hatte.

Dieser Kontinent ist ein Erdteil des Todes.

Die Natur hat sich gegen den Menschen verschworen. Alles, was er tut, scheint so sinnlos. Und deshalb verstehen auch die meisten Schwarzen nicht, warum die Weißen so hektisch besessen sind, eine Arche aus dem zu bauen, was an Wildnis noch übriggeblieben ist. Für sie sind die wilden Tiere kein großartiger Beweis einer erdgeschichtlichen Epoche, als die Natur noch im Gleichgewicht war, alles noch einem Rhythmus folgte, der nie zu enden schien, sondern ein Beweis der Rückständigkeit, der sie dauernd daran erinnert, wie lange, vergeblich und verzweifelt ihr eigener Kampf gegen diese grausame Natur war, und daß es erst der Technologie des weißen Mannes bedurfte, um diese Natur zu besiegen.

Und während ich in meinen Fieberträumen da lag und zum Ghost Mountain hinüberblickte, fragte ich mich, ob nicht gerade aus diesem Grunde Afrika selbst jede Bemühung zu einer sinnlosen Kraftverschwendung werden ließ, ob nicht Afrika, indem es uns nahm, was die Natur uns geschenkt hatte, uns zeigen wollte, wie klein der Mensch ist, und daß er diesen Planeten nie beherrschen wird, so sehr er sich auch bemüht.

Der Mensch hat die Erde erobert, aber er hat sie auch geschändet. Die Erde schlägt zurück.

Und während der Mensch dies noch erkennt und alles versucht, wieder-

gutzumachen, was er getan hat, versinkt das letzte Paradies, versinkt die Arche vor seinen Augen.
Das dachte ich in Mkuzi.
Nichts ist seitdem geschehen, was mich optimistischer hätte stimmen können.

9

Safari in die Vergangenheit

Das Fieber dauerte genau fünf Tage, wie der Arzt vom Josini-Damm es gesagt hatte. Mir fielen keine Haare aus, ich hatte keine Schwindelanfälle, ich bekam keine Schweißausbrüche mehr. Die Schmerzen in meinen Gliedern ließen nach, die Alpträume verschwanden. Was blieb, war eine tiefe Depression.

Boy Hancock sah es, als er mich besuchte. Wir saßen auf der Veranda der Ghost Mountain Inn. Vor uns schnitt die dunkle Silhouette des Geisterberges Schatten in den lichtblauen Himmel Natals.

»Du bist zu früh aufgestanden«, sagte Boy. »Du hast das Gift immer noch nicht ganz aus den Knochen und grübelst zu viel. Aber ich weiß ein Mittel dagegen: Wir werden eine Safari machen – eine Safari in die Vergangenheit.«

»Von mir aus.«

»Cheer up, man!« Boy prostete mir zu und trank von seinem Whisky. »Eine Safari in die Vergangenheit dieses Landes. Ich werde dir Mkuzi zeigen. Ich werde dir erzählen, wie es früher hier war. Na, wie wär's?«

»Okay«, sagte ich ohne viel Begeisterung.

Am nächsten Tag holte Boy uns in der Frühe des Morgens ab. Es war kühl, und über dem halb ausgetrockneten Flußbett des Mkuzi-Rivers hing Nebel. Die Palmen am Ufer standen unbeweglich, Totenwache der gestorbenen Nacht.

Wir fuhren in seinem Landrover ins Reservat, durch eine tiefe Schlucht, die sich in die Fußhügel des Lebombos frißt, unten am Geisterberg vorbei.

»Voriges Jahr hast du mir mal gesagt, du wolltest den Ghost Mountain besteigen«, sagte Boy.

»Ja«, bestätigte ich.

»Dann trainier mal fleißig. Im nächsten Jahr machen wir Ernst. Das wird eine großartige Tour. Wir müssen uns nur vorher mit Muti, der Zaubermedizin der Eingeborenen, versorgen, denn die Gespenster der alten Nandwes leben dort oben immer noch.«

»Glaubst du daran?«

»Es gibt nichts, woran man in Afrika nicht glauben kann.«

Es war fast auf das Wort genau der gleiche Satz, den Pierre d'Unionville vor über zehn Jahren zu mir gesagt hatte.
Und mit einem Mal kam alles zurück:
Unsere erste Safari, als wir noch so unerfahren waren, unser naives Staunen über die Wunder dieses Kontinents, unsere kindliche Freude an den Tieren, ohne darüber nachzudenken, daß auf diese Tiere längst schon die Springflut unserer technischen Zivilisation zurollte, um sie zu verschlingen.
Pierre d'Unionville und die Fahrt durch die Olobolodi-Steppe, hinunter zum Kilimandscharo mit seinen Löwen und Elefanten, hinüber zum Manyara-See mit seinen Büffeln und Flamingos, hinauf zu den Kratern, in denen die Götter der Massai wohnen, und wo, von einem hohlen Baumstamm aus, Gott Ngai den Weisen der Massai seine Ratschläge gibt, wie sie ihr Volk führen sollen. Zum erstenmal am Ngorongoro und zum erstenmal in die Serengeti, zurück nach Arusha und dann hinauf nach Moshi, durch die Bananen- und Kaffeeplantagen und durch den Urwald bis an die Geröllfelder des Kili, und schließlich hinüber in den Tsavo mit seinen flammendroten Elefanten, rot vom Schlamm, in dem sie sich in der Regenzeit wälzen.
Damals waren wir noch unschuldig. Wir genossen Afrika, wie jeder Tourist es genießt, auch wenn man damals noch nicht den Massentourismus kannte, das wilde Wettrennen, »doing Africa in ten days«, den Reisegruppenzirkus, der aus unserem Paradies einen Rummelplatz mit Ringelpietz für Jedermann-macht's-möglich gemacht hat. Jetzt wußten wir um die Sterblichkeit dieses Paradieses. Wir hatten hinter den Bambusvorhang des Wildschutzes geschaut und die Arche gesehen. Wir hatten mit Schrecken festgestellt, daß die Flut, die das technische Zeitalter mit seiner Verkehrs- und Bevölkerungsexplosion ausgelöst hatte, schon ihren Bug umspült, daß sich der Sturm zusammenbraut, den anscheinend niemand aufhalten kann. Wir waren nicht mehr unschuldig, aber darum liebten wir Afrika um so mehr.

»Dort drüben ist die Entscheidungsschlacht im Zulu-Bürgerkrieg vor über achtzig Jahren ausgetragen worden«, sagte Boy in meine Gedanken hinein. »Dort hat Dinuzulu, der letzte Zulukönig, in einem blutigen Bürgerkrieg den Sieg über seine Rivalen erfochten. Aber es war ein Pyrrhussieg. Er schwächte das schon im Krieg mit England 1879 geschlagene Zulureich so, daß es endgültig auseinanderfiel. Doch die Zeit geht weiter. In ein paar Wochen wird in Nongoma die autonome

Banturegion Zulustan ausgerufen. Dann sind die Zulus wieder vereint.«
Ich antwortete Boy nicht. Ich wußte, daß fortschrittliche Männer im Naturschutz von Natal die Zulus an der Verwaltung der Tierreservate schon jetzt beteiligen wollten, um sie anzulernen für den Tag, an dem die Zulus diese Reservate einmal selbst übernehmen würden.
Aber kurzsichtige Politiker haben bisher auch diesen Plan durchkreuzt. Während ich diese Zeilen schreibe, liegen vor mir Briefe von meinen Freunden in Natal, die berichten, daß einige von ihnen offiziell verwarnt worden sind, weil sie versucht haben, leitende Angehörige der Bantu-Selbstverwaltung Zulustans zu einer Internationalen Wildschutz-Konferenz nach Texas mitzunehmen.
Subalterne Beamte haben hier offenbar dem erklärten Ziel der südafrikanischen Regierung, eines Tages die Bantustans mit allen Konsequenzen in die Autonomie zu entlassen, einen schlechten Dienst erwiesen.
Wer Natal kennt, wird wissen, daß dort Weiße und Schwarze zusammenleben müssen und werden. Wer die Zukunft nicht verbauen will, auch für den Naturschutz, der darf logischen Entwicklungen, wie die Schulung von schwarzen Führungskräften für den Wildschutz, nicht im Wege stehen.
Denn sonst braucht man sich nicht zu wundern, wenn die Schwarzen kein Interesse an der Arche zeigen, die der weiße Mann für die wilden Tiere baut, die seit Menschengedenken ihre Feinde waren. Einem Schwarzen, dessen Shamba, seine Bananen- oder Maispflanzung, von Elefanten zertrampelt wird, und der damit in einer Nacht die erhofften Früchte der Arbeit eines ganzen Jahres verliert, klarzumachen, daß er diese Elefanten nicht mehr jagen, sondern sie sogar noch schützen soll, ist nicht einfach. Einen Menschen auf der Entwicklungsstufe steinzeitlicher Sammler und Jäger für die Schönheiten der Natur interessieren zu wollen, wäre blanker Zynismus, brächte man diesen Menschen nicht vorher auf ein Niveau der Kultur und der Zivilisation, das ihm die Möglichkeit gibt, zu erkennen, wie er selbst in den Kreislauf der Natur, der Landschaft und des Lebens rings um ihn eingebettet ist. Ehrfurcht vor dem Erbe der Natur zu erziehen, wo Menschen noch jedes Wild als »Nyama«, einfach als »Fleisch«, bezeichnen, ist gewiß nicht leicht. Man sollte diese Aufgabe, die sich Männer wie Ian Player und viele andere Konservatoren und Wildwarte gestellt haben, nicht auch noch vom grünen Bürotisch aus erschweren.

Die Folgen administrativer Kurzsichtigkeit oder Borniertheit zeigen sich schon in Natal: Eine Anzahl der besten Ranger hat in dieser schönsten Provinz Südafrikas den Dienst quittiert.
Einer meiner Freunde im Wildschutz schrieb mir: »Die Begeisterung ist verlorengegangen. Der Elan ist weg. Wir fürchten um die Zukunft. Denn wenn die Männer nicht mehr mitmachen, was soll dann aus den Tieren werden?«

»Da drüben sind früher noch Sklavenkarawanen durchgezogen«, sagte Boy und zeigte auf einen flachen Hügel. »Dort liegen auch noch Gräber von arabischen Sklavenhändlern.«
»Die sind so weit nach Süden vorgedrungen?« fragte Ursula.
»Die Araber haben die Schwarzen bis hier unten gejagt, ehe der weiße Mann überhaupt seinen Fuß auf den afrikanischen Kontinent setzte«, antwortete Boy. »Man wird nie genau feststellen können, wie viele Millionen schwarzer Sklaven von den Arabern im Laufe der Jahrhunderte gefangen wurden. Aber wir wissen, daß der Sklavenhandel im Nordosten Afrikas vom Sudan und von Somalia aus nach Arabien heute noch betrieben wird. Die arabischen Dhaus bringen immer noch Tausende von Sklaven in die Scheichtümer am Roten Meer und am Persischen Golf.«
Wir fuhren den Hügel hinauf. Wir stiegen aus dem Landrover. Wind strich aus dem Tal den flachen Hang hoch, fingerte in dem langen, verdörrten Wintergras, seufzte in den verkrüppelten Schirmakazien. Weit ging unser Blick über das Land. Wir sahen die bleichen, weißen Sandpfannen im Süden von Mkuzi, wir sahen den dunklen Wulst des Feigenwaldes am Fluß. Und drüben, nach Nordosten hin, sahen wir den Lebombo, blaßviolett, geheimnisvoll wie immer.
Wir gingen zu der Stelle hinüber, die Boy uns gezeigt hatte. Deutlich erkannten wir die flachen Gräber, die Steine, die dort zusammengetragen worden waren, vor so langen Jahren, um die toten Sklavenhändler vor den Hyänen zu schützen. Allein, ohne Boy, wären uns die Gräber allerdings nie aufgefallen.
»Hier haben schon in der Steinzeit Jäger gelebt«, sagte Boy. »Dieser Hügel ist eine natürliche Festung. Man hat eine fabelhafte Übersicht nach allen Seiten. So schnell wird man hier nicht überrascht.«
Ursula bückte sich, hob einen Stein auf.
Boy nickte. »Das findet man hier oft«, sagte er. Es war ein Stück Feuerstein, offensichtlich eine Pfeilspitze, von einem Jäger längst ver-

gangener Jahrtausende zurechtgehämmert. Und in diesem Moment wurde uns erneut bewußt, wie alt dieses Land ist, wie sehr sich auch heute noch Vergangenheit und Gegenwart hier begegnen. Die Geschichte Natals ist keine tote Historie, sondern sie ist tief verwurzelt in dem Leben von heute.
Hoch oben auf dem Hügel lagerten wir, und Boy erzählte uns von dieser Geschichte des Landes, das man »Weihnachten« nennt.

Am 25. Dezember des Jahres 1497 bekamen die ersten Europäer diesen Teil der Küste Südafrikas – das heutige Zululand – zu Gesicht. Es waren portugiesische Seefahrer, die sich unter dem Kommando des berühmten Entdeckers Vasco da Gama mit einer kleinen Flotte von vier Schiffen auf dem Weg nach Indien befanden. Vasco da Gama nannte das Land Natal, was im Portugiesischen »Weihnachten« bedeutet. Er machte keinen Versuch, an dem weißglitzernden Strand zu landen, denn er hatte Proviant genug an Bord der Schiffe, um nach Indien zu gelangen; und das sagenumwobene Asien lockte ihn mehr als das finstere Afrika. Vasco da Gama entging vielleicht durch diesen Entschluß einer Katastrophe: Die Gewässer vor der Küste Natals und die so harmlos aussehenden Strände gehören zu den gefährlichsten der ganzen Welt. Unzählige Schiffe – eine offizielle Verlustliste gibt es nicht – sind hier im Laufe der Jahrhunderte gesunken. Vor dem flachen Sandstrand wimmelt es von verborgenen Felsklippen, gewaltige Unterströmungen, die sich hier entwickeln, wo der Indische Ozean auf die Gewässer von Südatlantik und Antarktis stößt, und buchstäblich aus heiterem Himmel hereinbrechende Wirbelstürme machten Natal vor allem zur Zeit der Segelschiffahrt zu einem Alptraum für jeden Seefahrer. Es ist bezeichnend, daß es an der ganzen, mehrere tausend Kilometer langen Küste Südafrikas keinen einzigen natürlichen Hafen gibt. Alle Häfen mußten künstlich angelegt werden, so auch der Hafen von Kapstadt, Table Bay genannt, Algoa Bay (Port Elizabeth) Buffalo Harbour (East London) und schließlich der Hafen von Durban, dem früheren Port Natal. Die schlimmste Zeit für die Seefahrt ist der südafrikanische Winter, wenn die Stürme die Meeresströmungen gegen die Küste drücken und Schiffe, die nicht rechtzeitig Schutz fanden, auf die scharfen Klippen oder die seichten Strände schleudern.
Die ersten Katastrophen dieser Art sind aus den Annalen von 1552 bekannt. Die beiden portugiesischen Galleonen São João und São

Jerome liefen am 11. Mai jenes Jahres in einen Wirbelsturm und wurden an der Küste des Zulu-Landes zerschmettert. Hundertzehn Menschen ertranken, und Waren für eine Million Cruzados, die wertvollste Ladung, die bis dahin aus Indien gebracht wurde, begrub für immer die See; Gold, Elfenbein, edle Stoffe und kostbare Gewürze. Die Überlebenden, etwa 500 Matrosen, Soldaten, portugiesische Kolonialbeamte und Händler mit ihren Familien konnten sich an den Strand retten. Aber sie kamen aus dem Fegefeuer des Sturms in die Hölle einer der unwirtlichsten Küstenregionen Südafrikas. Man muß es sich vorstellen: So weit das Auge reicht, dehnt sich nach Nordosten und Südwesten ein in der Sonne bleichender, grellweißer Strand aus pulverigem Sand, in dem die Füße bei jedem Schritt einsinken; dahinter lauert Dschungel, in dem man sich jeden Schritt mit dem Buschmesser freischlagen muß. Nirgendwo Wasser, keine Nahrungsmittel außer den unbekannten Pflanzen des Urwaldes, von denen man nicht weiß, ob sie genießbar oder giftig sind, Moskitos zu Millionen, Skorpione zu Tausenden, Schlangen zu Hunderten; als die Überlebenden der beiden gesunkenen Schiffe schließlich einen Fluß erreichen, wimmelt er von Krokodilen, die niemanden ans Wasser heranlassen. In ihrer Not teilen sich die Verzweifelten – nachdem sie zwölf Tage lang am Strand in der glühenden Hitze von über 40 Grad Celsius ausgehalten und ihre letzten Vorräte verzehrt haben – in drei Gruppen. Sie hoffen, daß sie so mehr Chancen haben. Sie dringen in den Dschungel ein, kämpfen sich nach Nordwesten vor, erzwingen schließlich in ihrer Verzweiflung Übergänge über die von Krokodilen verseuchten Flüsse. Verletzte und Kranke müssen am Weg zurückgelassen werden, eine Beute der Hyänen und Schakale, die dem Zug des Elends folgen. Die Toten können nicht bestattet werden, weil die Überlebenden zu entkräftet sind. Im Oktober des Jahres 1552 taumeln schließlich knapp zweihundert menschliche Wracks in den ersten

Wütend griff uns einmal beispielsweise dieser Elefantenbulle an, als wir Aufnahmen von ihm machten. Wenn Elefanten den Rüssel beim Angriff einrollen, meinen sie es »ernst«. Aber unser Landrover war schneller als der zornige Alte. Ausgesprochen friedlich war dagegen eine Herde Bullen, Kühe und Jungtiere, die in aller Ruhe ästen und tranken (*folgende Seiten*). Böse und fauchend reagierte wiederum ein Leopard im Astwerk eines Marula-Baums, als wir ihn auf unseren Film bannten. Auch die jungen Geparden, die wir an einem »Kill« beim Fraß trafen, zeigten sich nicht erbaut über die Störung.

Eingeborenenkral, den sie auf ihrer Wanderung zu Gesicht bekommen. Der Kral gehört einem alten Eingeborenenhäuptling des Lala-Stammes, Nyaka, und liegt an der Bucht von Lourenço Marques. Der alte Häuptling und seine Sippe nehmen sich der Überlebenden an und pflegen sie. Als die Schiffbrüchigen wieder einigermaßen zu Kräften gekommen sind, ziehen sie entgegen Nyakas besorgtem Rat weiter nach Norden, wo es die bis dahin einzige europäische Siedlung an der Südostküste Afrikas gibt, Moçambique. Doch kaum haben sie das Gebiet von Nyaka's Sippe hinter sich gelassen, werden die Europäer von feindlichen Negern überfallen. Der Kapitän der São João Manuel de Souza de Sepulveda, ein portugiesischer Adliger aus angesehener Familie, ist der Führer der Gruppe. Er wird von seiner jungen Frau und ihren kleinen Kindern begleitet. Bis dahin hat die Familie de Souza's alle Strapazen gut überstanden, und selbst Krankheiten und Mühsale des monatelangen Marsches haben noch keine Spuren bei der jungen Frau, einer nach den zeitgenössischen Berichten atemberaubenden Schönheit mit langem, goldblondem Haar, hinterlassen. Die Eingeborenen zwingen die Europäer, sich auszuziehen, weil sie in den Besitz der Kleidungsstücke kommen wollen. Die schöne Frau de Souza's, Donha Leonor, weigert sich. Sie wehrt sich mit dem Mut der Verzweiflung, als die Neger ihr die Kleidung vom Leib reißen wollen. Doch Manuel de Souza bittet sie um der Kinder willen, sich in ihr Schicksal zu fügen.

»Gott hat uns alle nackt erschaffen«, sagt de Souza. Während ihre Kinder weinend neben ihr hocken, entkleiden die Eingeborenen Donha Leonor. Stumm läßt sie es jetzt geschehen. Dann bedeckt sie ihre Blöße mit ihrem langen blonden Haar, sinkt zu Boden, scharrt mit ihren Händen eine Grube in den Sand und bleibt dort knieend, mit gesenktem Kopf zurück. Sie weigert sich, weiterzugehen. Keine Worte des Zuspruchs ihres Mannes helfen, und er ist schließlich gezwungen, mit den Kindern bei ihr zu bleiben. Und so sterben sie, die schöne junge Frau, die sich entehrt sah, ihr Mann und ihre Kinder, in der glühenden Hitze am mörderischen Strand des Indischen Ozeans.

Der alte Pavian, der in der Nähe unserer Hütte im Rastlager von Mkuzi herumstrolchte, begrüßte mich jeden Morgen mit schnatterndem Gelächter. Vor den Reißzähnen dieser Paviane haben sogar die Leoparden Respekt, deren Lieblingsspeise eben diese Affen – und Hunde – sind.

Die Überlebenden des Überfalls, 22 Europäer, werden von den Schwarzen schließlich nach Inhambane gebracht, einem kleinen Handelsposten an der Küste, der einmal im Jahr von einem europäischen Schiff angelaufen wurde. Die Eingeborenen geben die Gefangenen dem Kapitän des nächsten Handelsschiffes, das zwölf Monate später in Inhambane ankert, für ein Lösegeld aus Glasperlen im Wert von zwei Pfennig pro Person frei.

»Es gibt Dutzende solcher Geschichten«, sagte Boy Hancock, während wir oben auf dem Hügel der Sklavenjäger in Mkuzi saßen. »Die Küste Natals, heute eine der schönsten der Welt, von Tausenden von Touristen besucht, die Riviera Südafrikas mit Luxushotels und jeder Art von High Life, das man sich vorstellen kann, war damals eine Küste des Todes. Wer hier als Schiffbrüchiger landete, war verloren.«
Es ist daher auch nicht verwunderlich, daß der Versuch zur Besiedelung von Natal durch Europäer erst lange nach der Besiedelung der Kap-Provinz unternommen wurde.
Aber die kürzeste Geschichte einer Provinz Südafrikas ist zugleich auch die blutigste. Hier kam es zu den großen Kriegen zwischen den Weißen und dem kriegerischsten Negerstamm, den der schwarze Kontinent je gesehen hat, den militärisch straff organisierten Zulus, die zu Beginn des 19. Jahrhunderts unter ihrem König Shaka innerhalb von zwölf Jahren ein Gebiet von der Größe Europas eroberten oder mit Krieg überzogen und dabei alle benachbarten Stämme unterwarfen. Shaka schuf aus einer kleinen Sippe von ein paar Tausend Menschen, die dem Volk der Nguni angehörten und ein Gebiet von der Größe eines mittleren europäischen Landkreises bewohnten, innerhalb weniger Jahre eine Nation, deren Name alle Stämme Südafrikas erzittern ließ und deren Ruhm bis in die Staatskanzleien der europäischen Mächte gelangte.

»Shaka war der größte Herrscher des schwarzen Afrikas«, erzählte uns Boy Hancock, »aber er war gleichzeitig der schrecklichste Tyrann dieses Kontinents. Er war Napoleon und Nero in einer Person.«
Die Berichte über Shakas Grausamkeit überschatten tatsächlich seine großen Taten als Soldat und Staatsmann. Da ist die Geschichte von jenem schrecklichen Tag, an dem er ein Regiment seiner königlichen Garde in Schlachtordnung antreten ließ. Es waren alles junge Krieger,

noch nicht verheiratet, denn die Zulus durften während ihrer Wehrzeit keine Ehe eingehen. Shaka ließ gleichzeitig ein Regiment junger Mädchen aufmarschieren, denn auch die Frauen mußten unter Shakas Herrschaft in seiner Armee dienen. Die Mädchen waren auf Geheiß Shakas unbekleidet. Sie mußten vor den angetretenen Kriegern Liebestänze aufführen. Shaka erklärte seinen jungen Soldaten, er wolle sehen, wie weit die Selbstbeherrschung seiner treuesten Gefolgsleute gehe. Er warnte sie, auch nur die geringsten Zeichen der Erregung zu zeigen, als die jungen Mädchen vor ihnen tanzten. Die Offiziere von Shakas Leibwache schritten die Front der Soldaten ab und erschlugen auf der Stelle jeden, bei dem sie eine Erektion bemerkten.

»Er war ein Sadist«, sagte Boy Hancock, »er war ein Tyrann, aber es ist doch bezeichnend für ihn, daß er zu einer Zeit, als das schwarze Afrika noch von Dämonen- und Geisterglauben regiert wurde, den Versuch unternahm, die Zulus zu einer aufgeklärten Nation zu machen.«

Nach den langen, blutigen Einigungskriegen, in denen Dutzende von fremden Stämmen und Sippen im Zulu-Volk verschmolzen wurden, versuchte Shaka im Frieden sein Reich zu konsolidieren. Er holte dafür Europäer an seinen »Hof«, von denen er sich in langen Palavern Aufklärung darüber erhoffte, wie sein Volk zum Fortschritt zu bewegen sei. Wie der Forschungsreisende A. T. Bryant in seinem Buch »Olden Times in Zululand and Natal« über Shaka schreibt, war er nie mit dem, was er erreicht hatte, zufrieden. Er zeigte sich nicht selten enttäuscht und deprimiert von seinen eigenen Stammesgenossen, die zwar im Krieg Unglaubliches leisten konnten, sich aber im Frieden mit der Lebensweise begnügten, die ihre Vorfahren seit Jahrhunderten gewöhnt waren. Shaka sei, so berichtet Bryant, genau solch ein gewissenhafter moralischer Lehrer wie ein kriegerischer Genius gewesen.

»Unterwerfung unter die Autorität, Gehorsamkeit gegenüber dem Gesetz, Respekt für die Vorgesetzten, Ordnungssinn und Selbstbeherrschung, Furchtlosigkeit und Selbstaufopferung, Arbeitseifer und Sinn für die Verpflichtungen gegenüber der Gemeinschaft – in einem Wort alle die edelsten Tugenden des Lebens waren die Grundsteine, auf denen Shaka seine Nation aufbaute. So rigoros wurde ihre lebenslange Praktizierung erzwungen, daß sie zur spontanen Gewohnheit, zu einer zweiten Natur seines Volkes wurden.«

Wenn man bedenkt, daß die Zulus damals, zu Beginn des 19. Jahrhunderts, auf einer Stufe standen, die vergleichbar ist mit der Entwicklung in Mitteleuropa um 1000 vor Christus, dann ist dieser Erfolg Shakas gewiß höher einzuschätzen als seine kriegerischen Erfolge. Die Zulus kannten zu einer Zeit, als in Europa das Industriezeitalter begann, nicht einmal das Rad; ihre architektonischen Leistungen hörten bei stroh- und reisiggedeckten Lehmhütten auf; ihre Verkehrsmittel waren ihre eigenen bloßen Füße, und auf dem Wasser bewegten sie sich mit Schilfmatratzen fort, die sie mit Stößen ihrer Arme antrieben, wie heute ein Urlauber am Meer auf seiner Luftmatratze; sie kannten keine Schrift, und die Überlieferung ihrer Geschichte und ihrer Bräuche wurde von Mund zu Mund, von Vater zu Sohn und von Mutter zu Tochter weitergegeben. Es ist daher kein Wunder, daß diese primitiven Menschen von Aberglaube und Dämonenfurcht beherrscht wurden. Gegen den aus Unwissen und Urangst geborenen Geisterglauben, der alle Lebenshandlungen und -bräuche regierte, anzugehen, erforderte einen Mut, wie ihn zuvor in der langen Geschichte Schwarzafrikas noch kein Herrscher aufgebracht hatte.

Doch Shaka war entschlossen, seinem Volk Fortschritt zu bringen. Er mußte, wenn er aus Wilden Zivilisierte machen wollte, zuerst mit den Dämonen aufräumen.

Die Gelegenheit dazu ergab sich im März des Jahres 1824, als Shaka nach einer Reihe von Zusammenstößen mit den Medizinmännern und »Zauberern« seines Volkes die Nachricht zugetragen wurde, daß ein Trupp der königlichen Leibwache, der ausgeschickt worden war, um einen jungen Zulu festzunehmen, von dem Zauberer Ndábazimbi »hypnotisiert« worden sei.

Im Zululand gab es damals 152 Medizinmänner, Männer und Frauen, die angeblich über überirdische Kräfte verfügten; sie konnten, so hieß es, unbrechbare Bannflüche aussprechen, über Gesundheit oder Krankheit, über Leben und Tod entscheiden. Sie standen mit den Mächten der Finsternis in dauernder Verbindung. Natürlich gab es unter diesen Medizinmännern auch ganz normale »Ärzte«, vergleichbar den Badern und Kräuterweiblein unseres Mittelalters, die über naturwissenschaftliche Kenntnisse verfügten, es verstanden, einfache Operationen durchzuführen oder Krankheiten mit Kräutern zu behandeln.

Shaka, der sein Volk ein für alle Mal von dem »Zauberer«-Glauben heilen wollte, nahm Verbindung zu zwei jungen Medizinmännern, Songqoza und Nqiwane, auf, die zu der »guten« Sorte gehörten. In einer mondlosen Nacht bespritzte Shaka mit Wissen dieser Männer seinen eigenen königlichen Kral heimlich mit Blut. Als am nächsten Morgen seine Leibwache entdeckte, was geschehen war, verbreitete sich Entsetzen bei allen Zulus. Eine Entweihung des königlichen Krals war ein Omen schlimmsten Unglücks für das ganze Volk. Shaka ließ sofort alle 152 Medizinmänner und Zauberer des Landes zusammentrommeln und 30 000 Zulus vor seinem Kral antreten, damit die Zauberer die angeblichen Übeltäter, die ihn und das königliche Haus verfluchen wollten, »herausriechen« sollten. Eine alte Frau, eine wahre Hexe namens Nobela, die Shaka schon stets das Leben sauer gemacht hatte und unumstrittene Anführerin aller Zauberer des Zululandes war, führte auch diesmal das »Herausriechen des Dämons« an. Dazu mußten alle Zulus mit offenem Mund laut summen, damit die Zauberer am Atem eines jeden feststellen konnten, ob er »gut« oder »böse« war. Während des eintönigen Gesangs der 30 000 vor Furcht erstarrten Zulus rasten die Zauberer und Medizinmänner, fantastisch in Affenfelle und Schlangenhäute gehüllt, durch die Reihen, und wenn sie einen angeblichen Übeltäter gefunden hatten, schlugen sie ihm mit dem Schwanz eines Gnus ins Gesicht und schrien: »Ich rieche das Übel! Ich rieche den bösen Fluch!« Den Zauberern folgten Henker auf dem Fuß, die den Betreffenden sofort ergriffen, aus der Reihe der Angetretenen herausrissen, ihn zu Boden warfen und ihn auf grausamste Art töteten: Sie trieben dem Opfer einen angespitzten Holzstock durch das Rektum in die Gedärme.

Angesichts der Schwere des »Frevels« hatte Shaka allerdings angeordnet, daß die Übeltäter, die seinen Kral – angeblich – mit Blut bespritzt hatten, zusammengetrieben und erst am Ende des Tages in einer einzigen Massenhinrichtung getötet werden sollten. Die Zauberer unter Nobelas Führung wollten zuerst davon nichts wissen, aber angesichts der blanken Assegais von Shakas Leibwache fügten sie sich und begannen ihr grausiges Spiel. Schon nach kurzer Zeit hatten die Zauberer mehrere Hundert angebliche Dämonen »herausgerochen« und von den Henkern zusammentreiben lassen. Die alte Zauberin Nobela schien zu ahnen, daß eine Entscheidung in der Luft lag, und sie zögerte nicht, ihre Macht bis zum Äußersten auszukosten: Sie ließ sogar die drei Hauptarmeeführer Shakas, Mgobozi, Mdlaka und Nqoboka, als »Dämonen« abführen.

In der ganzen Zeit hockten die beiden jungen, vom König eingeweihten Medizinmänner, Songqoza und Nquiwane, in der Nähe Shakas,

ohne einen Finger zu rühren. Als die »Riechorgie« der anderen Medizinmänner ihrem Ende zuging, wandte sich Shaka diesen beiden zu.
»Die Frauen und die Männer, die behaupten, überirdische Kräfte zu besitzen, haben ›herausgerochen‹, wer meinen Kral mit Blut beschmiert hat«, rief Shaka und wies auf die Medizinmänner hin, die sich jetzt unter Nobelas Führung in der Nähe der festgenommenen »Dämonen« versammelt hatten. »Ich frage nun euch, Songqoza und Nqiwane, was ist euer Urteil?«
Die Spannung der Menge war inzwischen auf dem Höhepunkt angelangt, Aberglauben und Furcht lagen wie eine erstickende Wolke über dem staubigen Platz vor dem königlichen Kral.
Die beiden jungen Medizinmänner traten vor.
»Will der König die Wahrheit hören?« fragte Songqoza.
»Was habe ich anderes von euch verlangt?«
»Oh, mein König! Ich sehe, wer deine Hütte mit Blut bespritzt hat. Es war der Himmel selbst!«
Hier muß man zur Erklärung einfügen, daß das Wort »Zulu« in der Bantusprache »Himmel« bedeutet, und daß dieses Wort auch in der Anrede an den König in der Bedeutung »Himmlischer« gebraucht wird.
Lautlose Stille senkte sich über die Menge, denn das, was Songqoza gesagt hatte, konnte nichts anderes heißen, als daß Shaka selbst seinen Kral mit Blut bespritzt hatte.
Langsam erschien ein triumphierendes Lächeln auf Shakas Gesicht. »Du sagst es!« rief er und erhob sich zu seiner vollen, majestätischen Größe. »Das ist die Wahrheit! Höre, mein Volk! Ich ganz allein habe meinen Kral mit Blut bespritzt. Ich habe es getan, damit wir endlich die wahren Medizinmänner von den falschen Zauberern unterscheiden können. Seht, dort drüben sitzen sie, Brut des Bösen, die sich an der Angst all der unschuldigen Leute ergötzt haben, die sie in den langen Jahren in einen schmerzlichen und ehrlosen Tod trieben. Aber nun wird der Zorn Zulus, des Himmels, sie zerschmettern. Ich frage euch, meine Kinder, was sollen wir mit diesen falschen Zauberern tun?«
Atemlose Stille hing sekundenlang über dem Platz. Doch dann brach es aus dem Mund der 30 000 Menschen wie eine einzige Stimme: »Tötet sie, tötet sie!«
»Ihr wollt es, und so soll es geschehen!« rief Shaka zurück.
Wie eine Sturmflut raste die Menge los, die verhafteten »Dämonen«

entrissen den ursprünglichen Henkern ihre Waffen, stürzten sich auf die Medizinmänner und Zauberer. In wenigen Minuten war das Blutbad vorbei, und 149 Medizinmänner und Zauberer lagen mit zerschmetterten Schädeln, aufgeschlitzten Bäuchen, aufgespießt auf ihren angespitzten Pflöcken vor dem königlichen Kral. Nur Nobela war der Menge entkommen, doch nicht durch die Flucht, sondern durch den Tod: Sie hatte Gift geschluckt, als der Sturm losbrach.

Shaka konnte nun, ungehindert von den Medizinmännern, darangehen, Reformen in seinem Volk einzuführen. Er trug sich sogar mit Plänen, junge Zulus nach Europa zu schicken, um sie dort die Art und Lebensgewohnheiten des weißen Mannes erlernen zu lassen. Er tauschte Botschaften mit König Georg IV. aus und nahm Verbindung mit der englischen Kolonialverwaltung jenseits der Grenze seines Reiches in Natal auf. Aber mitten in diese Arbeit des Friedens hinein traf ihn ein Ereignis, das ihn in seine frühere Grausamkeit zurückwerfen und in seiner letzten Konsequenz um die Früchte seines Erfolges als Feldherr und als Reformer bringen und damit den Sinn seines ganzen Lebens in Frage stellen sollte.

Um das folgende zu verstehen, müssen wir in die Zeiten von Shakas Kindheit zurückgehen. Er wurde unehelich geboren. Seine Mutter Nandi mußte von ihrer Sippe flüchten und fand Aufnahme bei der damals kleinen Sippe der Zulus. Dort wuchs Shaka heran, verfemt, gehänselt von anderen Kindern, aber in enger Liebe seiner Mutter verbunden. Als Shaka sich nach langen, harten Jahren vom jungen Krieger zum Häuptling emporgearbeitet und schließlich in mehreren Feldzügen die Zulus zu einem mächtigen Volk gemacht hatte, versuchte er, an Nandi alles gut zu machen, was sie Schlechtes im Leben erfahren hatte. Sie bekam ihren eigenen Kral zugewiesen mit ihren eigenen Dienerinnen und Leibwächtern. Ihr Sohn versuchte, ihr jeden Wunsch von den Augen abzulesen. Nach jedem Feldzug war sein erster Gang zu seiner Mutter. Die Grausamkeit, die er oft an den Tag legte, hat ihre Wurzeln in der Grausamkeit, mit der er als uneheliches Kind in seinen frühen Jahren behandelt wurde.

Als Shakas Mutter starb, wollte er dies tagelang nicht begreifen. Als ihm jedoch klar wurde, daß seine Mutter für immer von ihm gegangen war, verfiel er in eine wahre Orgie der Trauer. Auf sein Geheiß mußten sich 60 000 Zulus zur Trauerfeier vor seinem Kral versammeln. Shakas Leibgarde hatte den Befehl, jeden auf der Stelle zu

töten, der nach seiner Meinung nicht genügend Anteilnahme zeigte. Mindestens 7000 Menschen kamen bei dem Trauerfest auf diese Art ums Leben. Der Kral schwamm buchstäblich im Blut. Nach dem Begräbnis seiner Mutter ließ Shaka 12 000 seiner besten Krieger das ganze Land nach weiteren »Verbrechern« absuchen und diejenigen auf der Stelle hinrichten, die nicht genügend Mitgefühl zum Tod Nandi's gezeigt hätten. Zusätzlich gab Shaka den Befehl aus, daß ein Jahr lang keine Landwirtschaft betrieben werden sollte: Es durfte keine Saat ausgesät, keine Ernte eingebracht werden. Jeder Geschlechtsverkehr wurde verboten, und alle Mädchen oder Frauen, die während dieses Jahres ein Kind zur Welt brachten, wurden zusammen mit den Vätern der Kinder und den Kindern erschlagen.
Diese Orgie des Wahnsinns erschütterte das Zulu-Reich bis in seine Grundfesten. Es ist kein Wunder, daß daher Shaka, einst von seinem Volk wie ein Gott verehrt, nun gehaßt wurde. Eine kleine Gruppe von Verschwörern tat sich zusammen und überfiel Shaka, der sich ohne seine Leibwache zum Meditieren in einen abgelegenen Kral zurückgezogen hatte. Am 22. September 1828 drangen die Attentäter in den Kral ein und erstachen Shaka mit der kurzen Stoßlanze, die er selbst erfunden hatte, dem Assegai, und der das Zuluvolk, weil der Assegai zum furchtlosen Nahkampf zwang, überhaupt erst zur Größe geführt hatte.

In den Jahren nach Shakas Tod wird das Zulu-Reich von inneren Machtkämpfen erschüttert. Die europäischen Siedler, Buren und Engländer, haben den Nutzen davon. Sie schieben ihre Farmgebiete immer weiter in das Zululand hinein, sie treiben ihr Vieh in die fetten Gründe, wo einst die makellos weißen königlichen Rinder weideten. Die Europäer spielen die einzelnen Zulu-Unterhäuptlinge gegeneinander aus. Fünfzig Jahre lang dauert dieser Zustand der Ohnmacht des einst so mächtigen Volkes, aber dann gelingt es einem Nachfahren Shakas, dem Zulu-König Cetshwayo, endlich erneut die Loyalität all seiner Untertanen zu finden und das Reich wieder zu vereinen. Als britische Truppen von Natal aus in das Zulu-Land eindringen, um einen »Vergeltungsschlag« wegen angeblicher Grenzverletzungen durch marodierende Zulu-Banden zu führen, ruft Cetshwayo die Zulus zu den Waffen. Am 22. Januar 1879 erleidet die britische Kolonialarmee, bestausgerüstete und -ausgebildete Elitetruppen, bei Isandhlwana in Zululand eine katastrophale Niederlage.

895 britische Soldaten und 850 Mann schwarzer Hilfstruppen der britischen Kolonialarmee verlieren in einem Blitzgefecht von wenigen Stunden ihr Leben.
Die Antwort des britischen Weltreichs läßt nicht lange auf sich warten. Elitetruppen aus allen Teilen des Empires werden ins Zululand geworfen, und in einem blutigen Feldzug werden die Zulus schließlich geschlagen. Das ist die letzte kriegerische Auseinandersetzung zwischen Weißen und Schwarzen in Südafrika, der »letzte Zulu-Krieg«.
Die Geschichte hat zu diesem Geschehen eine tragische Fußnote geschrieben: Prinz Louis Napoleon, der Sohn des glücklosen, letzten französischen Kaisers Napoleon III., war nach dem Tod seines Vaters und nach der Verbannung der kaiserlichen Familie nach England in die britische Armee eingetreten. Auf ihm ruhten, als dem letzten Erben des großen Korsen, die Hoffnungen aller französischen Bonapartisten auf eine Wiederkehr des Kaiserreichs anstelle der Republik, die nach der Niederlage im Krieg gegen Preußen im Jahre 1870 ausgerufen worden war. Doch der Traum von der Größe Frankreichs als Kaiserreich, der auf den Schlachtfeldern Italiens im Kopf Napoleon I. geboren wurde, starb im Buschveld des Zululandes am 31. Mai 1879.
An diesem Nachmittag nahm der »Prince Imperial«, Louis Napoleon, an einem berittenen Spähtrupp gegen die Zulus teil. Der Trupp erreichte gegen drei Uhr einen kleinen, verlassenen Kral. Der Führer des Spähtrupps, ein junger, britischer Leutnant namens Carey, ordnete eine Rast an. Der »Prince Imperial« und die Soldaten stiegen von den Pferden, sattelten ab und begannen Kaffee zu kochen. Kurz darauf kam der Späher, den sie zur Erkundung der Umgebung vorgeschickt hattten, zurück und berichtete, er habe ganz in der Nähe Zulu-Krieger gesehen. Der kleine Trupp fing sofort die Pferde ein sattelte sie. Doch noch ehe die Reiter aufsteigen konnten, eröffneten die Zulus, die unbemerkt in dem hohen Elefantengras herangekrochen waren, das Feuer. Drei britische Soldaten wurden auf der Stelle getötet. Der »Prince Imperial« versuchte, neben seinem scheuenden Pferd herlaufend, in den Sattel zu springen. Er hatte einen Fuß schon im Steigbügel, als die Zulu-Krieger ihn erreichten.
Am nächsten Morgen erst fand ein Ersatzstoßtrupp den Prinzen tot in einem Hohlweg, mit dem Rücken zur Wand, den leeren Revolver noch in der Hand, von Assegai-Stichen durchbohrt. Der letzte Napoleon war nicht verbittert in der Verbannung gestorben, wie der erste,

sondern, wie jener es sich immer gewünscht hatte, auf dem Schlachtfeld.
Fast hundert Jahre sind seit diesem letzten Zulu-Krieg vergangen, und in diesen hundert Jahren hat sich im Zulu-Land selbst wenig verändert. Auf dem flachen Land leben die Zulus wie zu der Zeit, als ihre Nation von Shaka geformt wurde. Über ein Jahrhundert lang haben sie in der Geschichte Afrikas keine Rolle mehr gespielt, sie leben in Reservaten, die ihnen die weiße Regierung zugeteilt hat, ihre Söhne arbeiten in den weißen Großstädten; die meisten finden den Weg nach »Igoli«, nach Johannesburg, um in den dortigen Goldminen zu arbeiten. Aber die Dinge ändern sich auch in Zulu-Land. Am 11. Juni 1970 wurde in Nongoma die Autonomie des Zulu-Landes ausgerufen. Es ist mit seinen 3,25 Millionen Zulus das größte Bantustan innerhalb der südafrikanischen Republik, die einmal nach dem Willen der weißen Regierung eine Konföderation von schwarzen und weißen Staaten werden soll, sobald die Bantus genügend Erfahrung gesammelt haben, um die Verantwortung für die Verwaltung ihrer Gebiete übernehmen zu können. Erster »Chief Executive Officer« der »Zulu Territorial Authority« ist der Häuptling Gatsha Mongosuthu Buthelezi. Er steht einem fünfköpfigen Exekutivrat vor, der von einer Zulu-Territorial-Versammlung von 199 Abgeordneten gewählt wurde. Buthelezi hat ein einfaches und klares Programm für die Zukunft Zulustans vorgelegt:

Volle Unabhängigkeit im Rahmen der geplanten südafrikanischen Konföderation zu einem möglichst frühen Zeitpunkt.

Übertragung umfassender Exekutivvollmachten an die Zulu-Territorial-Verwaltung in kürzester Frist.

Einführung der Schulpflicht und kostenlose Erziehung und Bildung aller Zulus.

Gleicher Lohn für gleiche Arbeit ohne Rücksicht auf Rasse oder Geschlecht.

Finanzielle und technische Unterstützung durch das weiße Südafrika im Kampf der schwarzen Bantustans gegen Armut, Unwissenheit und Unterernährung.

Unterbindung der Abwanderung von schwarzen Arbeitskräften in die weißen Wirtschaftsbetriebe und scharfe Kontrolle der weißen Investitionen in Zulustan.

Die Forderungen von Häuptling Buthelezi zeigen, daß die Zulus in der Zeit ihrer fast hundertjährigen Unselbständigkeit keineswegs ihr

Selbstvertrauen oder ihr Selbstbewußtsein eingebüßt haben. Je eher die weißen Führer Südafrikas dies erkennen, desto schneller können auch die Grundlagen für ein friedliches und prosperierendes Leben von Schwarz und Weiß in Natal geschaffen werden.

»Es wird ein langer Weg werden, und was auf diesem Weg noch alles passiert, das weiß man nicht«, sagte Boy Hancock zu uns. Der Wind war jetzt schärfer geworden, und der Lebombo stand scharf geschnitten vor dem hellen Horizont. Auch wir wußten, daß im nächsten Jahrzehnt in Südafrika die Entscheidung darüber fallen muß, wie die Zukunft dieses Landes aussehen wird. Die Zukunft der Weißen und die Zukunft der Schwarzen, die Zukunft der Engländer, der Buren und der Zulus, alle zusammen Südafrikaner. Die Zukunft der hochtechnisierten Industrie dieses Landes, der blühenden Landwirtschaft; aber auch die Zukunft der letzten Reservate der Wildnis im Süden Afrikas und damit die Zukunft der Arche für die wilden Tiere.

»Ich habe ein Leben lang im Wildschutz gearbeitet«, sagte Boy Hancock, »und ich kann mir etwas anderes gar nicht mehr vorstellen. Es muß auch in Natal, in der Provinz der Zukunft, einen Platz geben für die freie Natur, für die unberührte Wildnis, für die letzten Tiere. Ganz egal, was passiert, Hluhluwe muß erhalten bleiben, Umfolozi, Ndumu und hier, unser kleines Reservat Mkuzi.«

»Warum soll Mkuzi nicht erhalten bleiben?« fragte ich Boy. Er warf mir einen schnellen Blick zu, wandte dann seine Augen ab. Auf meine Frage ging er nicht ein.

Auf der Fahrt durch das Reservat Mkuzi hörten wir auch etwas von der Lebensgeschichte Boy Hancock's.

Boy ist einer der ältesten und erfahrensten Wildwarte von Natal. Er wurde auf einer Farm in Umzumkulu in Griqaland geboren. »Umzumkulu« heißt das »Große Haus«. Der Ort wurde von den Eingeborenen so genannt, weil die weißen Siedler dort Häuser errichteten, die den Negern wie wahre Paläste vorkamen.

Boy's Kindheit ist geprägt von der freien, wilden Natur, von langen Wanderungen durch das Griqaland, von frühen Jagderlebnissen, von seinen Spielen und später seinen Freundschaften mit den Eingeborenen. Er ist in dieser Hinsicht ein typischer Südafrikaner, einer von jenen Weißen, deren Bild im Ausland ständig verfälscht wird.

»Es gibt keinen Unterschied zwischen Weiß und Schwarz«, erklärt Boy einfach. »Wir, die Europäer, haben nur vom Schicksal oder von Gott oder von der Geschichte, ganz gleich, wie man es will, die besseren Chancen bekommen – und die Schwarzen bekamen einfach das schmutzige Ende des Stocks. Doch wenn sie mal weiter sind, wenn man sie aufklärt, dann wird alles anders. Man muß sie aber behutsam führen. Revolutionen liegen dem Schwarzen nicht. Er will seine Ruhe haben. Kommunismus ist dem Schwarzen verhaßt. Und wenn man ihm diesen Kommunismus unter allerlei Vorwänden und Heucheleien dennoch schmackhaft zu machen versucht, sind die Folgen meist katastrophal. Der Schwarze, nicht genügend aufgeklärt und von verantwortungslosen Aufwieglern, die sich auch noch ›liberal‹ nennen, mit Parolen gefüttert, verwechselt Kommunismus und Sozialismus mit dem paradiesischen Zustand, in dem einem die Bananen in den Mund wachsen.« Boy wird direkt böse, wenn er auf dieses Thema zu sprechen kommt. Mit der Bestimmtheit, mit der alle Südafrikaner – mit wenigen Ausnahmen – in dieser Frage reagieren, erklärt auch Boy, daß nur sie, die hier geborenen und seit Generationen ansässigen Weißen, den Schwarzen ihres riesigen Landes die Aufklärung und damit später auch die Freiheit geben können, »die echte Freiheit, nicht die Freiheit mit einer sogenannten Unabhängigkeitserklärung in der Tasche, die nichts anderes bedeutet, als zu verhungern oder sich die Neokolonialisten aus Peking oder Moskau in den Kral zu holen.«

1938 siedelten sich Boys Eltern in Natal an. Er selbst meldete sich bei Kriegsausbruch als blutjunger Bursche freiwillig zu den berühmten »Natal Mounted Rifles«. Heute sagt er dazu, »ich bekam bald meine naiven Augen geöffnet – als ich nämlich in Nordafrika Menschen, deine Landsleute, Michael, grund- und sinnlos abschlachten mußte. What a bloody nonsens!«

Ende 1942, nach der Invasion der Alliierten in Algerien, wurde Boy UK gestellt und aus der Armee entlassen, weil sein Vater schwer krank geworden war und die Farm nicht mehr bearbeiten konnte. Boy versuchte sein Bestes als Farmer, aber die Arbeit lag ihm nicht. Die Farm wurde schließlich verpachtet, und Boy trat in den Dienst des Natal Parks Board.

»Wildwart zu werden war ein Traum seit meiner Jugend. Ich hatte schon früh begriffen, daß es mit der Jagd auf die wilden Tiere einmal zu Ende sein würde. Ich hatte schon bald eingesehen, daß man alles tun mußte, um sie zu retten, um sie vor der wie eine Krebsgeschwulst

wuchernden und sich ausbreitenden technischen Zivilisation zu schützen.«
Colonel Vincent stellte den jungen Mann 1955 als Ranger ein. Vincent war damals der Chef-Konservator des Natal-Naturschutzes, ein Vorgänger von Ian Player. »Boy« Hancock wurde nach Ndumu geschickt, das damals »noch wirklich am Arsch der Welt lag«, wie sich Boy drastisch ausdrückt. »Ich war ganz auf mich allein gestellt. Ian Player, der als erster Ranger dort oben Ordnung geschaffen und den ersten wissenschaftlichen Überblick über Flora und Fauna des Reservats geschrieben hatte, war damals schon weg, nach Hluhluwe versetzt. Ich war der einzige Europäer im Umkreis von hundert Meilen, wenn man von ein paar Händlern und Polizisten absieht, die sich ab und zu da oben zeigten. Ich lebte mit meinen schwarzen Wildhütern in einem halb verfallenen Holzhaus. Fließendes Wasser oder Elektrizität waren Träume, die man nicht einmal im Suff hatte. Ich grub dann auch als erstes mit meinen Boys einen Brunnen, um wenigstens Wasser zu haben. Danach gingen wir daran, einen Zaun um Ndumu zu ziehen. Damals hatten sich Tausende von schwarzen Siedlern illegal in Ndumu breitgemacht, Shambas angelegt, auf denen sie – mitten im Naturschutzgebiet – ihre Bananen und ihren Mais und natürlich auch ihren Hanf, aus dem sie das Hasch-ähnliche Dagga machen, anpflanzten. Diese Kerle von Ndumu runterzukriegen, war ein hartes Stück Arbeit.« Aber Boy, den die Eingeborenen vom Tonga-Stamm »Skindi« nannten, was soviel heißt wie der »Kurzbehoste«, schaffte es – wenn es auch 12 Jahre dauerte. Danach waren 3600 schwarze »Squatter« umgesiedelt.
»Die Tongas da oben sind gar nicht so friedlich, wie man sie meistens hinstellt«, erzählte Boy. »Sie waren damals recht wilde Burschen, von der Zivilisation noch nicht beleckt. Sie sind über das Steinzeitniveau noch nicht hinausgekommen. Sie leben vom Fischfang im Pongola. Aber jetzt, da der Josini-Damm steht, will man sie an Landwirtschaft gewöhnen. Bleibt abzuwarten, ob das klappen wird. Es ist übrigens eine komische Sache mit den Tongas. Die Frauen sprechen Tonga, ihre Männer Zulu. Das kommt daher, weil Shaka nach der Eroberung des Tonga-Landes alle Männer hinrichten ließ und die Frauen unter seine Krieger verteilte, denen er dort oben Land zuwies.«
Ich sprach Boy auf den Krokodilmenschen an, von dem ich Sagenhaftes im Tonga-Land gehört hatte.

Im Jahre 1959 kamen Boys eingeborene Wildhüter auf einer Patrouille gegen Wilderer des Nachts an eine Furt im Pongola-Fluß. Sie wollten dort rasten. Als einer von ihnen zum Wasser ging, sah er im Mondschein ein gespenstisches Bild: Ein Mann stand dort, bis zu den Hüften im Fluß, den Kopf erhoben, das Gesicht dem Mond zugereckt; er stand ganz still, und seine linke Hand ruhte auf dem Kopf eines Krokodils, das neben ihm auf dem Wasser lag.

Der schwarze Wildhüter lief zurück und holte seine Gefährten. Als sie wieder zu der Stelle am Ufer kamen, sahen sie, wie der Mann und das Krokodil zusammen zur anderen Seite des Flusses schwammen, dort ans Ufer kletterten und gemeinsam im hohen Schilf verschwanden. Die schwarzen Boys berichteten am nächsten Tag Hancock sofort von dieser unheimlichen Begegnung. Er organisierte sogleich eine Suche nach dem jungen »Krokodilmenschen«. Man fand Spuren im Schilf, die Spuren eines Mannes und die Spuren eines Krokodils, immer zusammen. Monatelang wurde die Suche fortgesetzt, aber man bekam den geheimnisvollen Sonderling, der unter Krokodilen zu leben schien, nicht mehr zu Gesicht. Zwei Jahre später wurde er schließlich, zum Skelett abgemagert, tot im Schilf aufgefunden. Um die Leiche herum war der Boden von Krokodilspuren bedeckt, als hätten die Reptilien bis zum letzten Moment bei ihm ausgeharrt.

Boy hat für den »Krokodilmenschen« nur eine Erklärung: Er muß als kleines Kind aus einem Kral verlorengegangen sein, sich verirrt und schließlich mit den Krokodilen im Pongola zusammengelebt haben. Wieso sie ihm nichts antaten, wieso ein Mensch die Freundschaft dieser für die Schwarzen teuflischsten Bestien unter den Tieren finden kann, das wagt auch Boy nicht zu beantworten.

»In Afrika gibt es Dinge, an die man nicht glauben möchte, an die man aber glauben muß«, sagte er zu mir. »Es ist ein Kontinent der Geister und Dämonen, der Gespenster und des Todes – auch heute noch.«

Während er in Ndumu stationiert war, heiratete Boy. Seine drei Kinder sind dort oben in der Wildnis geboren worden. Heute ist Boy Chief-Warden, also Chef aller Wildwarte, im Tonga-Land. Ihm unterstehen die Reservate Ndumu, Nkosi-Bay und schließlich Mkuzi, wo er seinen Hauptsitz hat. Er ist in Mkuzi verliebt wie jeder, der einmal dieses kleine Reservat am romantischen Mkuzi-River, im Schatten des Ghost-Mountain, des »Geisterberges«, kennengelernt hat. Die große Attraktion von Mkuzi sind eine Reihe von Wasser-

löchern, wo von schilf- und strohgetarnten Hochsitzen aus das Wild an der Tränke beobachtet werden kann. Wer einmal einen ganzen Tag an einer dieser Wasserstellen, zum Beispiel an der Bube-Tränke, verbracht hat, wird dieses Erlebnis nie vergessen, die ewige Prozession der wilden Tiere, der Zebras und Büffel, der Wildebeeste und der Nashörner, die immer einen Streit unter sich vom Zaun brechen müssen und die anderen Tiere vom Wasser wegzujagen versuchen, erfolgreich zumeist, bis auf die putzigen Warzenschweine, die Clowns des Buschs, die sich um die Nashörner einen Dreck kümmern. Wir haben schon Warzenschweine dort beobachtet, welche die Frechheit aufbrachten, zwischen den Beinen eines Nashorns stehend zu saufen.
Hitze schimmert über den riesigen Sandpfannen im Süden von Mkuzi. Tierskelette bleichen dort in der Sonne. In der Ferne zieht eine Herde von Impalas vorüber, lang ausgestreckt, den Wäldern am Mkuzi zu.
Im Norden des Reservats gibt es einen versteinerten Wald, der zustande kam, als hier in der Kreidezeit das Meer das Land überflutete. Die versteinerten Stämme, die im Gras aus der Erde herausragen und wie Säulen einer antiken Ruinenstadt vor dem Besucher liegen, sind bis zu acht Meter lang. Hier, auf dem Nhlonhlela-Hügel, hat man auch die primitiven Werkzeuge von Frühmenschen gefunden, steinerne Speerspitzen, Äxte, Hämmer und Beile.
Unter dem Hügel liegt der Wald der wilden Feigenbäume. Man schreitet wie durch eine Kathedrale. Grün und dunkel ist es unter den Bäumen und blau und licht zwischen den Kronen. Stille herrscht hier wie in einem Dom der Gotik, wenn die Messe vorbei ist. Nur der melancholische Ruf des Regenvogels ist hin und wieder zu hören, dieses schwarzbraunen Vogels, Burchell's Coucal (Centropus Supercilious) genannt, dem die Eingeborenen magische Bedeutung zusprechen.
Ja, auch wir lieben Mkuzi. Und deshalb waren wir um so schockierter, als Ian Player uns an diesem Abend im Rastlager besuchte und uns eine Mitteilung machte, der wir zuerst ungläubig, dann jedoch mit wachsendem, ohnmächtigem Zorn lauschten.

»Es kommt alles so, wie ich es mir vorgestellt habe«, sagte Ian und starrte in die Flammen des Lagerfeuers, das Boy angefacht hatte. »Es geht schon wieder los.« Wir blickten Ian fragend an.
»Ich habe erfahren, daß die Besitzer der Zuckerrohrplantagen erneut eine Eingabe gemacht haben, das Reservat aufzulösen«, sagte Ian.

Wir sahen Ian ungläubig an. »Mkuzi?« fragte Ursula verständnislos. »Man kann doch ein Wildreservat wie Mkuzi nicht einfach auflösen ...«

»Und ob man kann«, erklärte Ian bitter. »Wenn politische Interessen im Spiel sind, kann man alles. Ich weiß, Mkuzi ist eines unserer romantischsten Reservate, es ist auch eines unserer schönsten. Aber die Farmer sehen nur die klingende Münze, die sie hier machen können, wenn Mkuzi für die Landwirtschaft freigegeben wird. Dabei ist es vom agronomischen Standpunkt aus ein armes Land. Hier wächst nichts außer dem Busch, außer dem Savannengras. Aber das interessiert ja niemanden. Die Hauptsache ist, man bekommt die 25 000 Hektar, auf denen die schönsten Impala- und Zebraherden Natals weiden, in die Hand. Alles andere interessiert nicht.«

Wir konnten nichts sagen. Da drüben lag der Geisterberg, sagenumwoben, dort hinten floß der Mkuzi, wir hörten die dunklen Rufe der Waldtauben, wir sahen den schwarzen Bogen des Firmaments über uns, klar und kristallweiß die Sterne darin, und wir konnten es nicht glauben. Aber Ian, Chefkonservator des Zululandes, sagte uns, »Mkuzi ist verloren, wenn kein Wunder geschieht.«

Und wo sollen schon Wunder geschehen, wenn es um Politik und Profit geht?

»Aber was kann man denn tun?« fragte ich schließlich.

Ian sah mich an, und mit einem Mal löste sich sein verhärtetes Gesicht. Er legte den Kopf zurück und begann, auf seine befreiende Art, zu lachen.

»Fight, man, fight! Wir werden kämpfen, Michael, wie wir es immer getan haben. Verloren haben wir erst dann, wenn wir aufgeben. Und wir geben nicht auf!«

10

Mord im Tal der würgenden Ranken

Wir haben gepackt. Aufbruchstimmung am letzten Abend in Zululand. Wir sitzen auf dem Rasen vor der Ghost Mountain Inn und sehen, wie der Widerschein der untergehenden Wintersonne über den Geisterberg flackert.

Ich muß an gestern abend denken, während ich zu dem Taleinschnitt hinüberblicke, in dem der Mkuzi-River zwischen den purpurnen Lebombo-Bergen verschwindet.

Mkuzi wird also verloren sein, wenn eine gewisse Sorte von Interessen- und Pressure-Groups ihren Willen durchsetzen und Politiker finden kann, die ihnen Gehör schenkt.

Mkuzi und dann vielleicht eines Tages Umfolozi, auf dessen kargen Busch schon lange die weißen und schwarzen Farmer schielen, obwohl es da für sie auch nichts zu holen gibt, und am Ende gar Hluhluwe, ein kleines Paradies mit seinen sanften Hügeln, seinen Pastellfarben am Abend, seiner Nacht so nahe bei den Sternen.

Hluhluwe, ein Ort des Friedens. Aber es ist auch ein Ort, an dem der Tod lauert.

»Hluhluwe« bedeutet »würgende Ranken«. Zwischen Farmgebiete und Weidegründe der Schwarzen gezwängt, ist das Reservat eine ständige Versuchung für Wilderer. Und die Zulus sind heute noch fanatische Jäger – weniger wegen des erbeuteten Fleisches oder der Felle als wegen der Aufregung, die mit der verbotenen Jagd verbunden ist. Wer sich ihnen dabei in den Weg stellt, riskiert sein Leben.

Die Wilderer kamen über den Hügel ins Tal hinab, wo die weißen Nashörner ästen. Sie trugen Assegais, die kurzen Stoßspeere der Zulus, und ein halbes Dutzend Jagdhunde lief witternd vor ihnen her.

Die sinkende Sonne glänzte auf dem Stahl der Speere, und das Aufblitzen des Metalls verriet die fünf Wilddiebe dem Wildhüterposten auf dem Kamm des Berges.

Die beiden schwarzen Ranger schauten sich an. Schweigend nahmen sie ihre Gewehre auf, glitten durch den Dornbusch ins Tal, den Wilderern entgegen.

Die Nashörner ästen friedlich weiter.
Die Sonne hing tief über den Bergen von Hluhluwe, Wind hatte sich erhoben, wie stets um diese Zeit, und die Kälte der Nacht kündigte sich bereits an.
Es war der 1. September 1968, mitten im südafrikanischen Winter, der Trockenzeit des Landes, wenn die Bäume entlaubt sind und man das Wild an den wenigen Wasserstellen kilometerweit sehen kann. Es ist auch die Zeit der Wilderer.
Mceteni Mthethwa und Jeremia, die beiden schwarzen Wildhüter, erreichten die Sohle des Tals. Sie konnten die Wilderer jetzt nicht mehr sehen, aber sie hörten das Bellen der Hunde, das wütende Schnauben eines Warzenschweins, dann einen kurzen, gleich unterdrückten Todesschrei, der in einem Röcheln endete.
Die beiden Wildhüter liefen den jenseitigen Hügel hinan, in die untergehende Sonne hinein.
Die Wilderer waren schon dabei, das erschlagene Warzenschwein zu zerlegen.
»Yimani! Stehenbleiben!« rief Mceteni und entsicherte im Laufen sein Gewehr. Den Schatten von der linken Seite sah er nicht.
Eine Gestalt warf sich aus dem Gebüsch nach vorn, eine Jagdkeule sauste auf Mcetenis Schädel herab, er stolperte, fiel, ein zweiter Schlag traf seinen Nacken und brach ihm das Genick.
Jeremia riß die Büchse hoch, aber ein Assegai fuhr in seinen rechten Arm, Jeremia fiel, rollte den Hang hinunter, raffte sich wieder auf, lief davon, die Wilderer hinter ihm her, die Hunde umkläfften seine Beine, er rannte so schnell er konnte, sein Arm hing nur noch an ein paar Sehnen.
Nkosi, dachte er, Nkosi pezulu, Herr oben im Himmel, gib, daß ich den Landrover lebend erreiche. Gib, daß ich Hilfe holen kann, ehe Mceteni stirbt. Die Sonne sank, Gott Nkosi spannte die Decke der Nacht über das Land, stieß mit seinem Assegai die Löcher hinein, durch die das Licht des Himmels, das die Menschen Sterne nennen, auf die Erde herabfällt, damit der Herr sehen kann, was auf der Erde geschieht.
Jeremia erreichte den Landrover mit letzter Kraft. Er fuhr wie in einem Alptraum. Da war der Pfad, da waren die graugrünen Büsche der Hluhluwe-Ranken und die blattlosen Marula-Bäume, da waren die verdorrten Aloe-Stauden, deren letzte Blüten blutrot im Licht der Scheinwerfer aufleuchteten, da waren plötzlich die Nashörner, wit-

ternde Schnauzen in der Nacht, die kleinen, verwunderten Augen halb geschlossen, dann erreichte Jeremia endlich die Hauptpiste im Wildreservat, endlich die Wachstube neben dem Tor.

Er fiel halb aus dem Wagen. Auf dem Boden des Landrovers hatte sich eine Blutlache gebildet.

»Helft ...«, flüsterte Jeremia, »helft ... Wilderer ... im Hlatikulu-Busch ... helft Mceteni ...«

Für Mceteni kam jede Hilfe zu spät. Nick Steele fand den ermordeten Wildhüter einige Stunden später, zusammen mit einer sofort alarmierten Polizeistreife, ein paar Kilometer außerhalb von Hluhluwe. Die Wilderer hatten ihn über die Grenzen des Reservats geschleppt, damit es so aussehen sollte, als wäre Mceteni bei irgendeinem Raufhandel mit anderen Zulus getötet worden. Sie vermuteten offenbar, daß der schwerverletzte Jeremia im Busch umgekommen war. Aber Jeremia lebte. Er konnte die Wilderer beschreiben. Am Tag darauf wurden sie bereits von der Polizei verhaftet. Der Mörder Mcetenis endete ein halbes Jahr danach am Strang.

»Mceteni war nicht der einzige schwarze Wildhüter, den wir verloren haben«, sagte Nick, als er mir die Geschichte erzählte. »Ich erinnere mich an Jezi Buthelezi, einen jungen Zulu, der Dienst in Umfolozi, am Fluß der wilden Feigen, tat. Er war einer der härtesten Burschen, die ich je gekannt habe. Er liebte die Tiere wie kaum ein anderer. Er wurde von Wilderern mit dem Assegai erstochen, auf eine gemeine, hinterlistige Art.«

Jezi Buthelezi hatte einen Wilddieb am Ufer des Weißen Umfolozi gestellt. Der Wilderer zuckte ergeben lächelnd mit den Schultern. Na schön, sagte er zu Jezi, du hast gewonnen. Dann nimm mich mal ruhig fest.

Jezi klemmte sich das Gewehr unter den linken Arm und griff mit der Rechten nach den Handschellen an seinem Koppel. Eine Sekunde lang war seine linke Seite entblößt. Wie ein Blitz fuhr der Assegai des Wilderers in seine Brust. Jezi brach auf der Stelle tot zusammen. Sein Mörder endete am Galgen.

»Doch was hilft das?« fragte Nick Steele. »Ein Leben für ein anderes? Wir haben über zwanzig schwarze Wildwarte verloren in den Jahren, seit Hluhluwe und Umfolozi zur letzten Heimstatt der weißen Nashörner geworden sind. Jahr um Jahr werden über zweihundert Wilderer verhaftet und vor Gericht gestellt, Jahr um Jahr verlieren wir über fünfhundert Tiere, Antilopen, Warzenschweine, Büffel. Den Nashörnern gehen die Wilderer bisher aus dem Weg. Aber wie lange noch?«

Zwanzig tote Wildhüter, ein halbes Hundert Verletzte. Ein hoher Blutzoll für Hluhluwe und Umfolozi. Und das alles sollte vergeblich sein? Das alles sollte einmal vergessen sein, wenn die Reservate der Gier landsüchtiger Farmer oder gar der Industrie zum Opfer fielen?

Die Sonne war hinter uns versunken, der Ghost Mountain war jetzt nur noch ein schwarzer Schatten.

Und mit einem Mal kam ich mir verloren vor.

Welchen Sinn hatte es noch, nach Transvaal zu fahren, durch Swazi-Land hinauf ins Buschveld? Was suchte ich dort oben, im Land der Löwen und Elefanten? Würde ich nicht Gleiches oder Ähnliches sehen oder hören, die stete Angst um den Bestand der Reservate, um den Bestand der Tierwelt, um das Überleben einzelner Arten?

Ein paar habsüchtige Farmer, ein paar uneinsichtige Politiker konnten von heute auf morgen alle Anstrengungen der Naturschutzbehörden, der Konservatoren, der Ranger zunichte machen. Für mich waren diese Leute, denen Profit über alles andere geht, genau so schlimm wie die Wilderer, welche die schwarzen Wildhüter in Hluhluwe und Umfolozi ermordeten.

Für mich sind die Wilderer mit den Schlingen kleine Gauner, auf ihren kleinen Profit bedacht: hier das Nasenhorn eines Rhinos, dort der Stoßzahn eines Elefanten, hier ein paar Felle, dort ein paar Krallen und Zähne für den Medizinmann.

Aber die Wilderer mit den Schlingen ihrer politischen und wirtschaftlichen Argumente sind für mich große Gauner, auf großen Profit bedacht: auf neues Land, neue Bodenschätze, auf Reichtum, Einfluß und Macht, obwohl sie dies alles schon haben.

Nur eines kann diesen Egoisten Einhalt gebieten und die Arche, die auch von ihnen angebohrt wird, retten: wenn man in allen Staaten mit den Schätzen der noch unberührten Natur, mit freier Wildnis, mit Tieren, die das Vermächtnis vergangener Epochen sind, Erbschaft aus dem Paradies, den Schutz der Reservate unwiderruflich in den Verfassungen verankert.

Mehr noch: Man sollte den Anspruch des Menschen auf eine unberührte Natur, auf eine menschenwürdige Umwelt, auf Bewahrung

der letzten wilden Tierbestände, in die Konvention der Menschenrechte aufnehmen. Es müßte eine Genfer Konvention auch für die Tiere geben.
Alle wilden Tiere dieser Erde gehören uns allen. Nicht, damit wir sie ausbeuten, sondern damit wir sie hegen. Damit wir an ihnen gutmachen können, fünf Minuten vor zwölf, was wir der geschändeten Erde in den letzten Jahrhunderten und vor allem in den letzten Jahrzehnten angetan haben.
Kein einziger Afrikaner, Inder oder Südamerikaner braucht in der Welt von morgen zu hungern, wenn die entsprechenden Maßnahmen getroffen werden. Nach einer im Herbst 1971 veröffentlichten Studie der FAO, der UN-Organisation für Ernährung und Landwirtschaft, kann die Erde in hundert Jahren sechsunddreißig Milliarden Menschen ernähren, und zwar in einer Qualität, die derjenigen der Nahrungsmittel entspricht, die heute in den USA und in Westeuropa verbraucht werden. Eine Urbarmachung der Sumpf- und Regenwälder des Amazonas und Äquatorialafrikas, die kein nennenswertes Tierleben kennen, und eine Entsalzung des Meerwassers zur Bewässerung von Wüstenstrichen wird diese Ernährung sichern, falls die Entscheidungen hierüber in den achtziger Jahren fallen, und die entsprechenden Geldsummen von den reichen Industrienationen bereitgestellt werden.
Falls dies nicht der Fall ist, und Kurzsichtigkeit, Kompetenzstreitigkeiten, sogenannte nationale Interessen oder frisch erwachter nationalistischer Stolz der »Dritten Welt« langfristige Planungen verhindern, werden allerdings bereits in dreißig Jahren die dann lebenden acht Milliarden Erdbewohner hungern – und alles freie Tierleben wird ausgerottet sein.
Mit diesen Gedanken fuhren wir am nächsten Morgen nach Norden, auf dem weiten Weg ins Buschveld von Transvaal.

11

Die Geisterlöwen von Mala-Mala

Nichts rührte sich in dem drei Meter hohen Papyrus-Schilf, die faserigen Fruchthalme des grüngelben Rohrs standen steif im hitzeflirrenden Dunst.

Wir lauschten mit angehaltenem Atem. Der Schweiß lief uns von der Stirn über die Wangen in die offenen Kragen unserer Buschhemden.

Wir wußten, sie waren da, keine vier oder fünf Meter entfernt. Sie lagen im Schilf und warteten auf uns. Wir sahen sie nicht, wir hörten sie nicht, aber wir konnten ihre Ausdünstung riechen.

»Die Scheißkerle«, flüsterte Romeo neben mir. Er hielt die Büchse umklammert. »Die Scheißkerle ...«

Es galt den Löwen vom Manyeletti im privaten Wildreservat von Mala-Mala, denen wir seit drei Tagen auf der Spur waren, die mit uns Katz und Maus spielten und nur darauf warteten, daß wir ihnen zu nahe kommen und die unsichtbare Bannmeile überschreiten würden, die jedes Raubtier hat.

Ich kniete mich hin, spähte zwischen den fast armdicken Halmen des Rohrs hindurch. Aber ich konnte die Löwen nicht sehen. Ich sah nur das dürre Gras, den von der Sonne gebleichten Sand des ausgetrockneten Manyeletti und dahinter die graugrüne Wand des Uferbuschs.

»Scheißkerle«, flüsterte Romeo.

Und dann rief er: »Nelson, let's go!«

Hinter uns röhrte der Motor des offenen Landrovers auf.

Im gleichen Moment raschelte es im Schilf, keine fünf Meter vor uns.

Der Landrover kam heran, brach durch das Papyrusrohr. Wir sprangen im Fahren auf, jagten zu der Stelle, wo die Löwen gelegen hatten, versuchten, ihnen den Weg in das schützende Dickicht am Ufer abzuschneiden.

Nelson trat das Gaspedal durch, schaltete in den Geländegang, das Getriebe knirschte, die Räder wirbelten Sand auf, Steine prasselten gegen die Karosserie.

»Da oben sind sie rauf!« rief Romeo.

Er wies zu einem Wildpfad hinüber, der sich deutlich sichtbar durch das Gebüsch schlängelte und zwischen immergrünen Transvaal-Ebenholzbäumen verlor.

Nelson stoppte den Wagen, stellte den Motor ab. Er sagte nichts. Er blickte nur geradeaus, als ob ihn die Löwen überhaupt nicht interessierten.

Aber ein Shangaan interessiert sich immer für Löwen. Ihm steckt wie den Zulu die Jagd im Blut, auch wenn es in Mala-Mala, dem privaten Wildreservat am Sand-River im östlichen Transvaal in Südafrika heute zumeist nur noch die Jagd mit der Kamera ist.

»Ich habe nichts gesehen«, sagte Ursula.

Ich schraubte das 200-mm-Teleobjektiv von meiner Kamera ab, setzte das kleinere 135-mm-Objektiv auf. Jetzt ging es in den dichten Busch, und da nützte das große Tele nichts.

»Wir fahren den Hang rauf«, sagte Romeo.

»In das Gebüsch?« fragte Ursula.

»Warum nicht? Im Schilf sind die Scheißkerle viel gefährlicher. Da oben haben sie genau so wenig Chancen wie wir.«

»Wie weit sind wir vom Camp weg?« fragte ich.

»Acht oder neun Meilen.« Romeo nahm den breitkrempigen Safari-Hut mit dem Band aus Leopardenfell ab und wischte sich mit dem Handrücken über die Stirn. Sein blondes Haar klebte an den Schläfen. »Ihr wollt doch nicht aufgeben?« fragte er.

Drei Tage hatte die Jagd nun schon gedauert.

Drei Tage waren wir von morgens bis abends hinter den Löwen von Mala-Mala her gewesen, um die Bilder zu bekommen, die Romeo uns versprochen hatte: Löwen im Angriff. Löwen im Kampf um das Luder.

»Ich will euch beweisen, daß unsere Löwen in Mala-Mala nicht nur faule Hunde sind, die sich nachts unter dem Tree-House füttern lassen. Sie können ganz schön 'rangehen!« sagte Romeo in der nebligtrüben Morgenstunde des ersten Tages.

Fast jeden Abend, nach Einbruck der Dunkelheit, spazierten die Löwen von Mala-Mala zu dem Beobachtungsstand in dem zweitausend Jahre alten Ebenholzbaum – dem »Tree-House« – und fraßen sich im Licht der Scheinwerfer den Bauch voll von dem Köder, der an einem Drahtkabel unterhalb des Baumes befestigt war – zumeist eine Impala-Antilope, die Romeo oder einer der anderen Ranger von Mala-Mala kurz zuvor geschossen hatte.

»Die Löwen kommen immer nur dann zum Tree-House, wenn sie vorher Schüsse gehört haben. Dann wissen sie, daß das Abendessen auf sie wartet«, grinste Romeo am ersten Morgen. Doch das Grinsen war Romeo in den letzten beiden Tagen vergangen.

Ich hörte jetzt deutlich einen kratzenden, röchelnden Laut.
Romeo machte eine schnelle Bewegung mit der Hand.
Nelson ließ den Motor wieder an, fuhr den Hang hinan, auf den Wildpfad.
Wir hielten wieder, lauschten. Doch nichts war zu hören – bis auf das Kreischen eines Trompeter-Hornraben. Es klang wie ein höhnischer Fluch in unseren Ohren.
»Scheißkerle«, murmelte Romeo.
Und dann: »Mir ist es egal, was ihr tut, aber wenn es nach mir geht, machen wir weiter.«
»Okay«, sagte ich und verscheuchte die Fliegen, die mich umschwärmten.
Fliegen. Die gab es sonst um diese Jahreszeit nicht.
»Hier ist irgendwo ein Kill«, sagte ich.
Romeo wandte den Kopf. Er blickte in die Luft, da waren die Fliegen – und darüber große Punkte schwarzschillernd vor dem Blau des Himmels: die Geier.

Im Leben der Raubkatzen, vor allem der Löwen, zeigt sich die Wildnis Afrikas in ihrem strahlenden Glanz. Wer Löwen aus der Nähe beobachten darf, wie dieses kapitale Exemplar im Bild rechts, auf den wir am Timbavati-River in Südafrika stießen, wer ihr Liebes- und Familienleben studieren kann, wird davon fasziniert sein. Löwen sind mutig und listig, aber manchmal auch faul und bequem. Ihr Prankenschlag kann tödlich aber auch spielerisch sein.
Seiten 150–151: Löwen sind zärtliche Liebhaber; zur Paarungszeit verzichten sie oft tagelang auf Nahrung, um sich nicht von ihrer erwählten Gefährtin trennen zu müssen. Im Krüger-Park konnten wir ein Pärchen über vier Tage lang beobachten – sie verließen ihr Liebesnest im Schatten einer Schirmakazie nicht ein einziges Mal.
Sanft trägt eine Löwin ihr Junges im Maul von einem sicheren Ort zum anderen. Wohlbehütet, immer im Schutz der Mutter, wachsen die Kleinen auf; in jeder Löwenfamilie, die oft aus mehreren Weibchen und Löwen bestehen kann, sind sie Mittelpunkt. Beim Fraß beispielsweise beobachteten wir, daß die Jungen zuerst die nahrhaften Innereien einer Antilope verspeisen durften. Danach fraß die Löwin, und erst das, was dann noch übrig blieb, gehörte dem Löwenvater.
So bedrohend der Jagdruf eines Löwen klingt, so beruhigend wirkt das Maunzen und Schnurren einer Löwin, die mit ihren Kleinen spielt.

Beim Spiel, aber auch beim manchmal tödlichen Kampf um ein Weibchen, bearbeiten sich die Giraffenbullen gegenseitig mit gewaltigen Schlägen ihrer langen Hälse. Die sonst so friedlichen Tiere werden in der Brautzeit nervös und reizbar. Bei den Kämpfen dieser Langhalsigen, die früher einmal für Verwandte des Kamels gehalten wurden – daher auch der lateinische Name Giraffa camelopardalis – zoologisch aber nur dem Okapi nahestehen, schauen hier links Zebras und Gnus fasziniert zu.

»Mann«, flüsterte Ursula, »daß wir die bisher noch nicht gesehen haben!«
Nelson sagte etwas auf Shangaan.
»Du hast recht«, sagte Romeo, »die Löwen haben einen Kill gemacht.«
»Direkt unter unserer Nase?«
»So scheint es.«
Ich nickte. Ich wunderte mich über nichts mehr.
»Weiter«, sagte Romeo zu Nelson.
Nelson fuhr weiter.
Es war, als hätten wir nie etwas anderes getan, als auf der vergeblichen Suche nach den verdammten Löwen zu sein: Romeo, der Nelson befahl – weiter; Nelson, der durch den dichten Busch fuhr oder durch das übermannshohe Papyrusschilf.
Die Sonne, die Hitze, der Staub, die Kälte in der Nacht, die Alpträume.
Die Zweige der niedrigen Dornakazien schlugen in den offenen Landrover. Wir duckten uns.
Staub wirbelte auf. Zu sehen war immer noch nichts. Aber der Gestank wurde schlimmer.
»Stop!« befahl Romeo.
Er beugte sich vor, spähte über die herabgeklappte Windschutzscheibe in das dichte Unterholz von Mfafa- und Dornbüschen, von Wait-a-bit-

Auf die größte Giraffen-Familie trafen wir im Krügerpark; sie zählte neunzehn Mitglieder. Sie standen alle in einem Schirmakazienhain, nur ihre schlanken Köpfe mit großen feuchten, langbewimperten Augen lugten neugierig über die flachen Baumkronen hinweg.
Giraffen sind aufgrund ihres Körperbaus die geborenen Wächter der Savanne. Weithin können sie das Land überblicken, frühzeitig Gefahren erkennen – wie anschleichende Raubkatzen – und sich ihnen in ihrem weit ausgreifenden wiegenden Paßschritt entziehen. Hiervon profitieren die kleineren Tiere, wie Antilopen und Gazellen, die, dadurch gewarnt, ebenfalls rechtzeitig die Flucht ergreifen können.
Jedesmal, wenn wir nach Mala-Mala kamen, begrüßte uns gleich am Eingang des privaten Tierreservats die »Giraffe vom Dienst«. Sie war beinahe so zahm wie der Giraffenbulle George in Hluhluwe, der sich, wenn ihn ein zu nah herangefahrenes Auto ärgerte, einfach darauf setzte.

und roten Elfenbeinsträuchern, in das Grau und Grün, in das verdorrte, grasverhangene Loch.
»Vorsicht!« rief Nelson.
Die Zweige peitschten, ich sah etwas gelb Lohendes auf uns zufliegen, ich hörte Romeos kurzen, zornigen Ausruf, sah, wie er die Mannlicher anlegte.
Aber er schoß nicht.
Die Löwin blieb stehen, keine drei Meter vom Landrover entfernt.
Ich riß die Kamera hoch, ich drückte ab, lud, drückte ab, bis Romeo mich bei der Schulter packte.
»Come off it, Mike«, sagte er.
Die Löwin war längst weg, und ich schoß Bilder vom leeren, grauverbrannten Busch.

Wir sprachen wenig miteinander auf der Rückfahrt. Nur kurz vor dem Camp, als wir an einer Gruppe Giraffen vorbeikamen, die sich mit langwiegenden Schritten in Bewegung setzten, in diesem merkwürdig fließenden Paßschritt, sagte Romeo: »Morgen früh lege ich ein Luder aus. Wollen doch mal sehen, ob die Burschen dann zum Vorschein kommen.«
»Zum Vorschein schon, aber wie bekommen wir Bilder von angreifenden Löwen?« fragte ich.
»Das wirst du schon erleben. Ich werde sie schon so weit bringen, daß sie angreifen«, sagte er.
»Das kann ich mir denken«, meinte Ursula nur.
Romeo grinste. Jetzt konnte er wieder lachen. Die Jagd dieses Tages war vorbei, auch wenn es eine vergebliche Jagd gewesen war.
»Du hast doch keine Angst, oder?« fragte er.
»Warum sollte ich Angst haben, mit drei ausgewachsenen Kerlen wie ihr es seid!« sagte Ursula.
Doch in der Nacht hörte ich sie im Traum stöhnen. Ich stand auf, ging zu ihr, weckte sie, gab ihr von dem eisgekühlten, gefilterten Wasser aus dem Thermosbehälter zu trinken. Sie sah mich nur an, sagte nichts, drehte sich auf die andere Seite in ihrem Camp-Bett und schlief sogleich wieder ein.
Ich trat hinaus auf die Veranda unseres Rondavels. Ein voller Mond hing über dem Sand-River, tauchte den Busch in silbriges Licht. Irgendwo dort drüben lagen die Löwen im warmen Sand des Flußbetts, des Manyeletti oder des Sand-Rivers. Am späten Morgen, wenn

es heiß wurde, zogen sie sich dann in den Schatten der Bäume auf den Uferböschungen zurück. So einfach war das. Dies hatten wir in den letzten Tagen gelernt. Aber wo waren sie? Wo fand man sie? Und wenn man sie fand, wie bekam man die Bilder von ihnen, die ich mir wünschte?

Scheißkerle, hatte Romeo gesagt.

Ich blickte mich um.

Das Camp lag in der Ruhe der Mitternacht. In Afrika geht man früh zu Bett, die Nächte beginnen mit dem Sonnenuntergang, ein Sundowner, Gin and Tonic zumeist, dann das Abendessen in der Boma, dem palisadenumzäunten Lagerplatz hinter den Rondavels, den südafrikanischen Rundhütten. Wir aßen Impala-Braten oder Kudu-Leber, manchmal Warzenschwein mit Marula-Gelee, kalten Yorkshire-Ham, Hammel mit Mintsauce, wir hatten die Beine dem Lagerfeuer entgegengestreckt, tranken noch ein, zwei Kap-Brandys, tauschten die Erfahrungen des Tages aus, die Augen fielen zu, die ersten Hyänen heulten, wir gingen ins Cottage, zu Bett.

Ich sah die Reihe der Rondavels, sah tief unter mir gleißend den Sand des trockenen Flußbetts, hörte vom Compound, dem Lager der schwarzen Wildhüter und Arbeiter, hin und wieder das verschlafene Bellen eines Hundes.

Ich hörte das Scharren von Pfoten. Ich hörte ein Seufzen wie von einem Menschen.

Ich wandte den Kopf. Keine vier Meter von unserem Cottage entfernt stand ein Löwe.

Es war so unwirklich, daß ich sekundenlang die Augen schloß, sie dann wieder öffnete.

Der Löwe stand immer noch da, schaute zu mir herüber. Er hob den Kopf, reckte die Schnauze in die Luft.

Er stand mit dem Wind. Ich konnte ihn riechen, er mich nicht. Aber er konnte mich sehen, daran gab es keinen Zweifel.

Vom Compound der Schwarzen drang jetzt wieder das Bellen der Hunde herüber. Sie witterten den Löwen.

Der Löwe wandte lauschend seinen Kopf, langsam, als wollte er mir bedeuten, daß er mich dennoch unter Kontrolle behielt.

Ich setzte einen Fuß vor, dann den zweiten.

Der Kopf des Löwen fuhr herum.

Ich machte einen Satz auf die Tür unseres Cottage zu. Mein Fuß traf eine Blechbüchse, die ich vor dem Schlafengehen vor die Tür des

Rondavels gestellt hatte, eine leere Tomato-Juice-Can. Sie kollerte dem Löwen entgegen.
Mit allen Vieren, steif aus den Gelenken heraus, wie ein erschrockener Hund, sprang der Löwe zur Seite.
Ich war im Cottage, schlug die Tür hinter mir zu.
Ich hörte ein tiefes Grollen, trat ans Fenster, schob den Vorhang zur Seite. Von dem Löwen war nichts mehr zu sehen.
Fast schien es mir, als hätte ich geträumt, aber im gleichen Moment zerriß der Jagdschrei des Löwen die Stille.
Und gleich darauf antwortete ein zweiter Löwe, von der anderen Seite des Camps.
»Die Löwen sind da ...«, mumelte Ursula verschlafen.
»Ja«, sagte ich, »die Löwen sind da.«

Wir sahen die Spur am nächsten Morgen im Sand vor unserem Cottage.
»Das war ja ein Riesenkerl«, sagte Ursula.
»Er war schon weg, als ich dich wecken wollte«, sagte ich.
»Schade«, murmelte sie. Aber ich wußte, sie dachte jetzt, daß ich ihr etwas vorenthalten hatte.
»Heute werden wir die Löwen sehen, so wie Romeo es versprochen hat«, sagte ich tröstend.
Wir gingen zum Hauptgebäude von Mala-Mala hinüber, das im afrikanischen Kolonialstil gebaut ist, mit einem Walmdach aus Schilf, einer offenen Balkendecke, einem riesigen Kamin, neben dem Trophäen von Büffeln und Wasserböcken hängen und ein paar alte Flinten. Hinter der Lounge, dem Aufenthaltsraum, liegen die Bar und der Frühstücksraum.
Romeo saß schon dort und trank Tee.
»Keinen Appetit?« fragte ich, als ich seinen noch halb gefüllten Porridgeteller sah.
»Habt ihr die Löwen gehört, heute nacht?« fragte er und schlürfte seinen heißen Tee.
»Gesehen habe ich sie«, sagte ich, »einen.«
»Ich weiß, er hat vor eurem Rondavel gestanden. Ich habe die Spur gesehen. Das ist der Alte, der Nachfolger von Blondie.«
Ich kannte die Geschichte von Blondie, dem mächtigen, fünf Jahre alten Löwen mit der rötlichen Mähne, die ihm den Namen gegeben hatte. Vor drei Jahren wurde er von einem jungen Farmer geschos-

sen, als er ein einziges Mal nachts das schützende Reservat von Mala-Mala verließ. Es gab einen Heidenkrach, die Naturschutzbehörden schalteten sich ein, schließlich sogar die Polizei.
Loring Rattray, der Besitzer von Mala-Mala, ein Naturliebhaber und Konservator aus Passion, ist ein mächtiger Mann.
»He knows how to pull his strings«, sagt man von ihm. »Er weiß, wie er die Puppen tanzen lassen kann.«
Und er ließ sie tanzen, als man Blondie erschoß. Seitdem leben die Leute von Mala-Mala mit den umwohnenden Farmern – die zum Teil selbst private Schutz- oder Jagdgebiete unterhalten – nicht gerade auf Freundschaftsfuß.
Romeo schnüffelte. »Scheißkerle«, murmelte er. »Ich hab' mir auch noch 'ne Erkältung geholt.«
»Wird das Rückfallfieber sein«, frozzelte ich.
»Du sei mal schön still. Du wirst noch merken, was die Zecke mit dir gemacht hat, wenn du ein paar Klimaumschwünge erlebst. Flieg nur nach Europa – und du wirst sehen, das Fieber preßt dir wieder die Birne ein.«
»Was ist mit dem Luder?« fragte ich Romeo. »Hast du eins ausgelegt?«
Er sah mich nur beleidigt an.
»Okay«, sagte ich, »then let's go.«

Wieder saßen wir im offenen Landrover in der prallen Sonne, mitten im ausgedörrten Schilf des trockenen Manyeletti. Die Sonne biß uns in den Nacken, wie an all den Tagen vorher. Es stank nach Löwen, wohin man die Nase reckte, aber zu sehen waren sie nicht.
Wir fuhren langsam weiter, einen Hang hinan, durch den Busch. Wir hielten an einer schattigen Stelle.
»Ich lege das Luder aus, wenn es nicht mehr so heiß ist«, sagte Romeo.
Das Luder, ein Impala-Bock, lag in dem geschlossenen Landrover, der uns folgte. Andreas fuhr ihn, der zweite der schwarzen Fährtensucher.
»Was nun?« fragte ich.
»Wir machen eine Pause.«
Wir stiegen aus. Ich ging in den Busch hinein.
»Nicht zu weit«, rief Romeo, »oder nimm lieber die Knarre mit!«
Ich winkte ab.
Eine halbe Stunde später wußte ich, daß ich keine zwanzig Meter von

den Löwen gehockt hatte, daß wir alle keine sechzig Meter von ihnen im Schatten gelegen und gedöst hatten.
Wir fuhren weiter, kaum hundert Meter, da sahen wir sie oben auf der Uferböschung.
Romeo hielt den offenen Landrover an, lief zu dem geschlossenen Fahrzeug. Er sprach mit Andreas, der nickte. Nelson stieg zu Andreas in den Wagen, sie fuhren im trockenen Bett des Manyeletti weiter; hinter sich her schleiften sie an einem Drahtkabel das blutige Luder des Impala-Bocks.
»Wenn sie jetzt nicht anbeißen ...«, murmelte Romeo.
Wir fuhren die Böschung auf der anderen Seite des Flusses hinauf, wendeten den Wagen, saßen nun wie im Theater, Logenplatz.
Unter uns der trockene Manyeletti, der weiße Sand, das grüngraue Papyrusschilf, vor uns der Hang, wo wir zwischen den Bäumen die Löwen sahen.
Andreas kehrte um, fuhr mit dem Luder wieder an den Löwen vorbei. Das wiederholte er zwei-, dreimal. Dann sprangen die beiden schwarzen Wildhüter aus dem Landrover, banden das Luder an einem kleinen Baum fest, stiegen wieder ein und fuhren davon, außer Sicht.

Wir warteten. Ich hatte meinen khakifarbenen Safari-Pullover auf den Rahmen der heruntergeklappten Windschutzscheibe gelegt, das Tele meiner Contarex-Special darauf gestützt.
Kommt, dachte ich, kommt, verdammt nochmal.
Mücken zerstachen unsere Gesichter. Der Schweiß fand seinen Weg von den Achselhöhlen zu den Leisten, das Khakizeug klebte uns am Leib. Die Löwen blieben, wo sie waren.
Ich nahm das Fernglas, stellte es genau ein.
»Merde!« Ich gab Romeo das Glas.
Das Gelb, das wir für die Löwen gehalten hatten, war nichts anderes als verdorrtes Gras unter den grünen Ivory-Bäumen. Die Löwen waren weg.
»Shit«, sagte Romeo. Und schnell, zu Ursula gewandt, »I'm sorry.« Dann brüllte er: »Nelson!«
Nach einer Weile kam der Landrover mit den beiden Shangaan herangebraust.
»Nehmt das Luder, fahrt hinter mir her«, sagte Romeo.
Eine halbe Stunde später waren wir im dicksten Busch. Nelson und Romeo gingen zu Fuß vor dem offenen Landrover her, suchten die

Spur der Löwen. Ursula fuhr den Wagen, ich saß mit schußbereiter Kamera neben ihr.
Plötzlich blieb Romeo stehen. Er bückte sich, nahm etwas von einem Dorn. Es war ein weißgelbes Haar.
»Ngonyama«, sagte Nelson. Es war ein Löwenhaar.
»Ngonyama ...«, flüsterte Ursula erschöpft mit einem halben Lachen und wischte sich den Schweiß von der Stirn.
Die Sonne hing tief über den Mfafa-Büschen, tauchte sie in kupfernes Licht. Wir hatten noch genau eine Viertelstunde Zeit – dann war Feierabend mit den Aufnahmen.
»Hier!« Nelson wies zur Seite.
Wir erkannten selbst vom Wagen aus die Löwenspur.
»Three, four, five ... five lions«, sagte Nelson.
»Ist der Verletzte dabei?« fragte Romeo.
»Was für ein Verletzter?« fragte Ursula mich. Ich hob die Schultern.
Nelson nickte. Er ahmte ein Humpeln nach. Aber zum Lachen war uns nicht zumute.
Romeo kam zum Landrover zurück. »Der Hinkende ist auch dabei. Ich hab' es euch nicht erzählt, weil ich nicht die Pferde scheu machen wollte, aber – na ja, er hat am Oberlauf des Sand-River zwei Eingeborenenmädchen angefallen, die auf dem Weg zu einer weißen Farm waren. Und vor ein paar Wochen hat er einen alten Shangaan beim Holzsammeln erwischt.«
»Romeo ...«, begann Ursula.
»Ja?« Er wandte nur den Kopf.
»Deinen schönen Hut krieg ich aber, wenn der Hinkende dich schnappt, oder?«
Romeo grinste lausbubenhaft, was uns so an ihm gefiel. »Ei, g'wiß doch, natürli'«, sagte er im breitesten Schwyzerdütsch.
Zehn Minuten später war das Luder wieder an einem Baum festgebunden. Wir saßen keine zehn Meter entfernt im offenen Landrover. Um uns raschelte es. Und dann sah ich sie: zwei große männliche Löwen und drei Weibchen, alle mit besonders weichem samtigem Fell. Nach dem, was ich über Löwen wußte, waren es Man-eater.
Wir saßen, und der magische Augenblick, die Konfrontation mit den Löwen schien sich in die Ewigkeit zu dehnen. Was würden sie tun? Würden sie den offenen Landrover angreifen? Wir hatten sie lange genug gejagt, sie immer wieder aufgestört.

Der Blutdunst des toten Impala-Bocks gewann.
Mit einem Satz war plötzlich eine Löwin bei dem Luder.
Und dann geschah etwas völlig Überraschendes: Aus dem dichten Busch stolperten fünf, sechs, schließlich acht kaum drei Monate alte Löwen.
Ich öffnete die Blende weit, betete, daß noch genug Licht war, und knipste.
Ich schoß ein, zwei Bilder – dann schrie Romeo auf, »verfluchte Scheißkerle!« Ich sah, wie die Löwin das Luder von dem starken Drahtkabel gerissen hatte, sich herumwarf, sah die anderen Löwen aufspringen, hinter ihr herrasen, die Kleinen kamen kaum nach.
Romeo trat das Gaspedal durch, setzte mit dem Landrover direkt in den Busch hinein – hinter den Löwen her.
»Romeo!« schrie ich, denn ein herunterkrachender Ast schlug mir die Kamera aus der Hand.
»Mann«, sagte ich, als der Landrover stand, »bist du verrückt geworden?«
Und dann sah ich Romeos Augen. Seine großen, gelben Augen. Sie waren weit und leer.
»Entschuldige, ich war ... ich kann ...«, er stockte. Dann sagte er mit nüchterner Stimme: »Die verdammten Scheißkerle, jetzt haben sie mir auch noch das Luder gestohlen.«
Ich setzte zum Lachen an, aber ich lachte nicht.
Ich dachte an all die Mühen der vergangenen Tage, an all das, was Romeo in diesen Tagen geleistet hatte.
»Scheißkerle«, sagte auch ich.
»Ist doch in Ordnung, Romeo«, sagte Ursula. »Es war doch wirklich ein guter Tag. Wir haben sie doch gesehen!«
»Jaja«, erwiderte Romeo nur.

»Big Boy« nennt der Chefwildwart des Letaba-Bezirks im Krügerpark, Gus Adendorff, diesen prächtigen Mähnenlöwen, den wir bei einer Fahrt in die geheimnisvollen Lebombo-Berge zu Gesicht bekamen. »Big Boy« ist der Anführer eines großen Rudels von Löwen und Vater prächtiger Nachkommenschaft, die von den Löwinnen eifersüchtig bewacht und zärtlich verhätschelt wird (*folgende Seiten*). Wir konnten beobachten, wie eine Löwin eine gerissene Gazelle zu den jungen Löwen schleppte, um die hungrigen Bürschchen mit dem frischen Fleisch zu füttern.

Unter dem flackernden Licht der Sterne fuhren wir ins Camp zurück.
Ja, es war ein aufregender Tag gewesen, der vierte der vergeblichen Jagd auf die Löwen.
Aber unserem Ziel, der »tollen Foto-Serie«, hatte er uns keinen Schritt nähergebracht.
»Ich werde euch die Geschichte von Basil erzählen«, sagte Romeo, »dann versteht ihr, warum ich so reagiert habe, eben ...«
Von weitem schon sahen wir den Schein des Lagerfeuers in der Boma.
Der Duft des gebratenen Fleisches wehte herüber.
Im Schilf beim Fluß heulte eine Hyäne.
So wie in der Nacht, als Basil Kennedys Leopard zum zweitenmal starb.

Nach der Mahlzeit übernimmt die Löwenmutter den »großen Putz« und leckt ihre Kleinen ab. Löwen sind wie alle Raubkatzen, und auch unsere Hauskatzen, sehr saubere Tiere mit einem ausgeprägten »Hygieneinstinkt«.

12

Der Leopard, der zweimal starb

Basil Kennedy war der erste Wildwart von Mala-Mala. Das Reservat war damals noch Jagd- und Hegegebiet zugleich. Erst nachdem Loring Rattray es kaufte, wurde es 1965 zur »Private Game Reserve« erklärt. Eine der Grundbedingungen hierfür ist die totale Einzäunung des Schutzgebietes – und das kostet bei einem Gebietsumfang von fast 20 000 Hektar eine ganze Menge Geld.

Rattray ließ auch die Rondavels bauen und erschloß das Reservat den Touristen. Natürlich kann nicht jedermann die einhundertfünfzig Mark pro Nacht auf den Tisch legen, die der Aufenthalt in Mala-Mala kostet. Aber dafür wird in dem Reservat auch manches geboten, was man nirgendwo sonst in Afrika unter ähnlichen Bedingungen zu sehen bekommen oder erleben könnte. Wo folgt man schon in einem Reservat verletzten Löwen zu Fuß mit der Kamera durch drei Meter hohes Papyrusschilf? Romeo drückte das so aus: »Wir tun Dinge hier, die in keinem Buch stehen ...« Ich kann ihm nur Recht geben.

Am vierten Abend unserer vergeblichen Jagd auf die Löwen von Mala-Mala, nach der Begegnung mit ihnen am Manyeletti, erzählte Romeo uns die Geschichte von Basil Kennedy.

»Alles, was mit Tieren, mit der Natur, dem Busch zu tun hat, hat auch mit Geistern zu tun. So sagen die Eingeborenen. Ich widerspreche ihnen meistens nicht«, erklärte Romeo trocken, während wir nach dem Abendessen in der Boma unseren Kaffe tranken.

Die Flammen des Lagerfeuers prasselten hoch auf. Die schwarzen Boys hatten ein paar Scheite Eisenholz nachgeschoben. Aus der Ferne dröhnten dumpf die Trommeln der Shangaan. Von weither klang wieder der einsame Ruf einer Hyäne.

»Hyänen – sie spielen in Basils Story eine große Rolle«, sagte Romeo. Er zündete sich eines seiner dünnen Zigarillos an und blies den Rauch von sich.

»Zehn Jahre lang hatte Basil einen großen Feind – das war ein Leopard, der in den Koppjes des Sithlwayisi-Hügels lebte. Es war der größte Leopard, den Basil je gesehen hatte, aber er war ein richtiger Schurke. Er ging jedem Kampf mit anderen Leoparden oder gar Löwen aus dem Weg, hielt sich bei der Jagd nur an junge Antilopen

oder soeben geborene Gnu-Kälbchen, er war ein Einsiedler – nun, wie Basil Kennedy auch. Aber dieser Leopard hatte das schönste Fell, das Basil je gesehen hatte, und deshalb war er hinter dem Leoparden her. Die Jagd auf dieses Tier wurde zur Manie bei ihm. Die Schwarzen tuschelten natürlich bald untereinander, das könne nicht gutgehen, und je länger es dem Leoparden gelang, Basil zu entwischen, desto mehr waren die Schwarzen davon überzeugt, daß der Leopard mit den Geistern des Buschs im Bunde stand.
Aber Basil war entschlossen, den ›Geisterleoparden‹ auf die Decke zu strecken. Eines Tages, vor fünf Jahren, war es dann soweit. Basil Kennedy sollte in Pension gehen. Er ist heute ein alter Mann, und man bot ihm einen leichten Job drüben auf der anderen Seite des Sand-Rivers – auch auf einer Wildfarm – an. Basil war den Anforderungen, die ein Reservat wie Mala-Mala stellt, das der Öffentlichkeit zugänglich ist, nicht mehr gewachsen. Nun, eine seiner letzten ›Taten‹ hier war es, noch einmal die Spur des Geisterleoparden aufzunehmen. Und diesmal gelang Basil der große Wurf – in der Morgendämmerung traf er auf den Leoparden, der gerade in seinen Schlupfwinkel auf dem Sithlwayisi-Hügel zurück wollte. Basil war ein glänzender Schütze. Das Fell durfte natürlich nicht beschädigt werden, und so streckte Basil das Raubtier mit einem glatten Kopfschuß auf die Decke. Das war eine Aufregung, als er ins Camp zurückkam! Die Schwarzen trauten ihren Augen nicht. Aber es war der ›Geisterleopard‹, daran gab es nichts zu deuteln.«
Romeo warf den Stummel seines Zigarillos in die Flammen des Lagerfeuers. »Bringt mehr Holz«, rief er den Boys zu.
Wir waren inzwischen allein in der Boma. Die anderen Gäste hatten sich schon in ihre Rondavels zurückgezogen.
Romeo lehnte sich zurück, streckte die Beine von sich. »Der Leopard wurde enthäutet, das Fell drüben in der Lounge ausgestreckt, getrocknet, dann vorschriftsmäßig gegerbt, und ein paar Wochen später schmückte es die Wand des Gästehauses. Es war gerade einen knappen Zentimeter kleiner als das Weltrekordfell. Als nun Basil umzog, auf die Farm am anderen Ufer des Sandrivers, nahm er natürlich das Fell mit. In dem neuen Cottage, das er bezog, gab es auch einen großen Living-Room, und dort spannte Basil das Leopardenfell auf dem Boden aus, um es nach dem Trip im Landrover, als es zusammengerollt hinten im Wagen gelegen hatte, wieder ›aufzumöbeln‹. Ihr müßt wissen, für Basil war das Fell so etwas wie eine Reliquie, die

man wie seinen Augapfel hütet. Das Fell symbolisierte für ihn den Lohn der Plackerei in all den Jahren hier im Buschveld, und er hatte, so dachte er, im Gegensatz zu Hemingways ›altem Mann‹, dem Fischer Santiago, seinen ›Fisch‹ unversehrt eingeholt. Ich besuchte Kennedy etwa zehn Tage später. Er kam mir entgegen, und seine Augen waren blutunterlaufen. Er hatte geweint.«
Romeo räusperte sich. »Ja, geweint, ein Mann wie Basil Kennedy, der vor nichts in dieser Welt Angst hatte, und die Tränen standen ihm wieder in den Augen, als er mir berichtete, was passiert war.«
Noch in der gleichen Nacht, als Basil das Leopardenfell aufgespannt hatte, waren Hyänen in den Living-Room eingedrungen und hatten das Fell herausgeholt. Auf dem Rasen vor dem Cottage hatten sie es zerrissen und gefressen. Nur Fetzen waren von dem herrlichen Fell übriggeblieben.
»Der Busch hat den Leoparden zurückgeholt«, sagte Basil zu Romeo. Die Eingeborenen von Mala-Mala sahen sich alle wissend an, als sie die Geschichte erfuhren. Sie hatten es ja immer gewußt – mit dem Leoparden stimmte etwas nicht.
Basil Kennedy hat den Verlust des Fells nicht verschmerzen können.
»Er wurde nie mehr der alte Basil«, sagte Romeo und stieß mit seiner Stiefelspitze gegen einen der verglimmenden Scheite des Feuers, daß die Funken hoch aufstoben. »Er ist ein sehr verschlossener alter Mann geworden, der dem Busch nicht mehr traut. Für ihn ist der Busch, den er sein Leben lang geliebt hat, zum unversöhnlichen Feind geworden. Der Busch war sein Alles, doch nun haßt er ihn.«

Es war, als hätte Romeos Erzählung vom Leoparden, der zweimal starb, den Bann gebrochen.
Am nächsten Morgen bekamen wir die Löwen im Flußbett des Manyeletti zu sehen. Wir fanden sie am Luder. Wir schossen eine ganze Fotoserie von ihnen, beim Fraß, beim Anschleichen, schließlich beim Angriff. Alles gelang uns, was uns an den Tagen vorher nicht gelungen war.

Auf der Rückfahrt sangen wir.
»Habt ihr was zu sehen bekommen?« fragte Adriaan Erasmus, der Chef-Wildwart von Mala-Mala, als wir aus dem Landrover stiegen.
»Ja«, sagten wir im Chor, »wir haben was zu sehen bekommen.«
Wir gingen in die Bar und ließen uns von Leslie, dem indischen Bar-

keeper, einen Gin-and-Bitter-Lemon mixen.
»Auf die Löwen!« sagte Ursula.
»Auf die Scheißkerle«, erwiderte Romeo grinsend.

Nachher, als Romeo und ich allein saßen, sagte er: »Ich werde die Angst nie los.«
Vom jenseitigen Ufer des Sand-Rivers heulte in hohen, kreischenden Tönen ein Trompeter-Hornrabe.
Ich blickte in die Glast, in die wabernde Hitze des Buschvelds hinaus. Ich sah die Unendlichkeit dieses Kontinents, sah die Weite seiner Steppen und Urwälder, sah die Finsternis dieses riesigen, herrlichen, abscheulichen, wunderbaren Landes, sah die Gefahren und Freuden, das Leben und den Tod, die Geister und die Dämonen, die friedlichen Tiere der Steppe und die grausamen Man-Killer.
»Nein«, sagte ich zu Romeo, »ich werde die Angst auch nie los.«
Und wir beide wußten, daß wir nicht die Angst vor dem Tod meinten, nicht die Angst vor den Löwen. Wir wußten, daß wir die Angst um diesen Kontinent meinten und die Angst um seine Menschen und Tiere. Wir wußten, daß wir die Angst um die Arche meinten, daß sie eines Tages sinken könnte. Und dann würden wir nie mehr im glutenden Sand des Manyeletti die Spur der Löwen suchen. Denn dann würde es keine Löwen mehr geben.

13

Der Fluch der Massai

Es war unser letzter Tag in Mala-Mala. Wir fuhren zum Leopardenhügel hinaus, Ursula, Rex und ich. Rex Mulcahy stammt aus Ostafrika, erst vor kurzem kam er nach Mala-Mala. Hier wäre er fast ein Opfer seines Berufs als Ranger geworden, als er das »Tree-House« inspizierte, aus dem die Safari-Gäste von Mala-Mala nachts die Löwen beim Fraß beobachten können; die Löwen kommen willig zum Luder, das die Ranger vor Einbruch der Dunkelheit unter dem zweitausend Jahre alten Ebenholzbaum auslegen.
Rex hörte also ein Fauchen aus dem Ebenholzbaum. Er stieg die Treppe zu dem Beobachtungsstand hinauf. Büchse im Hüftanschlag, denn er glaubte, dort oben treibe sich ein Leopard herum. Aber es war der Baum selbst, der »fauchte«.
Kaum hatte Rex das Baumhaus betreten, als der Ast von fast einem Meter Durchmesser brach, auf dem es ruhte. Rex sauste mit der Plattform zehn Meter in die Tiefe. Er kam jedoch mit dem Schrecken und einer stark blutenden Schürfwunde am rechten Bein – und einem wie ein Streichholz in der Mitte zerbrochenen Jagdgewehr davon.
In der Nacht nun hatte es geregnet, und die Feuchtigkeit stieg in weißsilbernen Schwaden von den Gräsern auf. Regentropfen glitzerten in der Morgensonne, als habe Gott Nkosi Diamanten in das Buschveld gestreut.
Der Landrover schlingerte auf der nassen Piste. Die bucklige Kuppe des felsigen Leopardenhügels schob sich uns in den Weg.
Wir hielten. Eine Herde Impalas und Zebras stob auseinander, die Zebras mit donnernden Hufen, das dicke Hinterteil arrogante Kehrseite, die sie uns zeigten, Giraffen äugten über die flachen Kronen der Schirmakazien hinweg. In einem Marula-Baum maulte ein gelbschnabeliger Pfefferfresser.
Ich stieg aus, ging ein wenig abseits, machte Bilder vom Leopardenhügel.
Ich hörte, wie Ursula sich mit Rex unterhielt. Sie sprachen über Ostafrika.
»Kennen Sie Major Wincza in Nairobi?« fragte Ursula. »Er hat 1961 unsere erste Safari organisiert.«

»Klar kenne ich den«, lachte Rex.
»Dann kennen Sie bestimmt auch Pierre?« fragte Ursula.
»Pierre? Sie meinen Pierre d'Unionville?«
»Ja, sicher.«
Ich zog den Verschluß der Kamera auf, stand da, wollte etwas sagen, wollte lachen, wie klein ist doch die Welt, wollte Rex fragen, wo ist Pierre, denn wir haben seit Jahren nichts mehr von ihm gehört.
»Sie wissen, daß Pierre tot ist?« fragte Rex und zündete sich eine Zigarette an.
Ich stand da, mit der Kamera, wollte abdrücken, aber meine Finger waren wie festgefroren.
Ich hörte, wie Ursula scharf den Atem einsog. »Pierre?« fragte sie ungläubig. »Pierre tot? Unser Pierre? Nein ...«
»Oh«, sagte Rex und warf uns einen um Entschuldigung bittenden Blick zu. »Ich wußte nicht, daß Sie keine Ahnung hatten!«
Ich ging zum Landrover zurück, packte die Kamera weg.
»Wir hatten Pierre aus den Augen verloren«, sagte ich schließlich.
»Er ist ertrunken. Vor vier oder fünf Jahren«, sagte Rex. »Er war nach Mauritius zurückgegangen, zu seiner alten Mutter. Er hat Freunde mit einem Segelboot rausgenommen, auf den Indischen Ozean. Ein Taifun hat sie überrascht. Ihn und ein paar andere, einen Mann und zwei oder drei Mädchen. Man hat nie mehr was von ihnen gehört.«
Ich blickte zum Leopardenhügel hinüber, sah jeden einzelnen Baum, jede einzelne Aloe, jeden Stein, sah die Regenwolken über der Kuppe, sah alles so scharf wie nie zuvor.
Pierre war tot.
Er war nicht von einem Leoparden gerissen worden, er war auch nicht der Malaria erlegen oder mit dem Landrover in eine Schlucht gestürzt.
Aber er war vor allem nicht im Bett gestorben.
»Typisch Pierre«, entfuhr es mir. Ich sah Ursula schnell an, schuldbewußt, und da entdeckte ich, daß sie verstehend lächelte.
»Ich weiß, was du meinst«, sagte sie.
»Typisch Pierre«, wiederholte ich, mutiger geworden. »Er mit einem Kerl auf einem Boot, ein paar Mädchen, Gin an Bord, der sorglose Teufel ...« Ich lachte, obwohl es mir die Kehle zuschnürte.
Pierre d'Unionville.
Wir kannten uns nur einen Monat lang. Doch was ist die Zeit? Die

Freundschaft eines Mannes wird nicht mit der Elle gemessen, sondern nach dem Gewicht.
Ein Vogel sang ganz in der Nähe. Es war ein heller, energischer, fordernder Ruf. Und ich sah, wie Ursula blaß wurde.
»Der Massai-Vogel«, flüsterte sie.

Rechte und folgende Seiten: Nongqause, die einen Stamm der Ama-Xhosa in den totalen Selbstmord führte, mag so ausgesehen haben wie dieses Xhosa-Mädchen, das wir auf unserer Fahrt entlang der Garden-Route, an der malerischen Küste des Indischen Ozeans, trafen.
Die Metallarmbänder wurden ihr vom Medizinmann ihres Stammes angelegt, um sie gegen Krankheiten zu schützen. Da sie im heiratsfähigen Alter ist, trägt sie ihre Brüste unbedeckt; später wird sie sich in die mit Ocker rotgefärbte Decke hüllen, nach der die Xhosa auch die »Leute mit der roten Decke« genannt werden.
Das Zulumädchen auf unserem Foto (*Seite 178*) war ebenfalls im heiratsfähigen Alter was aus der Haartracht ersichtlich ist: Unzählige Zöpfe, die sie mittels Ton streckt. Ihr Schmuck hat vielfältige Bedeutung, die durch das Muster und die Farben der winzigen Glasperlen zum Ausdruck kommt. Blau bedeutet beispielsweise Sehnsucht nach dem fernen Geliebten, rot leidenschaftliche Eifersucht, weiß die lange weiße Straße nach Johannesburg. Dort arbeiten die meisten jungen Zulus in den Goldminen, um die Lobola zusammenzusparen, den Brautpreis. Er wird auch heute noch in Rindern an den Vater der Geliebten gezahlt.
Pierre d'Unionville führte uns zu diesen jungen Massai-Kriegern (*Seite 179 oben*) am Rande von Arusha in Tansania. Sonntags kommen sie in die ›Stadt‹, um sich selbst und die Touristen mit ihren farbigen Tänzen zu unterhalten.
Pierre versprach uns an diesem Sonntag alte Massaispeere mit den traditionellen Doppellanzen. Wir bekamen die Speere und dazu einen uralten Massai-Schild. Wir konnten sie natürlich nicht im Fluggepäck mit nach Hause nehmen und ließen sie uns von einem indischen Händler in Nairobi per Seefracht nachschicken. Alle Kisten mit Büchern und anderen Kultgegenständen aus Ostafrika erreichten uns unversehrt. Die Kiste mit dem Massai-Schild und den Speeren, in der sich auch die eiserne Kuhglocke sowie der handgeschnitzte Holzlöffel aus der verlassenen Massai-Boma befanden, blieb monatelang verschwunden. Als sie endlich eintraf, waren der Schild zerbrochen, die Schäfte der Lanzen zersplittert, der Holzlöffel unauffindbar. Reichte der Fluch der Massai so weit?
Eine einsame bienenkorbförmige Hütte abseits des Krals dient den Jünglingen der Xhosa als Aufenthalt, während sie sich auf ihre Beschneidung vorbereiten. Die Khwetha, wie sie in dieser Zeit genannt werden, dürfen die Hütte nur vermummt mit Decken – früher natürlich mit Tierhäuten – und mit kreideweißgefärbten Gesichtern verlassen; das weißbemalte Gesicht soll die Identität des Khwetha verschleiern und ihn gegen Dämonen während dieser wichtigen Phase seines Eintritts in die Gemeinschaft der Männer des Stammes schützen (*Seite 179 unten*).

Wir verbrachten viele Stunden bei der Beobachtung von Gazellen wie hier der Grantgazelle in der Serengeti. Immer wieder nahm uns ihre Grazie und ihre Kraft gefangen. Wenn Gefahr droht, macht die Grantgazelle plötzlich steifbeinige Sprünge, bei denen ihr weißer Spiegel warnend aufleuchtet.

Rechte Seite: Nicht immer schauen Nashörner so friedlich in die Welt wie hier am Kilimandscharo. Auf einer Fußsafari in dem südafrikanischen Reservat Umfolozi wurden wir von einer Nashornkuh und ihrem Kalb angegriffen. Nur ein Satz ins Dorngestrüpp rettete uns – mit Urgewalt galoppierte das ungleiche Paar vorbei, eine breite, wie von einem Traktor gewalzte Schneise im Gehölz hinter sich lassend. Nashörner sehen schlecht, haben jedoch einen ausgezeichneten Geruchsinn. Wer in ihre Witterung gerät, muß damit rechnen, von diesen Kolossen des Buschs niedergetrampelt zu werden.

Ich spürte, wie mein Mund trocken wurde, wußte sofort, woran Ursula dachte: An den Fluch der Massai.
Wir kamen vom Ngorongoro-Krater und fuhren in die Serengeti, im März 1961. Wir kamen zu einer Massai-Boma am Hang eines Hügels. Sie war verlassen. Ich bat Pierre anzuhalten.
Unterwegs hatten wir Trupps verzweifelter Massai durch die Hölle der verdorrten Steppe ziehen sehen. Die Rinder waren wandernde Skelette, die jungen Krieger suchten in qualvollen Gewaltmärschen neue Wasserlöcher, den Trageseln kippten selbst unter der leichtesten Bürde die Beine weg. Die Weiber winkten und hielten die Hände um ein Almosen hoch, die Kinder stakten apathisch hinter der Herde her, grauer Staub hüllte sie in einen Trauerflor.
Die sonst so herrischen Massai waren nicht mehr stolz. Gott Ngai hatte sie bestraft, weil sie hoffärtig und übermütig wurden; so sagten sie.
Jetzt waren sie demütig, verschreckte Wilde in einer furchterregenden Welt. Ihr Vieh verdurstete. Damit verdursteten auch sie selbst, denn Vieh ist für die Massai der Inhalt des Lebens. Jeder Massai-Junge wächst zusammen mit einem Rind auf, mit einem kleinen Bullen, der zu gleicher Zeit geboren wurde wie er selbst, der einen Namen hat, bei dem er nachts schläft, mit dem er spricht wie mit einem Bruder.
Sie sind ein stolzes Volk, ein phantastisches Volk, aber sie sind dem Untergang geweiht. 60 000 gibt es noch von ihnen in Kenia und Tansania. Nur wenige von ihnen können lesen und schreiben und haben sich der Zivilisation angepaßt. Die Masse der Massai lehnt alles ab, was Zivilisation bedeutet.
Wir fuhren durch uraltes Massai-Land, eine weite Ebene, von Bergen umgeben, in der sie einst wie Könige herrschten. Und wir hielten an der verlassenen Massai-Boma. Hoch am Himmel zogen Geier eine schwarze Bannmeile um das leere Dorf.
»Schau dir das an«, sagte Pierre. »So etwas habe ich noch nicht erlebt. Die Massai verbrennen sonst ihre Bomas, wenn sie weiterziehen. Nur, wenn ein großes Unglück geschehen ist –«, er brach ab.

Doch die Kehrseite dieser Pracht und des fast verschwenderischen Reichtums der Natur mußten wir in Südafrika sehen: Elefanten, die verzweifelt am fast ausgetrockneten Letaba-Fluß Wasser suchten und deren Schicksal vorherbestimmt war – der Gnadentod von der Hand des Menschen.

»Mensch«, flüsterte er dann, »vor einem Monat war ich hier, habe für einen Safari-Gast Speere und Schilde gekauft, aber die jungen Massai haben uns eine Meile weiter regelrecht überfallen und uns die Sachen wieder abgenommen. Wir hätten ihnen zu wenig dafür gegeben, riefen sie. Und ich – ich habe sie verflucht: Wenn ich wiederkomme, ist eure Boma leer. Und da haben sie mich verflucht.«
Ich sah Pierre an und begann zu lachen. »Du glaubst, daß diese Flüche gewirkt haben?«
»Du kennst Afrika nicht.« Pierre blickte mich mit harten, blauen Augen an.
»Quatsch.« Ich stieg aus.
»Bleib hier«, sagte Pierre.
Ich lachte nur, ging zu der Boma, schlüpfte durch die Hecke aus Dorngestrüpp auf den freien, von unzähligen Viehhufen glattgestampften Platz zwischen den Hütten. Ich kroch in eine der Hütten. Es stank, und es war stockdunkel. Man kann in diese Hütten nur auf allen Vieren kriechen. Der Eingang ist so klein gehalten, um unwillkommene Fremde und wilde Tiere abwehren zu können.
Ich kroch wieder ins grelle Sonnenlicht zurück. Pierre stand neben dem Landrover und blickte mißbilligend zu mir herüber. Ich bückte mich, hob eine eiserne, primitiv geschmiedete Kuhglocke auf.
»Komm«, rief er, »weg von hier!«
Ich fand noch einen grobgeschnitzten hölzernen Löffel, steckte ihn in meinen Gürtel, nahm die Kuhglocke mit und konnte es mir nicht verkneifen, Pierre grinsend damit anzubimmeln. Er war sehr blaß.
»Das Zeug kommt mir nicht in den Wagen«, sagte er, »dieser Platz ist verflucht!«
Ich stieg in den Landrover. »Das Zeug geht mit«, sagte ich. Und setzte meinen Willen durch.
Eine Meile weiter platzte uns der linke Vorderreifen. Es hätte uns fast in eine Schlucht gerissen. Zwei Stunden später fiel der Vergaser aus. Die Reparatur dauerte bis in die anbrechende Dunkelheit.
Von da an gab es keinen Tag mehr, ohne daß irgend etwas mit dem Wagen los war, einer von uns sich fast das Bein brach oder beinahe von einer Schlange gebissen wurde. Es waren alles kleine Un- und Zufälle, mehr Warnungen als Bestrafungen.
Und immer war dieser kleine, rotschwarze Vogel in unserer Nähe, den wir in der verlassenen Massai-Boma erstmals gesehen hatten.
»Er singt uns den Fluch der Massai«, sagte Pierre.

Wer nie längere Zeit in Afrika war, wird die dämonische Ausstrahlung dieses Landes nicht verstehen, wird nicht begreifen können, daß selbst die Weißen an die schwarze Magie glauben, daß sie von der Wirksamkeit von Verfluchungen, Eiden und Bannsprüchen überzeugt sind.
Woran liegt das? Ist es die Weite des Landes, seine Primitivität, ist es der Urwald, der Busch? Ist es die lange Nacht Afrikas, erfüllt vom Heulen der Hyänen, vom Brüllen der Löwen, vom Gekreisch der Affen? Ist es dieser endlose, bleiheiße Tag, der Fata Morganas an den Horizont malt, ist es die Halluzination, die zum fleischlichen Bild, die Suggestion, die zur Tatsache wird? Wir wissen es nicht, wir wissen nur, daß Dinge »passieren«.
Wir haben es erlebt – wir haben den Massai-Vogel in Deutschland wiedergesehen, den rotschwarzen Boten aus Afrika, er hat uns geweckt, morgens, wenn die Sonne aufging, er hat mit seinem Schnabel an das Fenster unseres Schlafzimmers gepocht. Es war der gleiche Vogel, dem wir in der Serengeti begegneten, er kam, als wollte er uns warnen.
In jener Zeit arbeitete ich sehr viel. Ich bekam zu wenig Schlaf, betrieb keinen Sport mehr, aß zuviel, trank zuviel. Ich arbeitete an einem neuen Roman. Ich wollte fertig werden, die Arbeit brannte mir unter den Fingern.
Der Vogel kam im roten Morgenlicht, pochte ans Fenster, flog auf den niedrigsten Ast der Buche davor, schaute mich mit seinen schwarzen, so klugen Augen an, wenn ich aufstand, ans Fenster trat. Er kam und warnte.
Genau fünf Monate nach unserer ersten Begegnung mit dem Massai-Vogel in der Serengeti wurde ich krank. Ein Vierteljahr lang hing mein Schicksal in der Schwebe. Da dachte ich an Afrika, an die Massai-Boma, dachte daran, was Pierre gesagt hatte. Ich hatte ihn nicht ernst genommen.
Und das Seltsame geschah – seit der Nacht meiner Erkrankung kam er nicht mehr, der kleine rote Vogel mit den durchdringenden Augen, mit dem ungeduldigen Pochen an unser Fenster. Er hatte seine Mission erfüllt. Er blieb verschwunden – bis zu diesem Morgen in Mala-Mala in Südafrika, achttausend Kilometer und fast zehn Jahre entfernt.
Er saß auf einem Zweig im Geäst eines Marula-Baums, schaute uns mit seinen schwarzen Augen an und sang sein warnendes Lied.

»Das ist doch nicht möglich«, flüsterte Ursula.
»Kennen Sie diese Vogelart?« fragte ich Rex.
»Welche?«
»Dort drüben, der kleine schwarzrote Vogel in dem Marula-Baum.«
»Ich sehe keinen schwarzroten Vogel.«
»Hören Sie ihn denn nicht?«
Rex schüttelte verwundert den Kopf.
»Bitte, ich möchte ins Camp zurück«, flüsterte Ursula.
Schweigend fuhren wir ins Camp von Mala-Mala zurück. Schweigend verbrachten wir den Rest des Tages, niedergeschlagen, verwirrt.
Der Massai-Vogel hatte uns die Nachricht von Pierres Tod gebracht.
Auch das ist Afrika.

Spät am Abend, als das Lagerfeuer in der Boma schon in sich zusammengesunken war und die Asche die Strünke der Fieberbäume mit weißem Schnee überzog, fragte Adriaan: »Was ist los mit euch beiden?«
Ich erzählte Adriaan die Geschichte vom Fluch der Massai, von Pierre d'Unionville, der mein Freund war, der mich warnte vor dem düsteren Zauber Afrikas, und dessen Warnung ich in den Wind schlug. War Pierre gestorben, weil ich über den Fluch der Massai lachte?
Adriaan schüttelte den Kopf. »Michael, da würde ich mir wirklich keine Gedanken machen.« Er stieß mit der Stiefelspitze ein Holzscheit tiefer ins Feuer, die Glut leuchtete auf, Funken stoben zum Kreuz des Südens hoch.
»Aberglaube in Afrika – er ist eine der großen Triebkräfte dieses Kontinents. Der Aberglaube regiert noch von der Sahara bis zum Kap und vom Kilimandscharo bis in die Sümpfe Senegals. Zauber, schwarze Magie, ja, ich kenne sie. Ich bin Südafrikaner, ich bin hier geboren, ich bin unter Schwarzen groß geworden. Ich weiß, was Aberglaube heißt.«
Adriaan nippte an dem einen Likör, den er stets nach dem Essen trank, einem »Tia Maria«.
»Wir hatten einen Shangaan, Leo, hier im Lager, dessen Bruder mit zehn Jahren in einem Fluß ertrunken war. Davon wußte ich allerdings noch nichts, als wir eines Abends von der Jagd zurückkamen und der Sand-River ziemlich viel Wasser führte. Wir wateten alle durch den Fluß, nur Leo blieb am anderen Ufer zurück. Ich rief ihm zu, ›come on, Leo, let's go‹, aber er kam einfach nicht, und ich befahl

zwei Boys, Leo rüberzuholen. Sie gehorchten widerwillig, palaverten mit ihm, packten ihn schließlich und trugen ihn über den Fluß. Alles ging gut, bis einer der Boys stolperte und Leo naß wurde. Er begann zu schreien wie am Spieß. Am Ufer brach er zusammen. Er hatte einen schweren Schock. Er bekam Fieber und war tagelang krank. Wenn er nicht solch ein bullenstarker Kerl gewesen wäre, hätte ihn die Angst vor dem Fluß wahrscheinlich getötet. Denn er glaubte fest, daß er ertrinken würde wie sein Bruder, wenn er in einen Fluß stieg. Wir haben ihn schließlich entlassen müssen.«

Adriaan leerte sein Glas. »Oder nehmt die Geschichte des Boys, der plötzlich beim Servieren des Frühstücks hier in der Lodge mit um den Kopf gebundenen Gnu-Hörnern auftauchte. Er hatte Ärger mit den Frauen in seinem Kral, und der Medizinmann hatte ihm gesagt, nur, wenn er zwei Wochen lang das Gnu-Gehörn Tag und Nacht trage, würde der Knatsch mit seinen Frauen vorbeigehen. Wir redeten mit ihm, versuchten, ihm Vernunft beizubringen. Aber er behielt die Hörner vierzehn Tage lang um seinen Kopf gebunden – und danach erschien er glücklich grinsend. ›Alles okay‹, sagte er zu mir. In seinem Kral hing der Haussegen wieder gerade. Oder nimm die Geschichte von Jackson. Er war der beste Fährtensucher, den wir je hatten, aber er war immer häufiger betrunken. Wir mußten ihn schließlich entlassen. Jackson schwor, daß er ganz Mala-Mala verfluchen würde, wenn wir ihm keine fünfundzwanzig Rand als ›Abfindung‹ gäben. Wir lachten ihn aus, zahlten ihm seinen Lohn, und er trollte sich mit finsterer Miene und mehr oder weniger lauten Verwünschungen davon. Seit dem Tag bekamen wir keine Löwen mehr zu Gesicht. Kein einziger kam mehr zum ›Tree-House‹. Und da das eine unserer größten Attraktionen ist, waren wir ziemlich sauer. Jackson verbreitete inzwischen, er persönlich habe die Löwen verhext, und wenn wir nicht bald die verlangten fünfundzwanzig Rand bezahlten, würden sie für immer aus Mala-Mala verschwinden. Wir zuckten mit den Schultern und warteten. Wir warteten zwei Wochen lang – aber kein Löwe ließ sich sehen. Da wurde uns doch ziemlich mulmig. Wir zahlten Jackson seine fünfundzwanzig Rand. Am gleichen Abend kamen die Löwen zurück.«

Lautlos drehte sich das Firmament um uns. Die Sterne hingen wie die kalten Augen eines toten Raubtiers über der Boma. In solchen Nächten ist es leicht, an Fluch und Zauberei zu glauben; für die schwarzen Einwohner dieses Kontinents gibt es Tausende solcher Nächte.

Adriaan schaute uns an, dann sagte er: »Wenn ihr noch nicht zu müde seid, erzähle ich euch eine der makabersten Geschichten, die ihr je gehört habt.«
Wir waren nicht zu müde.
»Ein ganzer Bantustamm hat hier in Südafrika aus Aberglauben Selbstmord begangen«, sagte Adriaan. »Ein ganzes Volk, die Ama-Xhosa am Indischen Ozean. Bis heute weiß man noch nicht genau, wieviele Menschen damals umkamen. Es müssen über hunderttausend gewesen sein.«

Sie war sechzehn Jahre alt, die Tochter eines Stammesältesten der Ama-Xhosa. Sie war ein hübsches Mädchen mit dem Körper einer Elfe. Sie hieß Nongqause.
Eines Tages ging sie zum Fluß hinunter, um Wasser zu holen. Verstört kam sie zurück.
Sie hatte, so berichtete sie den Dorfbewohnern, unten am Fluß zehn Männer gesehen, »von überirdischer Schönheit«. Diese hätten ihr erzählt, sie kämen aus dem Jenseits mit wichtiger Botschaft für die Ama-Xhosa.
Mhlakaza, der Medizinmann und Onkel der jungen Nongqause, ging daraufhin selbst zum Fluß hinunter. Die »schönen Männer« erwarteten ihn schon. Mhlakaza erkannte sofort, daß es die Geister der Ahnen waren.
»Wir kommen von den Schlachtfeldern jenseits des Meeres«, sagte ihr Anführer. »Wir sind herbeigeeilt, um euch zu helfen, die verhaßten Weißen in den Ozean zu treiben.«
Es war im Jahre 1856, die Britischen Kolonialbehörden und die Buren hatten das Gebiet am Kei-Fluß, wo die Ama-Xhosa lebten, zwar unter Kontrolle, aber ein Funke genügte, um den schwelenden Haß der Eingeborenen gegen die Fremden zu heller Flamme zu entfachen. Die Lungenpest der aus Europa importierten Rinder war aus den weißen Farmgebieten am Kap in das Kei-Gebiet eingeschleppt worden, und die Ama-Xhosa glaubten, die Weißen hätten dies mit Absicht getan, um ihre Rinder zu vergiften. Kreli, Häuptling der Galekas, eines der Ama-Xhosa-Stämme, wartete nur auf die Gelegenheit zum Aufstand.
Diese Gelegenheit sollte ihm Nongqause verschaffen.
Nach der Begegnung mit den »zehn Ahnen« erreichte sie eine »göttliche Botschaft«, die lautete: »Tötet alles Vieh!«

Der Stamm wurde wie vom Wahn ergriffen. Alle Rinder wurden geschlachtet, alle Schafen, alle Ziegen.
Doch das war noch nicht alles.
Am »heiligen« Fluß Gxara hatte Nongqause ein neues Gesicht: Das Abschlachten des Viehs war noch nicht genug! Wenn sich die Ama-Xhosa auf den Krieg gegen die Weißen vorbereiten wollten, dann mußten sie alles Lebende vernichten, jedes Feld zerstören, die Ernte verbrennen. Kein Maiskorn durfte übrig bleiben, selbst die Küchenutensilien, Töpfe, Pfannen und Krüge, mußten zerschlagen werden. Erst dann war der Stamm »rein«, und die Götter der Ahnen würden die Weißen ins Meer werfen.
Die verblendeten Ama-Xhosa befolgten den Befehl aus dem »Jenseits« und erfuhren: »Es werden zwei Sonnen im Osten aufgehen, blutigrot. Sie werden zum Himmel aufsteigen und stehen bleiben. Ein Orkan des Todes wird sich erheben und die Weißen ins Meer fegen. Die beiden Sonnen werden wieder im Osten untergehen, und dann wird das Tausendjährige Reich der Ama-Xhosa kommen.«

In die Stille hinein, die Adriaans Worten folgte, platzte das Gekreisch einer Hyäne. Es klang wie Hohngelächter auf Adriaans Erzählung.
»Ich weiß, das klingt alles unglaublich. Aber schon weitaus zivilisiertere Völker als die Ama-Xhosa sind auf das Gerede vom Tausendjährigen Reich hereingefallen.« Er grinste mich an.
»Sie wollen doch nicht sagen, Adriaan, daß die Ama-Xhosa wirklich alles, was lebte, zerstört haben?« fragte Ursula.
»Innerhalb von wenigen Wochen glich das Gebiet am Kei einer Wüste. Die Ama-Xhosa hockten vor ihren Hütten und warteten, ohne Nahrung, geduldig und gläubig, auf den ›Endsieg‹ ihrer sechzehnjährigen Nongqause über die Weißen. Der ›Tag der blutigen Sonnen‹ wurde mehrfach verschoben, aber schließlich auf den 18. Februar 1857 festgelegt. Blutigrot färbte sich an diesem Morgen der Himmel im Osten – aber nur eine Sonne ging auf. Erstarrt warteten die schon durch langen Hunger geschwächten Ama-Xhosa darauf, daß sie wenigstens wieder im Osten untergehen würde. Der Tag verstrich, die Sonne ging, wie immer, im Westen unter. Und kein Wind erhob sich, geschweige denn ein Orkan des Todes. Ja, doch, gleich hinterher, kam der ›Orkan des Todes‹. Aber er traf die Ama-Xhosa. In einem Gebiet von mehreren tausend Quadratmeilen gab es kein einziges Getreidekorn, kein winziges Stückchen Kaffernbrot, kein Rind mehr,

das man schlachten konnte, kein Ei, keine Milch, nichts, absolut gar nichts. Panik befiel den Stamm. Die Dörfer entleerten sich, die Menschen zogen gegen Süden, auf die Gebiete der Weißen zu, um Hilfe zu finden. Aber unterwegs starben sie, verhungerten einfach. Stammeskrieg brach aus, der Bruder erschlug den Bruder, der Vater den Sohn. Kannibalismus war an der Tagesordnung. Als alles vorbei war, glich das Land einem einzigen Friedhof. Tausende von Skeletten bleichten in der Sonne, die Leichen lagen in einzelnen Tälern des Kei so weit das Auge reichte. Die Ama-Xhosa hatten sich in ihrem Aberglauben selbst ausgerottet.«
»Und dieses Mädchen, Nongqause?« fragte Ursula.
»Sie floh zu den Weißen«, sagte Adriaan, »stellte sich unter ihren Schutz. Sie führte ein friedliches Leben in der Kap-Provinz, bis zu ihrem natürlichen Tod.«

Der Aberglaube der Eingeborenen, man muß mit ihm rechnen, auch wenn man an die Arche denkt; dieser Aberglaube, der sich so oft der wilden Tiere als lebendiger Sendboten des Bösen bedient; ein Elefant, der eine Shamba zertrampelt, ist kein normaler Elefant, ein Löwe, der einen Menschen reißt, kein normaler Löwe. Beide sind von einem Dämon besessen, beide gehorchen einer magischen Zerstörungskraft – so glauben es viele Eingeborenen, und wer wollte ihnen das Gegenteil beweisen?
»Es ist ein langer, schwerer Weg«, sagte Adriaan Erasmus, als ich ihn darauf ansprach. »Und ich weiß nicht, ob wir es je schaffen, die Schwarzen das lieben zu lehren, was sie von jeher so sehr fürchten.«
Daran müssen wir denken. Die Arche wird sinken, wenn wir die Schwarzen, vor allem ihre gebildeten Führer, nicht davon überzeugen können, daß die wilden Tiere nicht nur dämonische Feinde oder exotische Attraktionen für europäische und amerikanische Touristen sind. Dies zu verleugnen, dies zu verschweigen, wäre Heuchelei.
Am nächsten Morgen fuhren wir in aller Frühe durch die kalte, violette Dämmerung des Wintermorgens in den Krügerpark. Wir fuhren der letzten großen Station unserer Safari entgegen – einem Stück Mopani-Busch irgendwo im Letaba-Distrikt. Wir würden Gus Adendorff wiedersehen, unseren Freund, den dienstältesten Wildwart im Krüger-National-Park. Und wir würden Zeuge eines Dramas im Kampf um die Arche werden, das unser Leben verändern sollte.

14

Der brennende Elefant

»Löwen«, sagte Gus Adendorff und blickte in das winterlich verdorrte Veld hinaus. »Weißt du, daß man bis vor gar nicht langer Zeit auch hier noch, im geheiligten Krügerpark, Löwen abgeschossen hat?« Er stemmte die Fäuste in die Taschen seines wie immer makellos sauberen, khakifarbenen Safari-Anzuges. Die fahle Sonne spiegelte sich in der runden, goldgrünen Plakette, die er wie einen Sheriffs-Stern trug, und die ihn als Wildwart auswies. »Löwen galten als *Ungeziefer*, ganz offiziell.«
»Warum?« fragte ich. »Warum ist das geschehen, Gus?«
»Es gab angeblich zu viele von ihnen. Sie beschränkten den Lebensraum der anderen Tierarten. Zuviele Löwen bedeuten mehr Hyänen und wilde Hunde und Schakale und Geier. Die Natur war aus dem Gleichgewicht geraten.«
Gus nahm meinen Arm. »Komm ins Haus«, sagte er, »dann erzähle ich dir die ganze Geschichte.«

Wir setzten uns auf die Veranda, unter dem mächtigen Säbelgeweih einer Rappenantilope und dem Löwenschädel mit den riesigen Fängen, die Gus dort an die Wand genagelt hat. Der Löwe war von der Säbelantilope getötet worden. Gus kam ein paar Minuten nach dem Kampf dazu. Der Antilopenhengst lag im Sterben. Seine langen Säbelhörner waren blutverkrustet. Gus blieb nur noch übrig, ihm den Fangschuß zu geben.
»Du bist hergekommen, um das ›Elephant-Culling‹ zu sehen, den Abschuß der Elefanten?« fragte er mich.
Ich nickte.
»Wie lange bleibst du?«
Ich sagte ihm, daß ich eine Woche im Letaba-Distrikt bleiben würde. Gus' bedrückte Miene hellte sich auf. »Dann werden wir ein paar Fahrten zusammen machen, hinauf in die Lebombo-Berge, an den Letaba, an den Olifants-River. Ich werde dir Löwen zeigen, so viel du willst.«
»Ich dachte, du würdest mir das Elephant-Culling zeigen?«
»Nein«, sagte Gus nur knapp.

Wie er da saß, breitschultrig, mit diesen festen Händen, mit diesem offenen, ehrlichen Gesicht, immer ein wenig gerötet, von der Sonne, vom Wind, war er der Urtyp des Wildwarts.
»Du wirst mit einem anderen Ranger fliegen«, sagte Gus. »Du wirst sehen, wie es gemacht wird. Dann bilde dir dein Urteil selbst. Es stimmt, daß die Elefanten hier im Mopani-Busch hausen wie die Wilden. Sie reißen die Baumstämme aus, um nur eine Handvoll zarter Blätter oben aus der Krone zu erwischen, sie zerstören die Wasserlöcher. Es sind zu viele geworden. Aber du wirst es ja selbst sehen.«
Mehr war aus ihm nicht rauszuholen. Aber ich mußte an die Geschichten denken, die Romeo in Mala-Mala und auch andere Ranger mir erzählt hatten, daß die Geier bereits dem Hubschrauber folgten, der die Elefanten aufspürt, die abgeschossen werden sollten, daß die Löwen hinter den Lastern herliefen, wenn sie von Skukuza ausfuhren, um die erlegten Elefanten zum Schlachthaus einzuholen. Die Löwen mästeten sich an den Gedärmen der Elefanten, die in der Steppe liegenblieben, so sagte man. Die schwarzen Boys sollten sich schon geweigert haben, mit den Lastern zu fahren, weil sie Angst vor den Geistern der Elefanten hatten. Vor einiger Zeit war ein Lastwagen mit Elefantenkadavern nachts in einen Fluß gestürzt. Ein paar Boys wurden unter den Elefanten begraben. Es gab keine Toten, aber ein paar schlimme Verletzungen. Seitdem waren die Boys noch verschreckter. Die Dämonen gehen um, sagten sie.
Ich erzählte Gus, was ich gehört hatte.
»Frag Doktor Pienaar«, sagte Gus. »Er ist der Chefkonservator des Krügerparks. Er weiß am besten Bescheid.«
Gus erzählte mir dann, daß das ›Culling‹, also der Abschuß von überzähligen Tieren, außer den Löwen und Elefanten auch schon die Flußpferde betroffen hatte.
»Ich werde dir die Stelle zeigen, wo die Flußpferde verarbeitet wurden«, sagte er. »Es ist ein altes Lager am Letaba-Fluß. Morgen fahren wir hin.«

Gus ist voller Pläne, vital wie immer. Sein Lebensstil, seine direkte, zupackende Art, seine Ehrlichkeit, haben ihn zum populärsten Wildwart im Krügerpark gemacht.
Gus ist keiner jener Männer, die sich durch spektakuläre Maßnahmen oder Erfolge im Wildschutz einen internationalen Namen gemacht haben wie Ian Player oder Dr. Pienaar. Er hat keine neuen Fang-

methoden erfunden, um Tierarten aus gefährdeten Siedlungsgebieten in andere Habitate zu bringen, er hat keine wissenschaftlichen Analysen des Wild-Managements erstellt, aber er hat in zwanzig Jahren täglichen Umgangs mit den wilden Tieren all das gelernt, worauf jene Männer ihre Thesen stützen und die Methoden des modernen Wildschutzes entwickeln konnten.

Gus ist einer der Wildwarte, die, außerhalb Afrikas kaum bekannt, im täglichen Einsatz an der Arche bauen – indem sie Buschbrände bekämpfen, Bohrstellen für Grundwasser anlegen, kranke Tiere fangen und pflegen oder ihnen den Gnadenschuß geben, die für die Sicherheit der Pisten und Wege in den Reservaten sorgen, den Eingeborenen in ihren kleinen und großen Nöten helfen, Brücken und Stege bauen, Wilddiebe verjagen, Sanitäter und Buscharzt für Mensch und Tier sind.

Gus Adendorff wurde am 6. Januar 1922 in Elim im nördlichen Transvaal, in der Nähe des Letaba-Rivers, geboren, der sein Schicksalsfluß werden sollte, wie er sagt. Denn heute, nach zwanzig Jahren als Wildwart im Krügerpark, liegt sein Rangerposten im Letaba-Camp, und er ist für den Letaba-Distrikt als Chef-Ranger verantwortlich – ein Bezirk, der fast so groß ist wie Bayern. Elim liegt in den Soutpans-Bergen. Dies ist eine der schönsten Gegenden Südafrikas, auch das »Land der Regenkönigin« genannt, wo der Stamm der Bavenda lebt. Die Bavenda gehören zu den schwarzen Völkern Südafrikas, die auch heute noch ihr Dasein im Rhythmus ihrer alten Kultur gestalten.

Adendorffs Vorfahren wanderten bereits zu Ende des 18. Jahrhunderts in Südafrika ein und siedelten sich, wie alle europäischen Kolonisten damals, zuerst am Kap an. Die Adendorffs kamen aus Deutschland, aus der Gegend um Köln. Mütterlicherseits stammt die Familie aus England und Schottland. Die Adendorffs schlossen sich dem Großen Treck der Buren zu Anfang des 19. Jahrhunderts über den Oranje-Fluß ins damals völlig unbesiedelte Herzland Südafrikas an. Im Jahre 1872 erreichte die Familie das nördliche Transvaal und ließ sich schließlich in dem oben erwähnten Elim in der Nähe der Stadt Louis Trichardt nieder. Gus wurde auf einer Farm groß. Er war von Jugend an mit dem Leben der Natur und der Wildnis vertraut.

»Wir hatten damals in den Soutpans-Bergen, und das war bereits gegen Ende der zwanziger Jahre, noch viel Wild«, erzählte mir Gus. »Wir hatten sogar noch Raubtiere, die die Farmen unsicher machten,

Leoparden und auch Löwen. Nach der Schule arbeitete ich bei meinem Vater auf der Ranch. Wir züchteten damals Mastvieh. Den größten Teil meiner freien Zeit verbrachte ich draußen in der Wildnis. Ich ging viel auf die Jagd, ich fischte in den Bergflüssen, ich freundete mich mit den Bavenda an. Du kannst dir gar nicht vorstellen, wie schön das Leben damals noch war – und das ist erst dreißig Jahre her. Es gab alle Arten von Antilopen, die man jagen konnte. Ich habe damals auch meinen ersten Löwen geschossen. Elefanten bevölkerten die Wälder am Limpopo-Fluß, und ich übertreibe nicht, wenn ich behaupte, daß es zu jener Zeit in den Soutpans-Bergen noch genausoviel Wild gab wie heute hier im geschützten Krügerpark. Das war sogar noch so, als ich vor zwanzig Jahren hier Wildwart wurde.«

Im Jahre 1950 wurde der damalige Chef-Wildwart des Krügerparks bei einem Besuch in den Soutpans-Bergen auf den jungen Adendorff aufmerksam gemacht, der die Farm seines Vaters leitete und gerade achtundzwanzig Jahre alt war. Colonel Sandenberg bat Gus, sich den »Betrieb im Krügerpark« einmal anzusehen, denn er brauchte energische junge Leute, die etwas vom Wild verstünden und den Busch liebten. Am 1. Mai 1950 trat Gus Adendorff seinen Dienst im Nationalpark an. Aus dem Jäger wurde ein Wildheger. Gus ging für einen Monat nach Skukuza, wo er in die harte Schule eines der berühmtesten Wildwarte Afrikas, Harry Kirkman's kam. Kirkman, der heute pensioniert auf einer Privatfarm am Sand-River lebt, ist wohl einer der erfahrensten Game-Ranger, die je im Dienst des National Parks Board in Südafrika standen. Durch seine Hände sind dutzende junger Wildwarte gegangen. Er hat seine Erfahrungen all den Männern mitgeteilt, deren Namen heute im Wildschutz Südafrikas einen Klang haben, wie Don Lowe, Gus Adendorff, Thys Mostert, Jan de Kock, Dr. Uys V. Pienaar, Johann Kloppers und viele andere. Nach Abschluß des kurzen, aber sehr intensiven Kurses in Skukuza wurde Gus in den Norden des Krügerparks nach Shingwidzi geschickt. Von da machte er in den kommenden zwanzig Jahren sämtliche Stationen im Reservat durch, bis er schließlich am 1. Mai 1967 Chef-Wildwart des Letaba-Distrikts wurde.

Die Abenteuer, die Gus Adendorff bestanden hat, würden ein ganzes Buch füllen. Er hat allein in den Tagen, ehe es überhaupt Drogenpfeile gab, die den Abschuß von Großwild zu einer relativ einfachen Sache machen, zu Fuß mit der Büchse, dreiundsechzig kranke, verletzte oder marodierende Elefanten erlegt. Er hat Löwen und Leopar-

den geschossen, ist von ihnen angegriffen worden, hat Malaria und Bilharzia gehabt, ist unzählige Male verletzt worden, ist aber stets wieder auf die Beine gekommen, ein Mann aus Stahl, so möchte man glauben. Und doch – das Töten eines Tieres bedeutete für ihn die schmerzvollste Aufgabe in seinem Dienst. Es muß sein, wenn zum Beispiel Löwen über den Grenzzaun des Krügerparks geklettert sind und die Privatfarmen der weißen und schwarzen Siedler unsicher machen.
Gus hat am eigenen Leibe miterlebt, wie die Tierwelt Südafrikas, wo sich hochtechnisierte Zivilisation und Wildnis so nahe begegnen wie nirgendwo anders auf dieser Erde, immer kleiner geworden ist. Er nennt auch die Gründe dafür.
»Nimm zum Beispiel die Soutpans-Berge«, sagte er mir. »Ich erzählte dir schon, daß es dort vor zwanzig Jahren noch von Wild wimmelte. Heute ist es dort praktisch ausgerottet. Das einzige, was hin und wieder einmal auftaucht, sind ein paar Wasserböcke und Kudus in den unzugänglichsten Bergschluchten, ein Trupp Impalas, hin und wieder ein Leopard. Wie konnte dies in der kurzen Zeit von zwanzig Jahren geschehen? Nun, früher betrieben die großen Farmen im Norden des Transvaal überwiegend Viehwirtschaft. Die Rinder weideten in der Steppe und im Busch genauso wie die wilden Tiere. Aber nach dem Krieg fielen die Fleischpreise ins Bodenlose, und die Rancher stellten sich auf Ackerbau um. Das bedeutete, daß der Busch gerodet werden mußte. Und das war natürlich das Ende der Wildnis und der wilden Tiere.«

Wir machten die versprochene Fahrt mit Gus zu dem alten Lager am Letaba, wo die Flußpferde verarbeitet wurden, die man im Jahre 1964 dort abschoß. Insgesamt wanderten einhundertzwanzig Flußpferde in die Kessel, in denen man das Fett herauskochte«, erklärte Gus. »Dann sah man ein, daß die Operation sinnlos war. Die Flußpferde verzogen sich, das Lager wurde geräumt.«
Unter einem alten Baobab lagen die verrosteten Geräte herum, Fangeisen, Kochkessel, Drahtschlingen. Es stand auch noch eine Hütte dort, aus der uns Fledermäuse entgegenflatterten, geblendet vom Tag, als wir die Tür aufstießen. Im Gras lag ein Hippo-Schädel, an einem Ast hingen vermoderte Streifen von Flußpferdhaut. Es war ein wahrhaft trostloser Ort. Es war so still, als wüßten die Tiere, was hier geschehen war, und als mieden sie deshalb das verlassene Camp.
»Warum hat man das eigentlich getan?« fragte Ursula.

»Wir hatten eine lange Dürre«, sagte Gus. »Der Letaba war nur noch ein Rinnsal, und die Flußpferde drängelten sich in den verbleibenden Wasserpfannen, bis es Suhlen waren. Es gab kein Wasser mehr für die anderen Tiere. Aber man vergaß eins – Flußpferde wandern auch über Land, auf der Suche nach anderen Flüssen oder Seen, wenn sie merken, daß ihr Habitat nicht mehr ausreicht. Doch das hat man nicht abgewartet.«

Gus schlug die Tür der alten Hütte zu, daß der Staub aufflog.

Als wir weiterfuhren, schaute er mißtrauisch zum Himmel, der einen harten, stahlgrauen Stich bekommen hatte. Geier kreisten die Sonne ein, Staub stieg in gelbschimmernden Hitzespiralen hoch, die Luft knisterte, es roch nach Brand.

»Scheint ein Sturm zu kommen«, sagte Gus.

Der Lebombo ragte in scharfer Silhouette vor uns auf, hart abgezirkelt in der blassen Luft, wie ich ihn noch nie gesehen hatte.

Der Lebombo ist eine Bergkette, die selbst eine träge Phantasie beflügeln kann.

»Die Eingeborenen haben in den Felsnischen ihre toten Häuptlinge bestattet«, erzählte Gus, »und sie glauben, daß sie eines Tages wiederkommen, um ihren Tod zu rächen.«

»An wem?«

»An denen, welche die alten Stammesbräuche nicht mehr achten. Sie werden wiederkommen, die toten Häuptlinge, in der Gestalt von menschenfressenden Löwen, Hyänen und Leoparden. So sagen es die Medizinmänner den Eingeborenen. Du glaubst nicht, Michael, welche Macht die Medizinmänner auch heute noch ausüben. Die schwarze Magie, sie lebt hier in Afrika.«

Die Hitze nahm uns den Atem. Wir bekamen kaum Tiere zu sehen. Ein Gewitter schob trächtige Wolkenbäuche über den Lebombo.

»Wir machen auf diesen Wegen eine Reise zurück in die Geschichte«, sagte Gus. »Die Zulus sind hier durchgezogen, die Portugiesen, die Buren, die Engländer, die Swazis und wer nicht noch alles. Menschentrecks und Tierherden, Farmer und Goldgräber, Conquistadores und Legionäre aus aller Welt, Großwildjäger und Missionare. Alt ist dieses Land und alt ist seine Geschichte.«

Gus hielt den Wagen an, deutete mit seiner Stummelpfeife auf einen Paßeinschnitt des Lebombo.

»Da fand vor fast hundertdreißig Jahren der Vortrekker-Patriarch Louis Trichardt als erster Europäer den Weg nach Moçambique – nach einem qualvollen Marsch von zwei Jahren durch die Wildnis. Für die Buren bedeutete es das Ende ihrer Isolierung in Transvaal. Ich zeige dir einen Baum, Michael, in dessen Rinde die Vortrekker damals ihre Initialen eingeschnitten haben, einen bestimmt zweitausend Jahre alten Affenbrotbaum.«

Gus redete sich in Begeisterung. Ich konnte ihn gut verstehen. Er ist ein Weißer, in Afrika geboren, in einem weißen Land, dessen Geschichte bis ins 17. Jahrhundert zurückreicht, wie die der Vereinigten Staaten – damals noch britische und französische Kolonien –, und um dreihundert Jahre älter ist als die von rund neunzig Prozent der Staaten, die heute Sitz und Stimme in der UNO haben.

»Das ist unser Land!« sagte Gus.

Es ist das Land seiner Väter. Es ist auch das Land der Schwarzen, die von Norden her eindrangen, um es zu erobern, und am Tugela-Fluß in Natal mit den aus dem Süden kommenden Buren und Engländern zusammenstießen.

Es ist das Land vieler Rassen und vieler Völker auf oft schroff verschiedenen Ebenen der Entwicklung und Zivilisation.

Und die Geschichte des Buschvelds von Transvaal spiegelt die Geschichte des ganzen Landes wider, die Kämpfe zwischen Weiß und Schwarz, zwischen Swazis und Zulus und Shangaan, zwischen Engländern und Buren, bis daß endlich, um die Wende des Jahrhunderts, Frieden wurde.

Gus fuhr eine Anhöhe hinauf. Vor uns reckte der gigantischste Baobab, den ich je gesehen habe, seine knorrigen Arme in den Himmel.

»Wir nennen ihn einfach ›The Old Tree‹«, sagte Gus, »den ›alten Baum‹. Ich glaube, das ist der würdigste Name für ihn.«

Gute achtzehn Meter Umfang maß ich. Der Lastwagen sah unter dem Baum fast wie ein Spielzeug aus.

»Im nächsten Jahr kommen wir her und campieren ein paar Tage unter dem Old Tree«, versprach Gus.

Wir betrachteten die in den Baum gekerbten Initialen, von Jahrzehnten überwucherte Spuren längst toter Männer, kaum noch lesbar. 1896 entzifferten wir jedoch deutlich, auch die Initialen H. F. F., bei 1839 waren wir nicht ganz sicher, auch nicht bei den Buchstaben L. T. und M. P., also Trichardt und Pretorius, einem anderen Vortrekker.

Der Atem der Geschichte Südafrikas wehte uns an. Nachdenklich fuh-

ren wir weiter, auf Shilowa zu, dem einsamen Vorposten in den Bergen.
Ein Palisadenzaun, zwei Hütten.
Die Ranger waren nicht da, sie waren auf Patrouille.
Gus schoß in die Luft, zweimal kurz hintereinander.
Wir packten unsere Proviantkiste aus, Ursula und die Boys bereiteten das Essen, während Gus und ich die Gegend erkundeten. Auf dem Hügel über dem Camp lag das Grab Shilowas, eines Shangaan-Häuptlings, der dem Ort seinen Namen gab.
Schließlich kamen auch die beiden schwarzen Wildhüter auf ihren Fahrrädern heran.
Sie erstatteten Gus Bericht, was es in den vier Wochen gegeben hatte, seit er zum letztenmal hier gewesen war. Die übliche Knallerei drüben auf der portugiesischen Seite, ein Schwarzer war von einem Büffel zertrampelt worden, ein paar Elefanten waren über den Lebombo nach Moçambique abgewandert.
Die Einsamkeit dieser beiden Männer wurde deutlich. Sie redeten und redeten, damit Gus nur ja nicht zu früh wegfuhr.
Die Sonne stand tief im Westen, als wir uns auf den Rückweg machten.

Zu den Seiten 201–204: Wie die moosbewachsene Rinde uralter Bäume wirkt die Haut dieses Elefanten. Er erinnert uns an Dingo Dingo, den Einsiedler von Amboseli. Über Jahrhunderte hinweg wurden die Elefanten wegen ihres kostbaren Elfenbeins gnadenlos gejagt. Ende des vergangenen Jahrhunderts wurden sie erstmals in Südafrika mit der Schaffung des Krüger-Nationalparks unter Schutz gestellt. Damals ahnte noch niemand, daß die Elefanten auch in den Reservaten nicht unbedingt sicher sind – dann nicht, wenn ihre Zahl die Grenze überschreitet, die durch die Weidefläche und die Wasserversorgung des Schutzgebietes gezogen wird.
Nicht allein Südafrika sieht sich der Tragödie gegenüber, die überzähligen Elefanten, die ihren eigenen Lebensbereich im Krüger-Park bedrohen, abschießen zu müssen. Auch der Tsavo-Nationalpark in Ostafrika, mit seinen 20 000 Quadratkilometern Land und seinen 10 000 Elefanten etwa so groß wie der Krüger-Park, hat mit dem »culling« seiner Elefanten begonnen. In Zambia, in dem romantischen Luangwa-Tal, das Afrikareisende für eines der schönsten der Erde halten, begann das »cropping« von Elefanten, wie man auch sagt, bereits im Jahre 1965, also vier Jahre bevor sich die südafrikanischen Wildschutzbehörden zu dieser letzten Verzweiflungsmaßnahme, aber auch einer Hoffnung auf Erhaltung der Art, entschließen mußten. Werden auch noch andere Reservate, so zum Beispiel der Maputas-Park, in dem man die Elefanten in der Brandung des Indischen Ozeans beobachten kann, zu diesen Maßnahmen greifen müssen?

Als wir durch eine Senke kamen, wurde Gus ganz still.
»Da drüben«, sagte er nur.
Ich sah Mopani-Busch, sonst nichts. Weiter weg, auf der Kimm der Senke, erblickte ich ein paar verkohlte Baumstümpfe.
»Es war vor zwei Jahren«, erzählte Gus. »Es war sehr heiß und sehr trocken. Es war im Sommer, es hatte seit Monaten nicht geregnet. Irgendwie ist Feuer entstanden, durch Selbstentzündung vielleicht. Ein Brand, der schließlich sechshundert Quadratkilometer Busch erfaßte. Ich bin gleich raus mit meinen Police-Boys. Und da kam mir da drüben der Elefant aus der Feuerwand entgegen. Seine Füße waren einfach weggekohlt, er wankte uns auf den Beinstümpfen entgegen. Seine Haut war weißgrau versengt, ein Stück seines Rüssels fehlte. Er kam ganz nahe heran, und in seinen Augen sah ich nur eines, helft mir. Ich habe ihm geholfen. Meine Hände haben noch nie so gezittert, aber ich habe auch noch nie so sicher geschossen.«
Auch das ist Afrika. Ein brennender Elefant auf verkohlten Beinstümpfen. Ein Buschbrand, längst vergessen. Nur von Männern wie Gus nicht, denen die Hege der letzten wilden Tiere anvertraut ist.

Am nächsten Tag fuhren wir sehr früh raus, Pitt, der Shangaan, Gus Adendorffs treuester Begleiter, noch zwei andere Boys in blauen

Zu den Seiten 205–208: Zum »cropping« überzähliger Flußpferde sah man sich auch während einer der schlimmsten Dürreperioden am Letaba-Fluß im Krüger-Park gezwungen. Der Letaba war so ausgetrocknet, daß nur wenige Wasserpfannen übrig blieben – den Flußpferden also ihr ureigenstes Element fehlte. Sie schlafen und leben tagsüber nahezu ständig im Wasser, da ihre Haut besonders empfindlich gegen Hitze und Trockenheit ist. Deswegen fressen die Flußpferde praktisch auch nur nachts; manchmal laufen sie dabei bis zu 30 Kilometer über Land, um saftige Grasflächen zu finden.
Es verging kaum ein Tag in Afrika, an dem wir nicht den possierlichen Warzenschweinen begegneten; beim Lauf stehen ihre dünnen antennenartigen Schwänze mit dem Haartuff am Ende steil hoch. Aber auch die Warzenschweine sind vom Menschen bedroht; besonders die Eingeborenen schätzen ihr Fleisch als Nahrung.
Weit verbreitet ist in Afrika der Aberglaube an die Dämonie des Krokodils. Bei vielen Stämmen gilt es als das Böse schlechthin. In Ndumu aber trafen wir einen Mann, der Krokodile züchtet. Wir erlebten die Geburt eines Krokodils, das piepsend und maunzend aus seinem Ei schlüpfte. Gewiß werden wir alle eines Tages Männern wie Pooley dankbar sein müssen, daß es überhaupt noch Krokodile gibt – denn nach wie vor sind sie wegen ihrer kostbaren Häute begehrtes Jagdwild.

Overalls, und schließlich Gus, Ursula und ich. Wir beide saßen bei ihm vorne in der Kabine des geländegängigen Lastwagens.
Blank war der Himmel, von jenem blassen Blau des Winters. Grau war der Dunst über dem Horizont, grauverbrannt von der langen Dürre der Mopani-Busch. Wir fuhren in Richtung Südwesten, auf den Timbavati zu. Je näher wir dem Fluß kamen, seinem ausgetrockneten Bett, desto grüner wurde jedoch die Vegetation. Da war noch Leben – in den alten wilden Feigenbäumen, in den Transvaal-Eichen, in den Ebenholz- und Eisenbäumen, in den Baobabs. Auf dem Weg nach Letaba steht übrigens der »südlichste« Baobab der Welt. Diese merkwürdigen Bäume, von denen die Eingeborenen behaupten, Gott Nkosi – in Ostafrika nennen die Massai ihn Gott Ngai – habe sie mit den Kronen in die Erde gestampft, als sie sich über ihr zu dünnes Laubkleid beschwerten, wachsen zwischen dem Olifants-River in Südafrika und dem Tana-River in Kenia. Nur vereinzelte Exemplare findet man noch weiter nördlich. Die Früchte des Baums sind lange, avocadoartige Birnen mit einem faden Fruchtfleisch. Aber die Affen mögen sie.
Gras wuchs hier sogar noch, in einer Senke in der Nähe des Timbavati. Das Grün der Bäume hatte auch Elefanten angelockt, und wir scheuchten eine Herde von acht Stück auf.
Wir hielten auf einer Lichtung im Busch, an einem Bachbett in der Nähe des Timbavati, wo noch einige Wasserlachen durch das dichte Laub der immergrünen Uferbäume blinkten.
Wir warteten. Der Staub, den wir aufgewirbelt hatten, legte sich langsam auf Wagen und Gras. Die Hitze stieg, wie die Sonne stieg. Flüssiges Messing schien in die Fahrerkabine zu fließen.
Pitt montierte einen Lautsprecher auf dem Dach der Wagenkabine. Gus hantierte an seinem Tonbandgerät herum, suchte ein Band aus. Er fädelte es ein, drehte den Lautsprecher auf volle Stärke.
»Uuhaaa ... uhaaaa ...«, tönte der Jagdruf des Löwen plötzlich am hellen Mittag über den Busch. Es klang sehr echt.
»Uuhaaa ... uhaaaa ... honng ... honng ... hoh ...«, in einem Röcheln erstarb der zweite Ruf. Und dann begann eine Hyäne zu kichern, grell und schrill, es ging einem durch Mark und Bein. Ich suchte mit dem Fernglas die Büsche am Bach ab. Doch da war nur das Dunkel der immergrünen Eisenholzbäume, da waren die hellen Scherenschnitte der Sonne, das Gelb des Sandes und weiter hinten das blasse Grün des Grases.

Gus nahm das Tonband heraus, legte ein anderes ein.
Wieder erschallte der Ruf des Löwen. Er klang so täuschend echt, daß wir unwillkürlich zusammenzuckten.
»Das Tonband läuft ja gar nicht«, sagte Ursula zu Gus.
Der grinste nur.
Ein Löwe hatte geantwortet, und plötzlich sahen wir ihn. Lautlos war er aus einem Gebüsch aufgetaucht, das keine fünfzehn Meter links von uns die Lichtung begrenzte. Er stand da, starrte zu uns herüber und stieß ein kurzes, heiseres Brüllen aus.
»Das ist der Warnruf«, flüsterte Gus uns zu. »Damit will er uns sagen, daß dies hier das Revier seines Rudels ist. Er glaubt natürlich, daß ein fremder Löwe hier eingedrungen sei, und den will er verscheuchen.«
Gus spulte das Tonband zurück, ließ wieder den Jagdruf der Löwen erschallen.
Der Löwe, der aus dem Gebüsch hervorgekommen war, antwortete sofort, zornig, mit einem tiefen Grollen in der Kehle. Im gleichen Moment erschien ein zweiter Löwe, rechts von uns, kam über die Lichtung direkt auf den Lastwagen zu. Der erste Löwe schlug einen Bogen, spritzte dann wie ein Hund, der sein Revier markieren will, Wasser ab, trottete weiter, rieb seine Mähne an den Dornbüschen. Der zweite Löwe folgte ihm, und während sie so einen Kreis um uns schlugen, erschien ein dritter Löwe, trollte hinter den anderen her, markierte das Revier rings um den Lastwagen genau so wie die beiden ersten Löwen.
Wir saßen ganz still. Nach einer Weile flüsterte Gus: »Das habe selbst ich noch nicht gesehen.«
Er hatte das Tonbandgerät abgeschaltet. Die Löwen legten sich im Halbkreis hin, etwa zehn Meter von uns entfernt. Sie warteten.
Nach einer Weile schaltete Gus das Tonbandgerät wieder ein. Mit dem ersten Jagdruf sprang der größte der drei Löwen auf, umkreiste den Lastwagen, starrte zu der unbedeckten Ladefläche hoch, wo Pitt und die anderen schwarzen Wildhüter saßen, geduckt, den Kopf eingezogen, damit der Löwe möglichst wenig Wind bekam. Der Löwe strich um den Wagen herum, stand plötzlich vor dem Kühlergrill. Gus ließ den Jagdschrei wieder erschallen. Der Kopf des Löwen zuckte hoch, er blickte jetzt genau in Richtung des Lautsprechers. Und in diesem Moment, einer hundertstel Sekunde vielleicht, blitzte Erkenntnis in den Augen des Tieres auf; die Erkenntnis, woher der Jagdruf kam,

die Erkenntnis, daß dort kein Löwe saß, sondern nur ein totes, von Menschen betätigtes Ding. Aber so, wie der Blitz der Erkenntnis in den Augen aufgeleuchtet war, erlosch er auch wieder.
Wir saßen atemlos. Dieses Bild, das Wissen um die jähe, rationelle Erkenntnis im von Instinkten geleiteten Verstand eines Tieres, war für uns, als hätten wir einen Blick in die Werkstatt der Schöpfung werfen dürfen. Gus schaltete das Tonbandgerät ab, und wir saßen da, konnten nichts sagen. Der Löwe drehte sich um, ging zu seinen Gefährten zurück, an ihnen vorbei, stellte sich in den Schatten eines Mopani-Busches, dann wandte er uns noch einmal den Kopf zu, brüllte uns noch einmal an, und im Brüllen ließ er sich auf die Seite fallen wie ein müder Hund.
Wir alle lachten, Ursula, Gus, ich, Pitt und die schwarzen Wildhüter hinten auf der Rampe des Lastwagens.
»So etwas habe ich noch nie gesehen«, sagte Gus immer wieder.
Für uns war es eines der schönsten Erlebnisse, die wir je in Afrika hatten.

Es wurde bereits dunkel, als wir nach Letaba zurückkehrten. Auf dem Weg sahen wir noch ein Rudel Löwen, die zur nächtlichen Jagd aufbrachen.
»Ich könnte dieses Leben nie missen«, sagte Gus, während der Fahrtwind kühlend zum offenen Fenster des Lastwagens hereinstrich.
Und ich beneidete ihn. Beneidete ihn um sein einfaches Leben, obwohl es nicht beneidenswert ist, mit all seinen Sorgen, der harten Arbeit, den täglichen Gefahren. Mit dem Tod, der zu jeder Stunde kommen kann; eine Schlange, ein geplatzter Reifen, eine Überschwemmung, ein wild gewordener Elefant, ein verletzter Löwe, der Biß einer Zecke. Malaria, Gelbfieber. Und zu wenig Geld, zu wenig Lohn. Von allem zu wenig und dennoch glücklich, dennoch zufrieden.
»I envy you«, sagte ich zu Gus.
Er lachte verlegen.
»Schau dir die Löwen an«, sagte er. »Sag ihnen auf Wiedersehen bis zum nächsten Jahr.«
Nachher saßen wir noch im Garten seines Ranger-Hauses, tranken Amstel Laager und aßen Braii-Vleis, am Spieß gebratene Steaks vom Rind, von Impalaantilopen und Warzenschweinen, wir unterhielten uns über Gus' Leben, und ich sagte ihm, daß ich eines Tages ein ganzes Buch über ihn schreiben werde, das »Tagebuch eines Wildwarts«.

Gus lachte, schlug mir auf die Schulter und fragte: »Warum denn, Michael? Ich lebe wie jeder andere hier. Ich lebe wie jeder Ranger. Da gibt es nichts besonderes.«
Wir verabschiedeten uns von den Kindern und seiner Frau. Er ging mit uns bis an die Gartenpforte.
Und dann fragte ich ihn: »Gus, glaubst du, daß euer Kampf sich noch lohnt? Glaubst du, daß ihr die Arche noch retten könnt? Oder wird alles vergebens sein?«
Im vagen Schein des Lagerfeuers sah ich, daß er den Kopf gewandt hatte und mich gar nicht anblickte.
»Vergebens?« fragte er erstaunt. Und zum erstenmal sah ich diesen Mann bewegt. Ich sah, wie es in seinem Gesicht arbeitete, als er in die Dunkelheit blickte, dorthin, wo der Letaba floß. Seine Hände krampften sich um eine Strebe des Gartentors.
»Vergebens? Nein, Mike, es kann nicht vergebens gewesen sein. Wir werden die wilden Tiere retten. Wir werden sie retten, solange –«, er brach ab.
Schweigend standen wir uns gegenüber. Vom Letaba her hörten wir das Trompeten eines alten Elefantenbullen.
Gus räusperte sich. »Kommt«, sagte er, »ich bringe euch noch ein paar Schritte weit.«
Wir sprachen nicht mehr miteinander. Unter den wilden Feigenbäumen verabschiedeten wir uns.
»Bis auf bald«, rief Gus uns nach, und seine Stimme klang wie immer.
Wir ahnten nicht, daß es ein Abschied auf lange Zeit sein würde.
Denn wie konnten wir wissen, daß das Afrikanische Rückfallfieber noch in meinem Blut war, daß es wieder ausbrechen würde, um mich über ein Jahr zu verfolgen. Daß es mir die Kraft nehmen würde, wieder nach Afrika zu fliegen, daß ich mir in einem der Fieberanfälle die linke Hand brechen, und daß sich daher die Veröffentlichung dieses Buches um fast zwei Jahre verzögern würde.
Wie sollten wir ahnen, daß dem Fluch der Massai der Fluch der Elefanten folgen würde?

15

Explosion in der Arche

Die Geier hockten in den kahlen Bäumen rechts und links von der Piste. Die Sonne war hinter einer fahlroten Wolkenwand verschwunden. Staub hing in der Luft von den Lastern, die eben hier vorbeigefahren waren, auf dem Weg zum »Depot«, der modern eingerichteten Fleischverarbeitungsfabrik von Skukuza, auch schlicht »Fabrik der Elefanten« genannt.

Denn im Depot werden die Kadaver der Elefanten, der Büffel, der Antilopen und anderer Tiere, die im Krügerpark abgeschossen werden, weil ihre Zahl ständig wächst, zu Biltong, an der Luft getrocknetem Fleisch, und zu Konserven verarbeitet.

Ich fuhr langsam, denn ich hatte Zeit. Der schwere Laster mit den Elefanten würde erst in einigen Stunden kommen, nach Einbruch der Dunkelheit, wenn die Pisten frei waren von Touristen.

Eben war der Lastwagen mit den erlegten Büffeln vorbeigefahren. Ihre wuchtigen Hörner stachen schwarz über die Klappwand des Transporters in den fahlen Himmel. Die Geier erhoben sich schwerfällig flappend zu einem Inspektionsflug. Es roch nach Blut.

Nach wenigen Minuten erreichte ich das »Depot«, das auf einer Lichtung im Busch liegt, links die Verwaltungsgebäude, rechts das moderne Schlachthaus. Die Büffelkadaver wurden gerade abgeladen. Die schwarzen Schlachtgehilfen zogen sie an Ketten und Stricken, die um Läufe und Hals der Büffel geschlungen waren, von den Lastern. Es knallte dumpf, wenn die schon steifen Kadaver auf die Betonrampe schlugen. Die Büffel wurden ins Schlachthaus geschleift, zur Waage gehievt, wo man ihr Gewicht feststellte und gewissenhaft in ein Buch eintrug. Ein Veterinär war dabei, untersuchte jeden Büffel, ehe er ihn zur Abhäutung und Zerteilung freigab. Draußen spritzten inzwischen die schwarzen Boys mit langen Wasserschläuchen das Blut von der Rampe. Ein Sergeant der »Rangers-Police« von Skukuza, ein baumlanger Xhosa, überwachte das Entladen. Mißtrauisch beäugte er meine Kamera, sagte aber nichts, denn ich war von der Lagerverwaltung in Skukuza angemeldet worden. Hannes Kloppers, Mitarbeiter des Chef-Konservators und Leiters des Krügerparks, Dr. Pienaar, hatte dies für mich arrangiert.

Ein weißer Ranger, offenbar der Mann, der die Büffel geschossen hatte, adjustierte inzwischen das Visier seiner Jagdflinte. Er gab drei Probeschüsse auf einen Baumstamm neben der Einfahrt zum Depot ab. Ich machte ein Foto. Er sah mich an, sagte ebenfalls nichts.

Im Schlachthaus wurden inzwischen die Büffelkadaver zerlegt. In einer Ecke lagen etwa zwanzig Impala-Antilopen, die als Fleischrationen für die schwarze Belegschaft des Depots mit einer Kleinkaliberbüchse geschossen worden waren. Das Büffelfleisch wurde zum Trocknen präpariert, genauso, wie es mit dem Elefantenfleisch geschieht, das in Skukuza eingeliefert wird.

Obwohl das Schlachthaus voll klimatisiert ist, wurde die Hitze darin langsam unerträglich. Der Geruch von Blut und Ausscheidungen und Schweiß hing dunstig in der Luft. Ich machte meine Aufnahmen, ging dann wieder nach draußen. Tief atmete ich die Luft des Abends ein.

Gewiß, es war nur ein Schlachthaus. Ein Schlachthaus wie jedes andere. Und der Mensch, der sich ein Schnitzel oder ein Filetsteak gönnt, sollte gelegentlich daran denken, wo es herkommt. Aber mit uns Menschen ist das eine komische Sache.

Man weiß, daß die Rinder und Schweine, deren Fleisch wir verzehren, in den Schlachthäusern enden. Wer einmal eine solche Stätte besucht hat, weiß auch wie. Doch es rührt uns nicht – oder kaum. Sobald aber Tiere, die noch vor wenigen Stunden die Freiheit der Wildnis genossen haben, auf der Schlachtbank enden, geht uns das gegen den Strich. Wir sind entweder entrüstet oder deprimiert. Wir entsinnen uns mit einemmal der Tatsache, daß alles Leben beschränkt ist, auf wenige Tage, Monate, Jahre oder, wenn es hochkommt, wie beim Menschen, auf einige Jahrzehnte. Und diese Tatsache, mit der uns der Tod der wilden Tiere konfrontiert, läßt uns instinktiv die Tötung dieser Tiere, einfach um Wurst oder Fleischkonserven daraus zu machen, ablehnen, auch wenn wir wissen, daß es die Tiere sind, die vielleicht in Überzahl den Busch bevölkern, ihren Artgenossen den Lebensraum streitig machen und dadurch – wenn der Mensch nicht eingreifen würde wie man mir beteuerte – die Art zum Untergang verdammten.

Ich fuhr ins Rastlager Skukuza zurück. Die Geier hockten immer noch in den Bäumen. Sie warteten auf die Fleischbrocken, die sie hin und wieder erwischen, wenn die Lastwagen mit den Kadavern der Büffel und Elefanten vorbeifahren. Schakale jaulten den Himmel an, aus dem der Tag langsam in die dunkle Schale der Nacht floß.

Man wollte mir alles zeigen. Das hatte man mir bei der Hauptverwaltung des Krügerparks versprochen. Ich sollte alles beobachten dürfen, was ein normaler Tourist nie zu sehen bekommt. Ich sollte mit eigenen Augen feststellen können, wie wichtig richtiges Wildmanagement für den Bestand dieser Tierwelt ist.
»Nicht nur das Culling gehört dazu«, sagte Hannes Kloppers zu mir, »sondern auch das Einfangen von wilden Tieren, die in andere Schutzgebiete gebracht werden.«
Zu den wenigen Tierarten, die man wegen der herrschenden scharfen Bestimmungen über die Maul- und Klauenseuche aus dem Krügerpark verschicken kann, gehören Einhufer, also besonders Zebras.
»David Rosenblatt wird Sie morgen früh abholen«, hatte mir Hannes Kloppers vor meinem Besuch im Depot mitgeteilt.
Im Osten, über dem Wulst der Lebombo-Berge, flatterte der erste Schein der Dämmerung silberrot auf, als Rosenblatt, der Pressereferent von Skukuza, »Educational Officer« genannt, uns in seinem Landrover abholte. Es ging zum Tor des Lagers hinaus, das sonst erst bei Sonnenaufgang geöffnet wird. Wir schlugen den Weg nach Norden ein, über die paar Meilen asphaltierte Straße, dann die staubige Piste nach Tschokwane. Ein Friedhof schien der Busch, Leichenarme die Zweige abgestorbener Akazien.
Doch da war Leben – vor uns, im Licht der Scheinwerfer, huschte es über die Straße: sechs, acht, schließlich zwanzig gelb und schwarz gefleckte Hyänenhunde, das am meisten gefürchtete Raubwild Afrikas. Sie jagen in Rudeln, hetzten ihre Beute zu Tode, zerreißen sie noch im Lauf.
Die Hyänenhunde blieben auf der Straße stehen. Sie wandten uns die Köpfe zu, schmale, schwarze Masken mit buschigen, runden Fledermausohren. Auf den ersten Blick könnte man sie für rundohrige Schäferhunde halten.
Wir warteten. Das Leittier witterte, dann machte es einen Satz in den Busch. Die anderen Hunde folgten lautlos.
Weiter ging die Fahrt, Tschokwane entgegen. Das Land blieb leer, das Wild schien verschwunden.
Doch hinter der unbewegten Fassade, jetzt schwarzviolett gezackt vor dem sich erhellenden Himmel, wohnt vielfältiges Leben. Auf dem Gebiet von über zwanzigtausend Quadratkilometern, weltweit als der »Krügerpark« bekannt, leben mehrere hundert größere Tierarten, von Zebras und Giraffen bis zu Büffeln und Elefanten, von

Antilopen und Gazellen bis zu Nashörnern und Nilpferden, von Geparden und Hyänen bis zu Leoparden und Löwen – insgesamt zweihundertfünfzigtausend »Großtiere«.

Gegen neun Uhr kamen wir in Tschokwane an. Rosenblatt machte uns mit dem Ranger Lynn van Rooyen bekannt, der an diesem Morgen ein Zebra fangen sollte, ein besonders schönes Exemplar, das die Wildschutzbehörde von Südwestafrika angefordert hatte. Van Rooyen hat seine eigene Fangmethode entwickelt: Er verwendet zum Abschuß der Drogenbolzen, die er zur Betäubung der wilden Tiere benutzt, eine Armbrust.

Es war zehn Uhr, als wir zum Fang ausfuhren, und es war schon sehr heiß. Ich saß neben Lynn van Rooyen im Lastwagen, hinten auf der offenen Ladefläche hockte die Fangmannschaft, acht Shangaan in blauen Overalls.

Lynn van Rooyen, ein junger Ranger mit einem flauschigen, blonden Backenbart, schaute immer wieder nervös auf seine Armbanduhr.

»Es wird zu heiß«, murmelte er. »Wenn wir ein mit dem Betäubungspfeil geschossenes Zebra nicht gleich finden, kann es einen Sonnenstich bekommen.«

Staub wirbelte vor uns auf, eine Herde Gnus brach durch den Dornbusch.

Und dann sahen wir die Zebras – eine Herde von etwa dreißig Stück. Van Rooyen brachte den Lastwagen mit einem Ruck zum Stehen. Er sprang heraus, nahm die Armbrust, griff in eine schmale Ledertasche, zog einen Bolzen hervor, schob ihn in die Führung, spannte die Armbrust, stieg wieder ein.

Wir fuhren weiter, jetzt langsam, auf die Zebras zu.

In zwanzig Meter Entfernung hielt van Rooyen, beobachtete die Zebras durch das Fernglas. Er suchte sich einen kräftigen Hengst aus. Er legte die Armbrust an, drückte ab. Doch im gleichen Augenblick, wie auf geheimes Kommando, nahm die Herde Reißaus. Der Bolzen verfehlte sein Ziel.

Van Rooyen fluchte, die Boys sprangen vom Wagen, suchten den Bolzen.

Und noch einmal alles von vorne: Wieder mit dem Wagen an die Herde ranpirschen, wieder halten.

Der Zebrahengst stand ruhig, äugte zu uns herüber. Mich packte, wie immer, Bedauern: Ich wußte, daß er in den nächsten Minuten seine Freiheit verlieren würde.

Diesmal traf der Bolzen. Man sah es am jähen Zucken, das durch die Flanken des Hengstes lief.
Dann war er auf und davon. Wir hinterher.
»Zehn Uhr zwanzig der erste Schuß. Daneben. Zehn Uhr dreißig der zweite Schuß, getroffen«, so steht es in meinem Tagebuch, »schlechtes Gelände, Dorngestrüpp. Nach zehn Minuten sehen wir das Zebra. Blutspur von dem Bolzen auf der rechten Hinterbacke. Drei Minuten später in einem trockenen Flußbett.«
Wir sprangen aus dem Wagen, liefen in das Flußbett hinunter, das Zebra vor uns her. Die Sonne prallte auf den weißen Sand. Das Zebra begann zu taumeln, es schlug mit den Hufen, wankte, fiel hin.
»In den Schatten«, befahl van Rooyen. Das Zebra mußte in den Schatten, so lange es noch nicht ganz betäubt war.
Aber die Droge wirkte, ehe die schwarzen Boys das Tier in den Schutz der wilden Feigenbäume ziehen konnten. Flach atmend lag das Zebra im Sand. Van Rooyen jagte eine Spritze in den rechten Hinterlauf: eine Antidroge, gemischt mit einem Herzstimulans.
Wir warteten, die Antidroge zeigte Wirkung, die Boys bekamen das Zebra schließlich hoch, trieben es in den Schatten der Feigenbäume, der Lastwagen fuhr heran. Es war jetzt genau zehn Uhr fünfzig. Seit dem ersten Bolzenschuß waren dreißig Minuten vergangen.

Alles andere war Routine. Das Zebra wurde in einen Holzkäfig geschoben, der Holzkäfig auf den Lastwagen gehievt. Dann ging es nach Tschokwane zurück.
Dort kam das Zebra in einen geräumigen Einzelstall, wo es einen Tag lang blieb, bis es sich an die fremde Umgebung gewöhnt hatte. Dann wurde es zu anderen Zebras in den großen Kral gelassen.
Ein einzelnes Zebra fangen – eine ganz kleine Aktion am Rande, wird man vielleicht sagen. Gewiß, aber auch diese Aktion ist wichtig. Denn hier wurde kein Tier getötet, sondern gerettet, um in einem anderen Weidegebiet weiterleben zu können. Eine kleine Aktion – aber eine wichtige, wenn man bedenkt, daß Jahr um Jahr fast siebentausend Tiere im Krügerpark abgeschossen werden müssen, weil nicht mehr genügend Platz in dieser riesigen Arche im Süden Afrikas ist.
Siebentausend Tiere – darunter im Jahre 1972 nach den Planungen der Verwaltung des Krügerparks allein etwa fünfzehnhundert Elefanten, tausend Büffel und mehrere tausend Antilopen.
Die Arche kann nicht mehr alle Tiere ernähren.

Doch wie konnte es zu dieser Bevölkerungsexplosion kommen, die allein die Zahl der Elefanten innerhalb von zwanzig Jahren von zwölfhundert auf über neuntausend hochschnellen ließ?

»Wenn wir das wüßten«, sagte Dr. Pienaar, als ich ihn in seinem Office in Skukuza besuchte, »dann wären fast die meisten unserer Probleme gelöst.«
Einer der Gründe der Bevölkerungsexplosion ist, so meinen Fachleute, die Einzäunung des Krügerparks im Westen und Süden. Im Norden wird er durch den Limpopo-Fluß, im Osten durch die Lebombo-Berge begrenzt. Den großen Herden der Elefanten, Gnus, Zebras, Impalas und anderer Tiere wurden dadurch die seit Urzeiten bestehenden Wanderwege, auf denen sie dem Regen nachzogen, abgeschnitten. Auf diesen Migrationsrouten dezimierten Raubtiere und auch Menschen ständig die Herden. Das ist nun vorbei. Der Mensch fällt als »Raubtier« aus.
Aber die Einzäunung des Nationalparks, die von der südafrikanischen Regierung verlangt wurde, um die schwarzen und weißen Farmgebiete mit ihren Rinderherden vor den sporadisch im Reservat auftretenden Epidemien wie Maul- und Klauenseuche oder Milzbrand zu schützen, kann nur einer der Gründe für die Bevölkerungsexplosion sein. Der andere liegt vermutlich – paradoxerweise – in einem zu perfekten Wildmanagement. Noch vor einigen Jahren starben Jahr um Jahr Tausende von Tieren bei den großen Dürreperioden, die immer wieder das Buschveld heimsuchen. Heute gibt es eine Unzahl von künstlichen Wasserlöchern, die vom Grundwasser, mit Pumpen aus der Tiefe des Savannenbodens geholt, gespeist werden. Allein in den letzten zehn Jahren wurden von der Wildschutzbehörde Südafrikas dem Krügerpark rund dreihunderttausend Rand (eineinhalb Millionen Mark) für den Bau neuer Wasserstellen und neuer Staudämme zugeteilt. Gewiß trocknen auch die künstlichen Wasserstellen manchmal aus, aber die Gefahr, daß Abertausende von wilden Tieren verdursten, ist von Jahr zu Jahr geringer geworden.
Dadurch entsteht ein neues Problem: nachdem Mensch und Raubtier als »Regulatoren« auf den großen Wanderwegen ausgefallen sind, ist jetzt auch der Tod durch Verdursten theoretisch »abgeschafft« worden, und die Bevölkerungsexplosion unter den Tieren wird weiter begünstigt. Dies bedeutet: mehr Tiere – und noch mehr Wasserbedarf. Aber die großen Flüsse wie der Letaba und der Olifants-

River, die früher ständig Wasser führten, trocknen neuerdings im Winter aus; der Wasserbedarf der menschlichen Ansiedlungen und Industriekomplexe an ihren Oberläufen macht sich immer besorgniserregender bemerkbar.
»Es ist ein Teufelskreis«, sagte mir Dr. Pienaar. »Wir haben Wasserstellen gebohrt und für besseres Weideland gesorgt. Die Tiere haben davon profitiert und sich vermehrt. Und nun reicht das Wasser wieder nicht mehr aus.«
Die südafrikanische Regierung ist sich bewußt, welchen Gefahren der Krügerpark durch den wachsenden Zivilisationsdruck, der sich bereits im Absinken des Wasserspiegels der Flüsse zeigt, entgegengeht. Sie hat daher zusätzlich zu den oben erwähnten Geldern für 1971/72 insgesamt fünfhundertfünfundsiebzigtausend Rand, also fast drei Millionen Mark, für den Bau einer Wasserpipeline aus dem Norden des Reservats, wo der große Engelhard-Damm 1971 eingeweiht wurde, in den »trockenen« Süden des Nationalparks zur Verfügung gestellt.
Das Wasser ist eine Gnade für den Krügerpark, aber gleichzeitig hat es eben neue »Bevölkerungsprobleme« aufgeworfen.
Oder sehen wir alles nur relativ? Glauben wir an eine Bevölkerungsexplosion, die im Grunde gar nicht stattgefunden hat? Ist es vielleicht nur so, daß durch die Einzäunung des Parks die Weideflächen für die Tiere konstant bleiben und daher zu klein sind, daß es trotz künstlicher Wasserversorgung weniger Wasser in den Flüssen gibt, und uns deshalb die Vielzahl der Tiere »enorm« vorkommt?
»Nein, so ist es nicht«, sagte mir Dr. Pienaar. »Es gibt wirklich eine Bevölkerungsexplosion. Noch im Jahre 1912 gab es im Krügerpark nur vierundzwanzigtausend Stück Großwild. Im Jahre 1925, also dreizehn Jahre später, hatte sich diese Zahl mit einhundertdreißigtausend mehr als verfünffacht, und heute haben wir eine Viertelmillion wilder Tiere im Nationalpark, Elefanten, Büffel, Giraffen, Zebras, Wildebeeste, Kudus, Wasserböcke, Impalas und viele andere Arten.«
Niemand weiß genau zu sagen, wie es zu dieser Bevölkerungsexplosion gekommen ist. Man weiß nur eines – daß die Vermehrung der Tiere, vor allem des Großwilds, zuerst als Segen betrachtet, jetzt in dem relativ zu eng gewordenen Raum der »Arche Krügerpark« eine Gefahr für das Bestehen des Reservats überhaupt darstellt.
Als Beispiel hierzu führte Dr. Pienaar die Elefanten an.

Er gab mir einen detaillierten Überblick über ihre Geschichte im Krügerpark:

»Seit das National Parks Board beschlossen hat, im Krügerpark eine gewisse Anzahl von Tieren zu töten, ist eine ganze Reihe von Protesten von meist schlecht informierten Naturliebhabern in Briefen, in der Presse, oder auch sonst in der Öffentlichkeit gegen diese Entscheidung laut geworden, weil eine solche Politik des ›Culling‹ allen Prinzipien eines Nationalparks widerspräche. Wir bekamen immer wieder zu hören, daß selbst kontrollierte Abschußmaßnahmen im Nationalpark zu großer Unruhe, ja zur Panik unter den wilden Herden führen müßten mit allen Folgen, die daraus entstehen könnten – Flucht über die Lebombo-Berge nach Moçambique, Flucht über den Limpopo-Fluß nach Rhodesien. Die Entscheidung der Wildschutzbehörde wurde als ›monströs‹, als das ›schreckliche Ende des Krügerparks‹ bezeichnet. Ich gehe davon aus, daß die Leute, die diese Anschuldigungen erhoben, nicht wußten, worum es wirklich geht. Tatsache, ist, daß sich die Wildschutzbehörde einer Situation gegenübersieht, die auch schon in der Vergangenheit andere Nationalparks getroffen hat. Lassen Sie mich ganz deutlich erklären, daß die endgültige Entscheidung, etwas gegen die Bevölkerungsexplosion in unserem Schutzgebiet zu tun, aufgrund zahlreicher Erfahrungen gefällt wurde, die bei ähnlicher Sachlage in anderen Schutzgebieten gemacht wurden. Man braucht sich nur daran zu erinnern, daß im Murchison-Falls-Park in Uganda und im Tsavo-Nationalpark in Kenia bereits seit langer Zeit die überschüssigen Elefanten eliminiert werden. Sogar hier in Südafrika wird schon seit Jahren das ›Culling‹ in den Wildreservaten in Zululand bei Impalas, Zebras, Gnus und Warzenschweinen praktiziert. Eine der allerersten Bevölkerungsexplosionen unter geschütztem Wild ereignete sich übrigens im Yellow-Stone-Nationalpark unter den dort lebenden amerikanischen Elchen. Sie vermehrten sich damals so sehr, daß sie ihren eigenen Lebensraum und damit sich selbst und andere Tierarten bedrohten. Auch hier war die einzig logische Lösung die Verkleinerung der Elchherden durch sorgfältiges selektives ›Culling‹. Der andere Weg wäre gewesen, es einfach der Natur zu überlassen, wie sie mit dieser Bevölkerungsexplosion fertig wurde. Ob es aber der Natur gelungen wäre, durch Krankheit, durch Aushungern, durch gnadenlosen Kampf um den Lebensraum wieder eine echte ökologische Balance herzustellen, ist fraglich. Die Anhänger einer solchen Methode vergessen immer eins: es gibt heute keinen einzigen Nationalpark mehr auf der ganzen Welt, der als komplette, in sich geschlossene, ökologische Einheit betrachtet werden kann. Wir finden immer wieder, daß die Grenzen der Wildreservate oder Nationalparks Migrationsrouten der Tiere zerschneiden, daß die Wasservorräte in den Reservaten manchmal unzureichend sind, daß der Kontakt mit Viehfarmen oder mit bebautem Ackerland Probleme aufwirft, wie zum Beispiel die Übertragung von epidemischen Tierkrankheiten und so fort. Also muß der Mensch eingreifen, um neue Migrationsrouten durch ein verbessertes Wasserangebot und besseres Weideland zu schaffen und durch eine ganze Reihe anderer Maßnahmen. Bei all dem darf man nicht vergessen, daß auch der Mensch als Raubtier in der von den Laien erdachten, kompletten ökologischen Einheit fehlt. Und dies ist einer der wichtigsten Faktoren. In Afrika haben die großen Wildtiere, wie Elefanten und Flußpferde, in den Schutzgebieten ihren einzigen natürlichen Feind, den Menschen, verloren. Ich persönlich sehe darin den Hauptgrund für die unerhörte Vermehrung gerade dieser beiden Arten.«

Dr. Pienaar stand auf, ging um seinen Schreibtisch herum, trat an eine Karte des Krügerparks. Draußen sank die Sonne bereits dem Horizont zu, und rotgoldenes Licht brach wie eine Welle durch die Fenster des Büros des Chef-Konservators des Schutzgebietes. Ein Regenvogel sang in einem der Bäume auf dem Rasen hinter dem flachen, weißgestrichenen Verwaltungsgebäude von Skukuza, sonst war es sehr still.

»Nehmen wir nun einmal die Elefanten«, sagte Dr. Pienaar. »Als die alte Sabie-Game-Reserve, Vorgängerin des Krügerparks, im Jahre 1898 proklamiert wurde, gab es kaum noch Elefanten im Buschveld von Transvaal, denn in den letzten Jahrzehnten des vergangenen Jahrhunderts hatten Elfenbeinjäger sie praktisch ausgerottet. Im Jahre 1905 entdeckte der erste Chef-Wildwart der Sabie-Game-Reserve eine kleine Elefantenherde von vielleicht zehn Stück, die dem rücksichtslosen Gemetzel durch die Elfenbeinjäger entgangen war und schließlich Zuflucht in dem wilden und unzugänglichen Buschgelände zwischen dem Letaba und dem Olifants-River gefunden hatte. Sieben Jahre später hatte sich diese kleine Herde auf fünfundzwanzig Stück vermehrt. Nach der Proklamation des Krüger-Nationalparks ergab eine Zählung 1931, daß sich etwa einhundertfünfunddreißig Elefanten im Reservat aufhielten.

Kurz vor seiner Pensionierung im Jahre 1946 schätzte Colonel Ste-

venson-Hamilton die Zahl der Elefanten im Park auf vierhundertfünfzig. Aber bereits ein Jahr später stellte sein Nachfolger, Colonel Sandenberg, durch exakte Zählungen fest, daß sich etwa fünfhundertsechzig Elefanten im Schutzgebiet aufhalten mußten. Sieben Jahre danach waren es bereits siebenhundertvierzig Elefanten. Aber das war immer noch keine Zahl, die jemand als zu hoch empfinden konnte, ganz im Gegenteil. Die Elefanten sind schließlich die große Attraktion eines jeden Nationalparks in Afrika, und in einem Gebiet von zwanzigtausend Quadratkilometer Größe verlieren sich siebenhundert Elefanten einfach im Busch.
Mitte der fünfziger Jahre wurde dann die Forschungsstation des Krügerparks gegründet. Diese fand heraus – und zwar bei der ersten Zählung im Jahre 1960 aus der Luft –, daß sich über tausend Elefanten im Nationlpark aufhielten.
Man kann sagen, daß es in den zehn Jahren danach, bis heute also, Schlag auf Schlag ging:
1962 wurden eintausendsiebenhundertzweiundsechzig Elefanten gezählt, 1964 waren es zweitausenddreihundertvierundsiebzig. Bei der nächsten Zählung wurden nach einer dreijährigen Pause im September 1967 aus der Luft durch Flugzeuge und Hubschrauber und vom Boden aus durch Beobachtungen der Ranger insgesamt sechstausendfünfhundertsechsundachtzig Elefanten festgestellt, davon waren 11,3 Prozent Kälber von unter einem Jahr. Nur ein Jahr darauf, im September 1968, war diese bereits gewaltige Elefantenbevölkerung noch weiter angeschwollen und hatte durch eine Zunahme von eintausendeinhundertfünfzehn Tieren einen für uns erschreckenden Umfang von siebentausendsiebenhunderteins Tieren angenommen. Die Zahlen von 1970 kennen Sie ja bereits jetzt. Es sind über neuntausend Tiere.«
Dr. Pienaar wandte sich von der Karte ab, auf der er mir die Wanderrouten der Elefanten gezeigt hatte.
»Natürlich sind ganze Herden von Elefanten von Rhodesien und von Moçambique über den Limpopo und über die Lebombo-Berge in den Krüger-Park eingewandert. Das liegt daran, weil in den Gebieten dieser beiden Länder, die an den Krügerpark grenzen, die Elefanten sehr stark bejagt werden. Aber die Hauptursache für die Bevölkerungsexplosion im Park liegt bei den Elefanten selbst, bei einer so raschen Vermehrung, für deren Ursachen wir noch keine Erklärung haben. Eines ist jedenfalls deutlich geworden: Wenn auch die Tragezeit der Elefanten mit zweiundzwanzig Monaten relativ lang ist,

dann scheint doch ihr biologisches Vermehrungspotential ganz erstaunlich hoch zu sein. Vielleicht liegt es daran, daß sie sexuell sehr früh reif werden. Weibliche Elefanten können schon im Alter von neun bis zehn Jahren austragen. Dazu kommen eine hohe Lebenserwartung überhaupt und eine sehr niedrige Sterblichkeit unter neugeborenen Elefanten. Wie immer dies auch sei, die explosionsartige Vermehrung der Elefanten hat uns zu einem äußerst ungünstigen Zeitpunkt getroffen, nämlich, als das Schutzgebiet nacheinander mehrere Jahre der Dürre zu bestehen hatte.
Es hat sich inzwischen erwiesen, daß die großen Elefantenherden vor allen Dingen im Norden des Nationalparks einfach nicht mehr länger durch das dortige Wasserangebot erhalten werden können, daß sie um jeden Tropfen Wasser dort oben kämpfen und dadurch die Existenz einer ganzen Reihe von sehr seltenen pflanzenfressenden Tierarten, wie der Säbel- und Roan-Antilope, der Tsessebe, des Wasserbocks, um nur einige zu nennen, bedrohen. Auch hat der Wassermangel im Norden dazu geführt, daß die Elefanten in den letzten Jahren in zunehmendem Maße in den Süden des Parks gewandert sind. Vor 1940 fand man südlich des Olifants-Rivers praktisch überhaupt keine Elefanten. Und erst 1944 konnte man Elefanten am Sabie-River entdekken, wo sie hundert Jahre lang kein Mensch mehr zu Gesicht bekommen hatte. Wenn man nun weiß, daß sich im Südteil des Parks zur Wurf- und Kalbungszeit die großen Antilopenherden aufhalten, dann kann man nur mit großer Sorge daran denken, daß zwischen dem Olifants-River und dem Sabie-River etwa zweihundert Elefanten und zwischen dem Sabie- und dem Crocodile-River über siebenhundert Elefanten umherziehen. Und genau zwischen diesen Flüssen hat sich die Elefantenbevölkerung in einem Jahr, nämlich dem vergangenen, verdoppelt.
Das hat wiederum dazu geführt, daß in diesem Teil des Parks, wo auch einige unserer schönsten Pflanzenschutzgebiete liegen, ganze Wälder vernichtet wurden, daß die Elefanten durch den Zaun im Süden ausbrachen und Zuckerplantagen auf der anderen Seite zerstörten. Es führte zu Unfällen mit Touristen und insgesamt zu neuen Gefahren, die wir vorher in diesem Teil des Parks nicht gekannt haben.
Deshalb haben wir uns entschlossen, etwas zu tun. Dieses Etwas kann nur das ›Culling‹ sein, also der kontrollierte Abschuß von Elefanten. Glauben Sie mir, es ist mehr als schmerzlich für uns, dies tun zu müs-

sen. Aber wenn wir es nicht täten, wäre der Krüger-Park bald ein ›Elefantenpark‹ – und damit wäre dem Wildschutz nicht gedient. Auch die anderen Tiere haben ein Recht auf Leben.«
Dr. Pienaar ging zu seinem Schreibtisch zurück. Er sah mich ernst, mit forschenden, ein wenig umschatteten Augen an; Augen, die davon zeugen, mit welchen Problemen dieser Mann zu kämpfen hat.
Ich ahnte, was hinter seiner Stirn vorging: Kann ich diesem Mann, der mir da gegenübersitzt, trauen? Vor ihm lag das Empfehlungsschreiben meines Freundes Ian Player. Vor ihm lag auch das Exposé meines Afrikabuches in englischer Sprache.
Ich sah die forschenden Augen Dr. Pienaars, aber ich sah auch die Augen von Pierre d'Unionville, auf meiner ersten Safari.
»Einen Elefanten sterben sehen – das ist einfach schrecklich. Es ist fast so schlimm, als wenn ein Mensch stirbt«, hatte Pierre damals gesagt.
Zehn Jahre ist das her. Es war die Zeit der Aufstände im schwarzen Afrika, die Zeit der Bürgerkriege, in denen die Nationalparks verwüstet wurden, die der weiße Mann angelegt hatte, es war die Zeit, in der schwarze Wilderer Hunderttausende von Tieren mit Karabinern, Maschinengewehren und Panzerfäusten abschossen. Allein im Kongo wurden im ersten Monat nach der Unabhängigkeit zehntausend Elefanten abgeschlachtet.
Von diesem Schock hat sich Afrikas Tierwelt nie mehr ganz erholt. Die letzten Tiere sind in die letzten Reservate geflüchtet, in denen sie instinktiv Schutz suchten und fanden, in Ost- und Südafrika. Und dort werden sie jetzt abgeschossen, weil es zu viele sind.
»Wir müssen es tun«, sagte Dr. Pienaar. »Es ist die bedauernswerteste Maßnahme, zu der wir uns je entschlossen haben, aber wir müssen die überzähligen Elefanten eliminieren.«
Ich hatte schon bei meinen vorhergehenden Besuchen in Südafrika von der »Fabrik der Elefanten« gehört, wo ihr Fleisch verarbeitet würde, ich hatte von den riesigen Schwärmen der Geier gehört, die über dieser »Fabrik« kreisen sollten. Ich hatte versucht, Näheres zu erfahren, aber die Ranger gaben mir nur widerwillig Auskunft, denn die meisten hassen die Aufgabe der »Elefantenauslese«, die ihnen übertragen worden ist.
»Wenn dieses ›Culling‹ sein muß, dann will ich es sehen«, sagte ich zu Dr. Pienaar. »Die einen behaupten, dieses Abschießen von Hunderten von Elefanten sei Wahnsinn, die anderen versichern, es gebe

keine andere Wahl. Ich will die Wahrheit sehen, vom Abschuß angefangen bis zur Ausweidung im Depot, die von Elefanten zerstörten Wasserlöcher und vernichteten Wälder, die angeblich so riesigen Herden. Wie soll sonst jemand in Europa – oder irgendwo auf der Welt – verstehen, daß Sie hier dreitausend Elefanten in den nächsten drei Jahren abschießen wollen, während die Gesamtzahl der Elefanten auf der Erde schrumpft?«
Dr. Pienaar sah mich eine Weile lang mit diesen ernsten, forschenden Augen an. »Okay«, sagte er schließlich. »Sie haben die Erlaubnis.«

Zwei Wochen war es her, seit ich das »Depot« besucht, mit dem Giftpfeil getötete Büffel samt ihrer Ausweidung im Schlachthof zu Dutzenden, und mit der Büchse erlegte Impalas zu Hunderten gesehen hatte. Ich hatte also gesehen, wohin Wild-Management führt, wenn man es konsequent durchführt. Und man müsse es, so erklärte mir Dr. Pienaar, konsequent durchführen, wenn man bestimmte Wildarten auf einem bestimmten, beschränkten Gebiet erhalten will.
Allein im Jahr 1970 mußten, so versicherte man mir, vierzehnhundert Elefanten, zweitausend Büffel, fünfzehnhundert Impala-Antilopen, eintausend Zebras und rund sechshundert Gnus in diesem ältesten afrikanischen Wildreservat abgeschossen werden, um die Weidefläche für ihre Artgenossen und andere Tiere einigermaßen intakt zu halten.
»Aber woher wissen Sie genau, daß es dreitausend Elefanten im Krüger-Park zu viel gibt?« fragte ich Dr. Pienaar.
»Wir machen Jahr um Jahr – meistens im August – eine Luftzählung, eine ganze Woche lang. Wir fliegen mit dem Hubschrauber Planquadrat um Planquadrat ab. Wenn wir beim Zählen der Herden im Zweifel sind, bespritzen wir die Tiere mit Farbe. Wir können gar nicht doppelt zählen. Zudem werden die Luftzählungen durch die Zählungen der Ranger vom Boden aus ergänzt und gegengeprüft, wie ich Ihnen schon erklärte.«
»Kann man nicht – wenn man schon tausend Elefanten im Jahr töten muß – statt auf einen Schlag ganze Herden mit den Giftpfeilen zu vernichten, jeden Tag drei Elefanten abschießen, meinetwegen an drei weit voneinander liegenden Stellen des Nationalparks? Kann man sie nicht einfach dort liegen lassen, als wären sie eines natürlichen Todes gestorben?«
»Das kann man nicht. Die Masse Fleisch eines toten Elefanten würde Geier zu Hunderten heranlocken, aus weiten Entfernungen. Verges-

sen Sie nicht, das Wahrnehmungsvermögen der Geier reicht fünfzig Kilometer weit. Und Geier können den Milzbrand übertragen.«
»Die Geier fressen aber auch die Eingeweide der Elefanten, die beim ›Culling‹ in der Steppe liegen bleiben.«
»Ja, die Geier der Gegend, in der wir jeweils schießen. Doch die Gedärme sind keine riesigen Fleischberge, die tagelang in der Sonne faulen würden. Und zudem: Das Fleisch von tausend Elefanten ergibt im getrockneten Zustand fast dreitausend Tonnen Biltong. Wir betreiben das Culling gewiß nicht, um Biltong zu produzieren, aber wir können es uns nicht leisten, das Fleisch verrotten oder den Geiern zum Fraß zu überlassen. Wir verwerten also das Fleisch. Die Einnahmen aus dem Verkauf kommen dem Nationalpark, dem Naturschutz, dem Schutz der anderen wilden Tiere zugute.«
»Wenn es nun aber nur riesige, wandernde Elefantenherden sind, auf dem Durchzug durch den Krügerpark, wenn diese Herden wieder über die Lebombo-Berge abziehen, müssen Sie dann nicht eines Tages feststellen, daß Sie mehr geschossen haben, als notwendig war?«
Dr. Pienaar schüttelte den Kopf. »Zugegeben, wir haben viele Elefanten, die von Moçambique und Rhodesien her eingewandert sind. Aber das ist nicht unser Hauptproblem. Unser Hauptproblem ist die natürliche Vermehrung. Fast jede zweite Kuh ist heute trächtig. Woher das kommt, wissen wir nicht. Wir müssen etwas dagegen tun, wenn wir den Krügerpark – und damit auch die Elefanten – vor größerem Schaden bewahren, wenn wir Ihre Arche retten wollen!«
Es war ein langes, quälendes Gespräch, das wir beide miteinander führten. Ein Gespräch, das sich manchmal im Kreise drehte, aber immer wieder auf dieses eine Problem zurückkam – müssen die Elefanten, die überzählig sind, oder die man für überzählig hält, abgeschossen werden? Ist diese Maßnahme ein Beitrag zur Rettung der Arche, oder wird man das genaue Gegenteil damit erreichen – die Gefährdung der letzten großen Elefantenherden im Süden Afrikas?
Ich kann Dr. Pienaar, einem Mann, der sein ganzes Leben dem Schutz der wilden Tiere gewidmet hat, mit meinem Verstand folgen, aber nicht mit meinem Herzen.
Ich werde den Tod der Elefanten nie wissenschaftlich sehen können, sondern immer nur so, wie ich ihn in jenen Wintertagen erlebte, an den Ufern eines kleinen, ausgetrockneten Bachs mitten im verdörrten Buschveld.

16

Der Tod am Shipikani

Der Shipikani ist ein kleiner Nebenfluß des großen Letaba-Rivers, ein trockenes Bachbett nur, das ausschließlich in der südafrikanischen Regenzeit Wasser führt. Er ist nach einem Shangaan-Häuptling benannt, der in den nahen Hügeln bestattet wurde; er fand seinen Tod an diesem Bach in einer der großen Dürren des vergangenen Jahrhunderts.

Für mich wird der Name Shipikani stets mit einem anderen Tod verbunden bleiben: dem Tod der Elefanten.

Es war 13 Uhr 45, am Montag, dem 29. Juni 1970, als der Hubschrauber der AUT-AIR vom Rangerposten Mahlangene am Letaba-River mit drei Männern an Bord startete. Links von mir, am Knüppel des »Choppers«, saß der Pilot in seiner roten Fliegerkombination, rechts von mir der Ranger von Mahlangene. Der Himmel war klar, es war ein sonniger südafrikanischer Wintertag. Der stürmische Wind der Nacht zuvor hatte sich gelegt. Unbewegt stand das dürre Wintergras.

Wir flogen in Richtung Nordost, den Zaun entlang, der den Nationalpark von den Privatfarmen trennt. Wir bogen über den Mumbe-Hügeln nach Westen ab und folgten dann einer Feuerschneise, die durch den Mopani-Busch geschlagen worden war. Aus der Luft sah das Winterland genauso öde aus wie vom Boden, grün, braun, grau, manchmal schwarz verkohlt, wo Buschbrände gewütet hatten.

Wir gingen auf dreihundert Fuß herunter, strichen über die Wipfel der wilden Feigen- und Marula-Bäume des Shibyeni, dessen trockenes Bett sich gelbbraun durch den Busch wand.

Und plötzlich sah ich sie, im Schatten der Schirmakazien: drei alte Elefantenbullen.

Der Pilot ging tiefer. Aber der Ranger schüttelte den Kopf. Wir stiegen wieder auf dreihundert Fuß.

Es war genau 14 Uhr, als wir unter den Bäumen, die das nächste trockene Bachbett säumten, eine Herde von über zwanzig Elefanten entdeckten.

Wir kreisten über der Herde. Die Tiere, vorher gemächlich äsend, hier und da Blätter und Zweige abrupfend, fielen in Trab.

Sie taten es, bevor unser Hubschrauber über ihnen kreiste. Sie setzten sich in Bewegung, so möchte ich schwören, als sie das erste Geräusch des Helikopters hörten.
Sie formierten sich zur Schutz-Herde, eine alte Leitkuh voraus, die Bullen ringsum, in der Mitte die jüngeren Kühe mit den Kälbern. Aus dem Trab wurde schneller Lauf, in Richtung Westen, in die Sonne hinein, die messinggelb über dem Mopani-Busch hing.
Der Ranger deutete nach Süden. Der Pilot nickte, änderte den Kurs entsprechend, stieg höher.
Im Süden sah ich eine Staubwolke, die schnell größer wurde: Es waren die Lastwagen des Schlachthauses von Skukuza.
Wieder ging es über ein trockenes Bachbett, dann auf eine Schneise zu. In der Schneise parkten jetzt die Transporter, Leyland-Lorries, von denen jeder zehn bis zwölf Elefantenkadaver befördern kann.
Der Pilot setzte den Hubschrauber in einer winzigen Lichtung im Busch auf, ohne daß das zerbrechliche Seitenruder auch nur einen Grashalm berührte. Es war 14 Uhr 10.
Noch während die Rotorflügel des Choppers sich drehten, liefen wir geduckt zu der Schneise hinüber.
Auf der Kühlerhaube eines der kleineren Lastwagen des Konvois, mit dem Werkzeug, Elefantenbüchsen und Ersatzteile befördert werden, hatte Louis Olifien, der Leiter der Abschußabteilung von Skukuza, den Inhalt seines Medikamentenkastens ausgebreitet: zehn große Hohlpfeile aus Aluminium, sowie ein halbes Dutzend Flaschen und Ampullen, aus denen die tödliche Droge gemixt wird, mit der man die Elefanten abschießt.
Olifien nickte uns stumm zu. Schweiß näßte sein bärtiges Gesicht unter dem braunen Safarihut, den er an mehreren Stellen zur Kühlung durchlöchert hatte. Dieses Gesicht war merkwürdig blaß, das Gesicht eines Mannes, so schien es, der selten an die frische Luft kommt. Und doch fährt Louis Olifien jedesmal mit raus, wenn Elefanten für das Schlachthaus geschossen werden.
Ich betrachtete die achtundzwanzig Zentimeter langen Drogenpfeile, die Ampullen mit dem Betäubungsmittel M 99 und die Phiolen mit einem tödlichen, dem Zyankali ähnlichen Gift.
Das Betäubungsmittel M 99 wirkt sofort, wenn es durch den Hohlpfeil dem Elefanten in die Blutbahn gejagt wird.
Die Wirkung des tödlichen Gifts merkt er gar nicht mehr – so wurde mir versichert.

ANIMAL MERCY KILLING DRUG – »Gnadentod-Droge für Tiere« stand auf den Phiolen. Ich spürte, wie mein Mund trocken wurde. Schweiß trat auf meine Stirn, obwohl ich im Schatten der Marula-Bäume stand, deren Äste noch belaubt waren. Der Ranger hatte inzwischen einige der Flaschen und Phiolen geöffnet und mixte die Betäubungsdroge. Er füllte sie in den Hohlraum der Aluminiumbolzen, schraubte die spitze, sieben Zentimeter lange Kanüle auf, durch die sich nach Aufschlag und Eindringen in die Haut Betäubungsmittel und Gift in die Blutbahn des Elefanten ergießen.

Ich trat aus dem Schatten der Bäume, ging in den Busch. Hinter mir verhallten die Stimmen.

Ich lauschte in den Busch, in die Mopani-Savanne, aber nichts war zu vernehmen, nicht einmal das Summen von Insekten. Tödliche Stille lag über dem Veld.

Ich lauschte auf die Elefanten. Aber sie waren nicht zu hören. Sie waren kilometerweit entfernt, und ich wünschte, daß sie schon die Lebombo-Berge erreicht hätten, oder eine tiefe Schlucht, wo sie in Sicherheit waren. Doch gleichzeitig wußte ich, daß ihr Schicksal so oder so besiegelt war. Finden würde man sie, entweder der Ranger von Mahlangene oder ein anderer, heute, morgen ober übermorgen. Ihr Tod war beschlossene Sache.

Jemand rief nach mir. Ich ging zu dem Lastwagenkonvoi zurück.

»It's time, let's go!« sagte der Ranger.

Die Zeit war gekommen, wieder aufzusteigen und die Elefanten zu jagen.

Es war genau 14 Uhr 30.

Wir fanden die Herde wieder am trockenen Bett des Shipikani. Sie befand sich noch in voller Flucht, obwohl eine halbe Stunde vergangen war, seit der Hubschrauber zum erstenmal über ihr auftauchte. Die Leitkuh lief in diesem so schwerfällig wirkenden und doch so schnellen Trott, die Bullen und die jungen Kühe hinter ihr her. Zwischen ihnen, an der Seite der Mütter, die Kälber.

Ich zählte siebenundzwanzig Elefanten, davon mit Sicherheit sieben Bullen und sieben Kälber, unter diesen einige, die erst wenige Wochen alt waren.

Der Pilot hielt den Hubschrauber genau auf die Herde zu. Wir kurvten über den Tieren, trieben sie im Kreis zusammen.

Am Horizont glitzerte es hell: die Sonne spiegelte sich in den Wind-

schutzscheiben der Leyland-Lorries, die sich auf einer Feuerschneise näherten.
Wir gingen tiefer. Der Staub der Steppe hing wie goldenes Gespinst zwischen uns und den Elefanten. Die Herde, eingehüllt in diesen glänzenden Schleier, bot ein Bild tragischer Schönheit.
Doch nur wenige Sekunden lang.
Um 15 Uhr ging der Hubschrauber bis auf fünfzig Fuß herunter. Der Ranger hob die Büchse, gefüllt mit zehn Drogenpfeilen, zielte auf einen großen Bullen, der in wilder Panik vor dem Hubschrauber davonlief, und schoß.
Ich sah den Einschlag des Aluminiumbolzens in die linke Hinterhand.
Wir stiegen wieder. Der größte Elefant der Herde, ein alter Bulle mit schweren Stoßzähnen, hob den Rüssel prüfend gegen den Hubschrauber, um die Witterung zu nehmen, aber da war keine Gefahr zu riechen. Sie war nur zu hören. Der Elefant peitschte mit dem Rüssel drohend und ohnmächtig zugleich die Luft, dann lief er weiter.
Der Hubschrauber fiel erneut auf die Herde herab.
Der zweite Pfeil fuhr in den Rumpf einer Kuh. Ich sah, wie der alte Bulle versuchte, die Kuh, die sofort in die Knie gegangen und auf die Seite gerollt war, mit seinen Stoßzähnen wieder aufzurichten.
Ich konnte jetzt das schrille Trompeten der Elefanten hören, trotz des Lärms, den die Rotorflügel des Choppers machten.
Die Elefantenkälber stolperten neben ihren Müttern her.
Wieder sirrten die Pfeile durch die Luft, zwei, drei, vier. Elefanten fielen rechts und links.
Einer erhob sich wieder, taumelte weiter. Der Ranger versetzte ihm einen zweiten Schuß in die rechte Hinderhand. Diesmal fiel er endgültig.
Im Mopani-Busch lagen sie, in der Feuerschneise, keine dreißig Meter von den schnell herbeigekommenen Leyland-Lorries entfernt. Sie lagen auf der Seite oder auf den Knien, sie standen noch halb, unbeweglich oder auch schwankend.
Ich zählte neun angeschossene Elefanten. Einer hatte zwei Pfeile abbekommen. Die Büchse des Rangers war leer.
Es war 15 Uhr 30.
Der Ranger hob den Daumen, kippte ihn nach rechts.
Der Pilot zog den Hubschrauber herum, stieß auf die verbliebenen achtzehn Elefanten herunter, trieb sie von den Lastwagen weg. Der Staub, den der Rest der Herde auf ihrer Flucht aufwirbelte, war noch

kilometerweit zu sehen. Sie verschwand im dichten Buch jenseits des Shipikani, im blassen Licht der Sonne, die langsam auf den grauvioletten Kamm des Horizonts zufiel.
Unser Hubschrauber landete mitten zwischen den sterbenden Elefanten. Der Ranger griff nach der 3.75-Magnum-Büchse und sprang aus dem Helikopter. Er lief zu einem Bullen hin, der auf den Knien lag, betäubt, aber nicht tot.
Dünn klang der Schuß durch den Nachmittag: er traf genau die Schläfe. Das Blut rann merkwürdig langsam, dunkel und dick aus der winzigen Wunde.
Dreimal mußte der Ranger den Fangschuß geben. Dreimal hatten die Giftpfeile nicht richtig gewirkt. Drei andere Elefanten starben, während die schwarzen Boys, die in ihren weißen Gummischürzen und ihren weißen Sturzhelmen schon ausgeschwärmt waren, den betäubten oder toten Elefanten die Kehlen durchschnitten, damit die Kadaver ausbluteten.
Ich sah, wie ihre Augen brachen. Ich sah das Unverständnis in diesen Augen, und ohnmächtige Trauer erfüllte mich.
Die schwarzen Boys stießen nach dem Ausbluten den Elefanten ein langes Schlachtmesser in den Rumpf und schnitten ihn auf. Die Gedärme blähten heraus, weißlichnaß, riesige, quallige Berge.
Ein Traktor fuhr heran, die Gedärme wurden an einem Haken des Fahrzeugs befestigt und so aus den Kadavern gezogen. Ein anderer Trupp der schwarzen Schlachtgehilfen schnitt den Elefanten die Augen aus den Höhlen.
Auf dem trockenen harten Boden der Savanne bildeten sich Blutlachen. Wir wateten in unseren Stiefeln an einigen Stellen bis zu den Knöcheln im schaumigen Blut der toten und sterbenden Tiere. Es roch nach Seife.
Einer der Leyland-Laster fuhr ganz dicht an die Stelle des Gemetzels heran. Ketten wurden um die Kadaver der Elefanten geschlungen, und der Traktor schleppte sie zum Laster, wo sie mit einer Seilwinde hochgehievt wurden.
Der alte Bulle, der mitten in der Feuerschneise auf den Knien lag, lebte immer noch. Seine Kiefer mahlten unsichtbares Gras.
Der Ranger trat mit dem Stiefel gegen einen seiner langen Stoßzähne. Der Elefant kniete unbeweglich. Nur sein Maul bewegte sich unter dem Rüssel, in dem es zuckte, als krieche der Tod in Gestalt von Ameisen an ihm hoch.

Der Traktor fuhr heran und stieß den alten Bullen um. Eine Staubwolke wirbelte auf, als der mächtige Rücken die Piste traf.
Die Boys kamen angelaufen, weideten den alten Bullen aus. Ketten rasselten, dann war auch er auf dem Laster.
Insgesamt drei Bullen und sechs Kühe waren getötet worden. Drei der Kühe waren hochträchtig. Die Boys schnitten die Fruchtblase aus dem Mutterleib, schälten die Embryos aus der pulsierenden Fruchtblasenhaut. Zwei der Embryos lebten noch. Sie starben wenige Minuten später in der heißen Sonne, die mir mit einemmal so kalt vorkam.
Der letzte Elefantenkadaver wurde um 16 Uhr 30 auf den Laster gehievt.
Eine Minute später stieg ich zu Fritz Fourie, dem Presseoffizier vom Olifants-Camp, der mich nach Mahlangene gebracht hatte, in den Landrover. Zwei Minuten später hielten wir im Mopani-Busch.
»Let's have a drink«, sagte Fritz. Unter der Sonnenbräune war sein Gesicht blaß wie nach einer schweren Anstrengung.
»Ja«, sagte ich, »let's have a drink.«

Wir sahen die Geier am nächsten Tag schon aus mehreren Kilometern Entfernung. Sie kreisten träge in dem blaßdunstigen Winterhimmel über dem braunvergilbten Mopani-Veld. Es war, als sei der Himmel über dem Land der Shangaan mit dem Schwarz der Asche gesprenkelt, mit der sie in uralten Zeiten die Gesichter ihrer Toten bedeckten.
Wir fuhren schweigend, jeder mit seinen eigenen Gedanken beschäftigt. Der Landrover dröhnte über die rotschwarze Piste. Sie war hart und trocken. Seit Monaten hatte es nicht geregnet.
Aber als wir uns dem Stück Busch näherten, wo die Geier kreisten, wurde der Boden weich und glitschig. Wir fuhren über die Erde, die mit dem Blut der Elefanten getränkt war.
Am Himmel kreisten vielleicht zwei oder drei Dutzend Geier. Doch zu Hunderten hockten sie in den Bäumen am Shipikani. Sie stoben in einer riesigen, schwarzen, braunen und weißen Wolke auf, die gefiederten Boten des Shangaan-Gottes Tilo, des »Herrn des Himmels«.
Die Eingeweide, an denen sich zuerst die Löwen, dann die Hyänen, danach die Schakale und schließlich die Geier gemästet hatten, waren verschwunden. Übriggeblieben war nur noch der Darminhalt der Elefanten, grünbraune, in der Sonne getrocknete Dunghaufen, von denen Schwärme von Fliegen aufstiegen. Übriggeblieben war auch dieser Seifengeruch.

Ich schob das Fenster des Landrovers an meiner Seite zu. Fritz Fourie hatte das auf seiner Seite längst getan.
»Five minutes more«, sagte Fritz, nachdem wir den Ort passiert hatten, an dem gestern die Elefanten gestorben waren.
»So nahe am Shipikani?« fragte ich.
Die zweite Jagd würde also keine fünf Kilometer von der Stelle entfernt stattfinden, wo gestern der Hubschrauber auf die Elefantenherde heruntergestoßen war.
Wenige Minuten später sahen wir den Hubschrauber über uns. Er donnerte in Richtung Westen davon.
Wir hielten an einer Kreuzung von zwei Feuerschneisen. Fritz studierte die Karte des Letaba-Bezirks. »Hier muß es sein«, sagte er.
Ich stieg aus, ging ein paar Schritte vom Landrover weg, lauschte. Hinter uns brummten erst leise, dann schnell lauter werdend die schweren Motoren der Leyland-Lorries.
Fritz fuhr den Landrover in den Schatten eines Transvaal-Ebenholzbaumes, der sein dunkelgrünes Laub noch trug.
Kurz darauf kamen die Leyland-Lorries herangebraust. Sie waren staubverkrustet. Von Skukuza bis zum Shipikani sind es immerhin zweihundertachtzig Kilometer, und es geht über sandige Pisten und Feuerschneisen, selten über offene Wege, die meistens nur nach Einbruch der Dunkelheit befahren werden, wenn die Touristen bereits in den Camps sind.
Die Leyland-Lorries hielten ebenfalls an der Kreuzung der beiden Schneisen. Louis Olifien sprang aus dem Fahrerhaus des ersten Transporters, winkte uns zu und holte seinen Medizinkasten hervor.
Der Hubschrauber kreiste in wenigen Kilometern Entfernung. Er schien gefunden zu haben, was er suchte. Er kurvte auf die Schneise zu, landete in einer wirbelnden Wolke von Staub, trockenem Laub und verdörrtem Gras.
Der Ranger stieg aus. Er ging sofort zu Louis Olifien.
Fritz trat zu den beiden, sah ihnen beim Mixen der Giftdrogen und beim Einfüllen in die Betäubungspfeile zu. Dann kam er zu mir zurück.
»Es ist eine Herde von genau zehn Elefanten«, sagte er.
Ich drehte mich um, ging durch den Mopani-Busch, bis ich eine kleine Lichtung erreichte. Ich blieb stehen und schloß die Augen. Ich lauschte in den Busch hinein. Ich lauschte auf die Elefanten.
Gestern hatte ich das gleiche getan. Es würde sich alles wiederholen,

das Dröhnen des Hubschraubers, die Angst der Elefanten, die ohnmächtigen Angriffe der Bullen gegen den fliegenden Schatten, der aus dem Himmel auf sie niederfiel, das schrille Trompeten, der Staub, der Schweiß, das Klatschen der Giftbolzen, das Peitschen der Fangschüsse, das Zusammenbrechen und Sichwiederaufrichten, das verstörte Im-Kreis-Herumlaufen. Ich würde wieder den Tod der Elefanten sehen, den schnellen Tod und auch das langsame, qualvolle Sterben.
Es würde alles so sein wie gestern, nur diesmal würde ich es von der Erde aus sehen, nicht aus der Vogelperspektive des Hubschraubers.
Eine Viertelstunde später stand ich, wie am Vortag, zwischen den sterbenden Elefanten. Ich stand wieder mit meinen Stiefeln in ihrem Blut, stand schon zwischen ihnen, ehe der letzte zusammenbrach. Ich wollte dabei sein, wenn sie starben, war bei ihnen, längst, ehe der Hubschrauber gelandet war, längst, ehe der erste Fangschuß fiel.
Die Elefanten sahen mich nicht. Sie waren so in Panik, daß sie den einen, winzigen Menschen im Mopani-Busch überhaupt nicht beachteten.
Die letzten, die fielen, waren ein alter Bulle und eine Kuh, und zwischen ihnen ein Elefantenkalb.

Epilog

John Sutherland fuhr uns zum Flughafen. Die Dämmerung schob violette Schatten über die Schnellstraße, die von Umhlanga Rocks nach Durban führt. Die Lichter anderer Wagen flackerten vorüber wie die Feuerzeichen der Tonga, die ich in meinen Fieberträumen sah. Ich trug lange Cordhosen, feste Stiefel, meinen olivbraunen Safaripullover und meine Lederjacke. Und dennoch fror ich.

Wir sprachen wenig miteinander. John sagte, er hoffe, daß wir einen guten Flug haben würden. Er habe alle Leute von der Lufthansa verständigt, und es werde bestimmt klappen. Anne, seine Frau meinte, sie hoffe, daß es in Johannesburg, wo wir in die Anschlußmaschine nach Deutschland umsteigen mußten, nicht zu windig sei.

Ich sagte nichts. Ich saß im Wagen, und neben mir versank das Land, das ich liebte, in der Dunkelheit. Da waren nur noch die Lichter der Wagen, die Neonzeichen, die Straßenleuchten, alles genauso wie in Europa. Der Busch lag hinter mir, weit oben im Norden, das Veld, der Urwald, die Savanne. Die Jagd auf die Nashörner lag hinter mir, der Fang der Gnus und Zebras, der Abschuß der Elefanten. Hinter mir lagen die Sorgen der Wildwarte und der Männer, welche die Arche retten wollen. Hinter mir lag der Ghost Mountain, der zum Symbol für diese Afrikareise geworden war. Mich berührte es nicht. Ich hatte nur einen Wunsch: nach Hause zu kommen. Ich hatte nur den Wunsch, lebend diesen Kontinent des Todes zu verlassen. Zum erstenmal, seit ich Afrika bereiste, verließ ich dieses weite, grandiose Land nicht mit Wehmut und mit dem Schmerz des Abschieds, sondern voller Angst. Angst vor der Zukunft, Angst um die Wildnis, um die Tiere, Angst um meine Freunde, um mich selbst.

Ich war mit vielen Fragen hergekommen, und fast alle meine Fragen waren auf diese oder jene Weise beantwortet worden. Und doch wußte ich kaum mehr als vorher.

Vierzehn Tage lang hatte ich in Umhlanga Rocks im Beverly Hills Hotel mit einem neuen Fieberanfall gelegen. Unsere Rückkehr zuvor aus dem Krügerpark hatte eher einer Flucht als dem Ende einer Safari geglichen.

Ich hatte den Tod am Shipikani gesehen, und ich war nicht mehr derselbe Mensch. Wie wollte ich das in Deutschland mitteilen, was ich gesehen hatte, wie es erklären, daß es auch verstanden wurde? Wie konnte ich über etwas schreiben, von dem ich wußte, daß es notwendig war, und das mich doch so tief getroffen hatte wie kaum etwas in meinem Leben zuvor? Wer gab mir die Garantie, daß das, was ich schrieb, auch richtig verstanden wurde? Wer gab mir die Sicherheit, daß niemand aus einer Tragödie eine Horrorstory machte?

Ich saß im Wagen und starrte vor mich hin, jetzt schon in Europa, jetzt schon zu Hause, und doch noch in Afrika.

Wir erreichten den Louis-Botha-Flugplatz eine Stunde vor dem Abflug der Maschine. John und Anne blieben bei uns, bis sie aufgerufen wurde. Ich trank einen heißen Tee, saß da und fror, und Anne legte mir ihren karierten Wollschal um die Schultern.

Dann kam der Abschied. Schließlich saßen wir in der Maschine; sie hob sich präzise ab, das Land kippte unter uns weg.

In Johannesburg stiegen wir um. Die Leute von der Lufthansa waren informiert. Sie stellten mir eine ganze Sitzreihe zur Verfügung, damit ich liegen konnte.

Ich blickte nicht auf, als wir starteten. Ich sah nicht hin, wie Afrika unter uns versank. Ich schloß die Augen.

Und ich konnte nicht anders – ich mußte an Afrika denken, wie es in meiner Erinnerung bleiben würde.

Nkosi, der Herr von Umfolozi, Ki-suli, der Herrscher der Löwen vom Kilimandscharo, Dingo-Dingo, der weise alte Elefant in den Sümpfen von Amboseli, George, der Giraffenbulle in Hluhluwe, Josef, der zahme Schimpanse Pierres, alle Tiere, die wir je gesehen hatten, die wir liebten, um die wir bangten.

Die Erinnerung an Afrika ist wie ein Kaleidoskop. Die bunten Scheiben fallen und blitzen durcheinander, ungeordnet, Bilder, die man nie vergißt. Man kann sie nicht nach dem Ablauf der Zeit einordnen, nicht nach den Jahreswechseln.

Afrika als Kaleidoskop, bunter Bilderbogen meiner Erinnerung. Mal in Nairobi, mal in Kapstadt, mal im Busch Tanganjikas und mal in den Schluchten der Drakens-Berge. Mal in der Massai-Steppe am Fuße des Kilimandscharo, mal im Regenwald des Kongo, Mal in den Bergen der Regengöttin, nackte Mädchenleiber im Feuerschein beim Tanz der Schlange, mal bei Sonnenuntergang am Wasserloch, wenn all die Tiere der sinkenden Arche zur Tränke kommen.

Nur so kann man es beschreiben.

Afrika ist unbegreifbar. Je öfter man in diesem Kontinent war, desto schwieriger wird es, ihn zu erfassen. Man kann sich nur hineingleiten lassen in den Strom der Erinnerung, sich treiben lassen von Insel zu Insel.
Ein Wort am Lagerfeuer, und das Bild Ki-Sulis steht wieder vor mir, ein Blättern in einem alten Tagebuch, und ich sehe wieder Dingo-Dingo, eine Geste Ursulas, und ich muß an die Massai-Frauen denken, schlanke, nackte Arme und Schenkel in der Sonne.
Ein Afrikabuch in meiner Hand – und ich denke an Ian Player in Hluhluwe, an den Retter der Nashörner. Wind im Gras, und ich höre das Singen der Bavenda-Mädchen in den geheimnisvollen Soutpans-Bergen im Norden Transvaals. Rauschen in der Brandung an irgendeiner Küste – und ich bin wieder in Umhlanga-Rocks, wandere nachts den Strand entlang, wo die Zulus marschierten, als sie den Engländern in den Rücken fallen wollten, Heere aus lang versunkener Vergangenheit, die Impis zu Staub verfallen, Shaka, der größte der schwarzen Heerführer, halb vergessen, seine Krals vom Erdboden verschwunden. Es dröhnt irgendwo zwischen den Bäumen des Waldes, und ich sehe Pierre wieder vor mir, mit seinem kaputten Landrover, lachend trotz der Pannen, ach, Michael, verdammt noch mal, so ist es nun einmal, halb so schlimm, wie?
Ja, es war halb so schlimm.
Wenn man nur noch einmal mit ihm fahren könnte, mit seinem alten Landrover, und wenn man noch einmal von ihm lernen könnte, die Spur des Löwen zu finden, den Elefanten im Sumpf, die Fährte des Flußpferds am frühen Morgen. Lernen, wie man Feuer im Regen macht, Tiere häutet, ohne das Fell zu beschädigen, Vorderachsen im Schlamm ausbaut und auf hundert Meter mit der Mannlicher eine Zehncentmünze trifft, auch wenn man sonst die Büchse nicht anfaßt. Noch einmal jung sein, ein Greenhorn in Afrika. Noch einmal von diesem blonden Landstreicher der Steppe alles lernen.
Doch das geht nicht mehr.
Denn Pierre ist tot.

Ich will nicht zurückdenken, aber ich kann nicht anders, während das Flugzeug in der Nacht Kurs nach Norden nimmt. Ich muß an den Gesang der Zulu-Mädchen denken, wenn sie das traurige Lied der Waldtaube singen:
»Ngiyabe ngiya zalela umntanami boya nthatha ngizwa inhliziyo

yami ithi ... Sie kommen und gehen und nehmen, was mir am liebsten, und mein Herz schlägt in Trauer ...«
Die Jahre kommen, und die Jahre gehen, und sie nehmen uns allen das Liebste. Ich hoffe, noch oft nach Afrika zu reisen, doch eines Tages wird es das letztemal sein, vielleicht, ohne daß ich es weiß.
Und dann wird die Glut der Morgenröte auf dem Drakensberg, der Brand des Sonnenaufgangs über dem Dornbusch, der Schnee auf dem Kilimandscharo, der Flügelschlag der Flamingos im Silberlicht, der schrille Schrei der Elefanten am Fluß, das Brüllen der Löwen in der Nacht, der dumpfe Trommelwirbel der Shangaan in der Dämmerung nur noch Erinnerung sein, verblassende Bilder auf der Leinwand meines Gedächtnisses.
Eines Tages wird alles vorbei sein, auch Afrika, und wie der Wildtaube Herz, so schlägt auch meines in Trauer.

Bildnachweis

Archiv des Autors: S. 35 (rechts oben), 48, 49, 153 (oben), 177, 178, 179 (2), 182 (unten), 202 (3), 203 (2), 206 (oben)
dpa: S. 22, 50 (oben), 64 (oben), 91, 121, 150 (oben), 151 (unten), 154 (oben), 155, 184
Keystone: S. 33, 122 (oben), 166
Laenderpress, Düsseldorf: S. 153 (unten)
Leidmann, Bert, Nagold: S. 17, 34 (oben), 35 (unten), 89, 123 (oben), 151 (oben), 181
Okapia Tierbilder, Frankfurt: S. 19 (2), 20, 21, 45, 46, 50 (unten), 51, 52, 90, 92, 93, 96 (oben), 150 (unten), 152, 183, 205, 208
Paysan, Klaus, Stuttgart: S. 18, 23, 47 (2), 94, 95, 149, 154 (unten), 180, 201, 204 (2), 206 (unten), 207 (2)
Süddeutscher Verlag, Bilderdienst: S. 36 (2)
World Wildlife Fund, Morges: S. 96 (unten, Foto: C. A. W. Guggisberg), 156 (Foto: C. A. W. Guggisberg), 182 (oben)
Die Aufnahmen auf den Seiten 24, 34 (unten), 35 (links oben), 61, 62 (2), 63 (2), 64 (unten), 122 (unten), 123 (unten), 124, 165, 167 (2), 168 stellt uns freundlicherweise das Südafrikanische Verkehrsbüro Satour, 6 Frankfurt/Main, An der Hauptwache 11, zur Verfügung.